子どもと本 100問100答

司書、読書ボランティアにも役立つ

一般財団法人　大阪国際児童文学振興財団 編

創元社

はじめに

　本書は、子どもの本に関わる質問や疑問を「100問」にまとめて、それぞれに答える形式の「子どもの本ハンドブック」です。子どもに本を読んでほしいと願っている方々や公共図書館や学校図書館、家庭文庫や読書推進に関わる諸団体の本棚に備えていただくための手軽で便利な相談ツールとして編集いたしました。

　必要に応じてどの質問からでも読めるようになっています。また、通読すると子どもの本の世界を体系的に学べるようにもなっています。子どもの本について学びたいと考えている方やグループでの勉強会などのテキストとしても使っていただけます。

　第1問「何かおもしろい本ない？(10歳男子)」から第100問「インターネット時代における子どもの本の調べ方について教えてください」までの5部構成になっています。

　第1部「本をさがす」(1〜23)：記憶に残っている本をもう一度読みたいという質問や、キーワード(ネズミ、海、季節、環境、伝記、離婚、性など)で本を探します。

　第2部「本をすすめる」(24〜47)：「子どもは、なぜ本を読まないといけないのか？」に始まり、子どもに本をすすめる大人が直面する多様な質問を具体的にとりあげています。

　第3部「本をえらぶ」(48〜67)：絵本や幼年文学についての考え方や選び方、作家についての情報の取り方、推理ものやファンタジー、図鑑などの選び方をとりあげています。

　第4部「出版をめぐって」(68〜78)：翻訳や装丁、出版事情、受賞作の問題、コピーライトなどを扱っています。

　第5部「児童文学・児童文化いろいろ」(79〜100)：児童文学史、詩、昔話、マンガ、作品の映画化、キャラクター、ライトノベルなど、話題性の高

い問いも含まれています。

　本書の編集者および執筆者は、1984年に大阪府吹田市千里の万博記念公園内に開館した「大阪府立国際児童文学館」の運営を四半世紀にわたって担ってきた「財団法人　大阪国際児童文学館」の役職員として働いた経験をもつものです。本書は、よく尋ねられた質問や調べて回答した事例など、それまでにストックされていたレファレンスの積み上げを元に、各自がその専門とする分野を手分けして、執筆にあたりました。

　「大阪府立国際児童文学館」は、大阪府の方針により2010年3月末で閉館されましたが、70万点に及ぶ資料は移転し、同年5月に「大阪府立中央図書館　国際児童文学館」(大阪府東大阪市)として再オープンされています。当財団もそれに伴って移転、新体制で再スタートし、「子どもの本と文化を、子どもの未来のために──」をモットーに諸事業を推進してまいりました。そして、本年4月に「一般財団法人　大阪国際児童文学振興財団」と名称変更しました。本書は、その新たな船出の記念出版になります。

　未来への展望がなかなかもてない今日、これまで生きてきた人々の知恵や知識の集積である本の世界に足を踏み入れて、自らの力で、未来を拓けるような子どもたちが一人でも多く育つようサポートしたいという思いは、ますます強くなっています。

　2013年8月

編集代表　三宅興子
編集委員　遠藤　純
　　　　　川内五十子
　　　　　小松聡子
　　　　　竹内一江
　　　　　土居安子

目次

1 本をさがす

- 質問❶ 何かおもしろい本ない？（10歳男子） ... 10
- 質問❷ 夏休みの自由研究のために おもしろい実験が出ている本を教えてください。 ... 12
- 質問❸ かつて読んだ「たぷくん」というブタの主人公が 出てくる物語が読みたいのですが…… ... 14
- 質問❹ 小学校の図書館で読んだ本を探しています。 絵は覚えているのですが、作者などはわかりません。 ... 16
- 質問❺ 戦争中に読んだ話を探しています。 あらすじは覚えていますが、タイトルを思い出せません。 ... 18
- 質問❻ 「なっちゃん」という名前の子どもが登場する 絵本や読み物はありますか？ ... 20
- 質問❼ 明治40年生まれの父が覚えていた童謡か唱歌を探しています。 タイトルと歌詞の全文を教えてください。 ... 22
- 質問❽ 子どものころ、教科書で時計の小人が出てくる話を読みました。 もともと何に掲載されていた作品だったのですか？ ... 24
- 質問❾ ネズミが出てくる本は、どういう本がありますか？ ... 26
- 質問❿ おいしい食べ物がいっぱい出てくる本を紹介してください。 ... 28
- 質問⓫ 海の魅力があふれた作品を紹介してください。 ... 30
- 質問⓬ 図書館で「秋の本」というテーマで展示します。 どんな本がありますか？ ... 32
- 質問⓭ 「環境」をテーマにした本を紹介してください。 ... 34
- 質問⓮ 戦争・平和について、子どもに理解してほしいと思っているのですが、 どんな本がありますか？ ... 36
- 質問⓯ 「核」や「原子力」、「原発」について書かれた本を 紹介してください。 ... 38
- 質問⓰ 女性の偉人伝で、おすすめ本を教えてください。 ... 40
- 質問⓱ 自閉症の子どもを描いた子どもの本はありますか？ ... 42
- 質問⓲ 親の離婚で悩む子どもを描いた作品はありますか？ ... 44
- 質問⓳ 子どもだけで生きていくことを描いた本はありますか？ ... 46
- 質問⓴ 性について描かれている子どもの本を紹介してください。 ... 48

質問㉑	ダイエットをテーマにした子どもの本はありますか？	50
質問㉒	難民や移民が登場する子どもの物語を紹介してください。	52
質問㉓	学校図書館で、方言で書かれた子どもの本の展示を計画しています。どう探せばよいでしょうか？	54

2 本をすすめる

質問㉔	子どもはなぜ、本を読まないといけないのでしょうか？	58
質問㉕	どうして子どもは「こわい本」を読みたがるのでしょうか？	60
質問㉖	4か月の子どもが絵本に興味を示しません。見せ方が悪かったのでしょうか？	62
質問㉗	うちの子は、同じ本に執着して、それしか読みません。他のものも読んでほしいのですが……	64
質問㉘	『秘密の花園』を読みたいのですが、数多く出版された中で、どの本で読むのがよいのでしょうか？	66
質問㉙	人が死んだり殺されたりする本は、子どもに与えたくないのですが、他に悪い本がありますか？	68
質問㉚	子どもの本のブックリストの種類や選び方を教えてください。	70
質問㉛	本によって読者の対象年齢は決まっているのですか？	72
質問㉜	読書活動のボランティアを始めるには、どうすればいいですか？	74
質問㉝	高学年を対象にしたおはなし会にはどのような本を選べばいいですか？	76
質問㉞	絵本を集団に読むとき、評価の定まった本を読む方がいいのでしょうか？	78
質問㉟	子どもが喜ぶのでおはなし会では大型絵本を読んだ方がいいのでしょうか？	80
質問㊱	絵本は声色を使って読んではいけないのですか？おはなしは身振りを使ってはいけないのですか？	82
質問㊲	学校でおはなし会を行うボランティアをしています。もっと、公共図書館に支援をしてほしいのですが……	84
質問㊳	学校図書館を活用した授業の実践例を教えてください。	86
質問㊴	学校図書館の本が古くて、子どもたちがあまり利用しません。図書購入予算が少ないのですが、少しでも魅力的な図書館にしたいです。	88
質問㊵	ブックトークと本の紹介はちがうのですか？	90

質問 ㊶	「一番短くて読書感想文を書ける本を紹介して」と言われたら、どう答えたらいいでしょう？	92
質問 ㊷	講師を依頼して講演会を開きたいのですが、どのように交渉して、どのように進めていけばいいですか？	94
質問 ㊸	朝の読書の時間に、本を持ってこない子や読書に集中できない子がいます。どうしたらいいでしょう。	96
質問 ㊹	子どもが学校で「津波」について調べることになりました。近くの図書館で教えてもらえますか？	98
質問 ㊺	近くの図書館で本を予約したのですが、なかなか手に入りません。なぜでしょう。	100
質問 ㊻	図書館で「ヤングアダルト」という言葉を聞いたのですが、どういう意味ですか？	102
質問 ㊼	教科書に掲載されているあまんきみこ作品の教育実践記録は、どうやって調べたらいいでしょうか？	104

3 本をえらぶ

質問 ㊽	なぜ、子どもにとって絵本は大切だといわれているのですか？	108
質問 ㊾	『はらぺこあおむし』を書いたエリック・カールについて教えてください。	110
質問 ㊿	長新太について調べたいのですが、どのような資料がありますか？	112
質問 51	昔話絵本がたくさん出ています。選び方を教えてください。	114
質問 52	しかけ絵本ならではの魅力はどこにありますか？	116
質問 53	「ちいさいモモちゃん」の絵本シリーズの絵が、私が子どものときとちがうのですが……	118
質問 54	「ゾロリ」ばかりを読んでほかの読物を読んでくれません。どうすればいいでしょうか？	120
質問 55	富安陽子について調べたいのですが、どうすればいいですか？著作目録もほしいです。	122
質問 56	リンドグレーンについて調べたいです。	124
質問 57	新しい冒険物語を紹介してください。	126
質問 58	子どもの本には、どうして擬人化された動物の登場する本が多いのですか？	128
質問 59	『飛ぶ教室』が大好きです。同じような作品は現在でも読めますか？	130
質問 60	『若草物語』が大好きです。同じような本は現在でもありますか？	132

質問 61	江戸時代の子どもが活躍する子どもの本はありませんか？	134
質問 62	ホームズを読みつくしたのですが、ほかにおもしろい推理ものがありますか？	136
質問 63	ファンタジーが好きです。いろいろなファンタジーを紹介してください。	138
質問 64	「冒険」をテーマにしたノンフィクション作品を紹介してください。	140
質問 65	中学生に将来の職業や仕事について考える本を紹介したいと思います。どんな本がありますか？	142
質問 66	ダンゴムシをテーマにした科学絵本にはどのようなものがありますか？	144
質問 67	図鑑がいろいろ出ています。図鑑はどう選んだらいいですか？	146

4 出版をめぐって

質問 68	日本で最初に出版された「白雪姫」は、どんな話ですか？	150
質問 69	『不思議の国のアリス』にはさまざまな装丁や挿絵の本があります。ほかにもこんな例がありますか？	152
質問 70	『宝島』の翻訳リストはありますか？完訳、抄訳すべてのリストがほしいのですが……	154
質問 71	中国の現代児童文学について、知りたいのですが……	156
質問 72	『夏の庭』が海外でも出版されて賞をもらっていると聞いたのですが……	158
質問 73	昨年人気が高かった絵本を教えてください。	160
質問 74	1年間の子どもの本の出版点数はどれほどですか？最近10年間ぐらいで変化はありますか？	162
質問 75	大人の本はジャケ買いといわれていますが、子どももジャケットで買いますか？	164
質問 76	賞をとった本は「すぐれた本」と考えてよいのでしょうか？	166
質問 77	図書館で展示をします。ホームページに本の画像を掲載したいのですが、手続きの方法を教えてください。	168
質問 78	児童文学作家／絵本作家になりたいと思っています。どうしたらなれますか？	170

5 児童文学・児童文化いろいろ

| 質問 79 | 子どものための本や文学がつくられたのはいつごろからですか？ | 174 |

質問 ⑳	日本の子どもの本の歴史について知りたいのですが……	176
質問 ㉑	21世紀に入って子どもの本はどう変わりましたか？	178
質問 ㉒	日本の児童文学は欧米の影響を受けていると聞きますが、明治期にはどんな作品が翻訳されていたのでしょうか？	180
質問 ㉓	最近刊行された世界名作全集を紹介してください。	182
質問 ㉔	まど・みちおの童謡「ぞうさん」が好きです。ほかにどんな詩がありますか？	184
質問 ㉕	昔話を伝承していく大切さや物語の力について、よく耳にしますが、どういうことなのでしょうか？	186
質問 ㉖	昔話「三枚のお札」はどの地方の昔話ですか？話のバリエーションもたくさんあると聞きました。	188
質問 ㉗	昔話「三びきのこぶた」は、最後にオオカミがこぶたに食べられてしまうってホントですか？	190
質問 ㉘	幼稚園で子どもが出演する劇を発表したいのですが、脚本を教えてください。	192
質問 ㉙	イベントで昔の紙芝居の実演を見ました。どこで見ることができますか？	194
質問 ⑳	おはなし会で紙芝居をします。紙芝居の特徴や演じ方を教えてください。	196
質問 ㉑	どんなマンガを読めばいいか迷うのですが、ガイドブックはありますか？	198
質問 ㉒	最近マンガがよく映画化されているように思います。なぜなのでしょうか？	200
質問 ㉓	戦争の恐ろしさをきちんと描いたマンガを読みたいのですが……	202
質問 ㉔	ピーターパンはディズニーがつくった話ではないって、ホント？	204
質問 ㉕	中学生の子どもが「ラノベ」が大好きと言っています。「ラノベ」って何ですか？	206
質問 ㉖	ロールプレイングゲームと児童文学って、関わりがあるのですか？	208
質問 ㉗	子どもが絵本のキャラクターのついた文房具しか持ちたがりません。	210
質問 ㉘	子どもの本について勉強したいのですが、どんな本がありますか？	212
質問 ㉙	近年の児童文学研究書の一覧リストはどこで入手できますか？	214
質問 ⑩	インターネット時代における子どもの本の調べ方について教えてください。	216

| 索　引 | 219 |
| 子どもの本について調べたいときに役立つ本 | 222 |

✣ 執筆者一覧（50音順）

浅野　法子　（大阪成蹊短期大学　准教授）
遠藤　純　　（大阪国際児童文学振興財団　特別専門員）
川内　五十子（大阪国際児童文学振興財団　特別専門員）
小松　聡子　（大阪国際児童文学振興財団　特別専門員）
酒井　晶代　（愛知淑徳大学　教授）
鈴木　穂波　（岡崎女子短期大学　准教授）
竹内　オサム（同志社大学　教授）
竹内　一江　（大阪国際児童文学振興財団　職員）
土居　安子　（大阪国際児童文学振興財団　総括専門員）
永田　桂子　（京都女子大学大学院　兼任講師）
福本　由紀子（武庫川女子大学　准教授）
丸尾　美保　（梅花女子大学　教授）
右田　ユミ　（箕面市学校図書館司書）
三宅　興子　（大阪国際児童文学振興財団　特別顧問）
目黒　強　　（神戸大学大学院　准教授）
安田　友里　（元箕面市学校図書館司書）
横川　寿美子（帝塚山学院大学　非常勤講師）

※本文中の《☞00》は参考となるほかの
　質問の番号を表しています。

1 本をさがす

質問1

何かおもしろい本ない？
（10歳男子）

1 「おもしろい本ない？」に応えるために

　子どもに本を手渡す仕事に関わっていますと、「何かおもしろい本ない？」と尋ねられることがよくあります。すすめた本が「おもしろくなかった！」と返されたときは、力不足を感じてしまいます。この問いに応えるマニュアル本はなく、ひとりひとりのニーズに応えることが大切な問いといえます。どうしたら、「10歳男子」がその子の求める「おもしろい本」にたどりつけるか、考えてみることにします。

2 「おもしろい本」とは何かを考えてみると

　「おもしろい本」は、読む人が決めるものです。あらかじめ「おもしろい本」や「よい本」があるわけではありません。読書は、読む人が興味をもってはじめて、ページをめくり、次々と読み進んでいけるからです。このことは当たり前なのですが、大人が熱意をもって「これ読みなさい」とすすめると、子どもは圧力を感じるあまり、見もしないで拒否することも生じます。

　まず、その子が「おもしろい本」と思っているのはどういう本なのか、傾向を知るために「今まで読んだどんな本がおもしろかった？」と聞くことが大切です。図書館で多数の蔵書を前にして「読みたい本が一冊もない」という子どもに出会ったことがあります。びっくりしましたが、よく聞いてみると、好みが狭く限定された分野の本を求めていたので、大人の図鑑のコーナーを紹介しましたが、子どもは子どもの部屋の本しか読めないと思っていたようでした。これは極端な例ですが、「聞き出す」のは第一歩です。

3 多くの子どもに読まれるおもしろい本

「'12子どもの読書と学校図書館の現状」*¹を見ると、どの学年でも、シリーズものがよく読まれていることがわかります。そのデータによると、10歳男子では、「かいけつゾロリ」と「怪談レストラン」のシリーズが入っています。こうした傾向を好んで読んでいることがわかると、シリーズものに物足りなく思っている子どもに向いた本の紹介に進んでいけます《☞54》。その後、5年生では、「シャーロック・ホームズ」や江戸川乱歩「少年探偵団」シリーズがあがっているので、冒険もの、特に、スリルのあるものやミステリーへとつながっていくのがわかります《☞62》。人気のある、あるいは人気の出そうなシリーズの傾向を知っておくと、次のステップへの促しがやりやすくなります。

4 少数の子どもにとっておもしろい本

みんなの読んでいるシリーズでは満足しない、特定の情報（自分の悩み、挿絵の好みなど）を求めている、ファンタジーだけが好き、神話などの古い物語が知りたいなど、「読書調査」にはあがってこないひとりひとり異なったその子のニーズがあります。それを探り出すのは、まずその子に興味をもち、話をしながら、適書を探っていくキーワードを聞き出します。

10歳前後は、まだ自分の求めているものがわからなかったり、年々ついてくる読書能力を自覚していなかったりすることがあります。飛躍的に読めるようになる年齢でもあるのです。調査では、中学生になると、まったく本を読まない子の比率がぐっと上がります。また、男子は女子よりもその率が高いので、10歳男子が興味のもてる本を提供することは、おおげさにいえば、その子が「生涯本を読む子になるのか」どうかの岐路ともいえるのです。

5 男子と女子で「おもしろい本」はちがってくる？

「おもしろい」を「その子のニーズ」と言い直して考えましたが、10歳で男女差があるのでしょうか。女子の好むシリーズには、『赤毛のアン』シリーズやおしゃれや恋の味付け（粟生こずえ『一期一会』シリーズなど）がしてあるシリーズが上位に入っています。また、男子より女子は、読む数も多く、不読者の割合も少し低いのが特徴です。特に男子の「おもしろい本」さがしが大切なのは、こうした男女差の点からもいえるのです。

（三宅興子）

　*注1．「学校図書館」第745号（2012年11月号）

質問 2

夏休みの自由研究のために
おもしろい実験が
出ている本を教えてください。

1 身近にあるふしぎと自由研究

空はどうして青く見える？ 雷はなぜ光ってごろごろ鳴り、落ちる？
　私たちの身の回りには、日常的に接していながら、そのしくみや原理など、正しい知識や情報を知らないことが意外にたくさんあります。自由研究は、子ども自らが興味・関心のあるテーマについて、主体的に調べ、探求し、その答えを見つけることを促す活動です。そのねらいは、子どもが自分の目で身近な事象を見つめ、さまざまな現象に興味や関心を抱き、そこに潜む疑問や課題に対して自ら答えを見つけようとする探求心を掘り起こす、いわば科学的思考を育成することです。

2 どのような観点で選ぶか

　多く出版されている「自由研究」をテーマとする本について、どのような観点で選べばよいのでしょうか。子どもが自ら行うことを前提に考えると、まず基本的なこととして、子どもが無理なく行えることが重要です。実験そのものの手順が図解や写真でわかりやすく記述されていること、実験にあたっての留意点が端的に書かれていること、実験に使用する器具や物品について、子どもが扱って危険がなく、準備物も大人の手を必要としなくてもよいことが条件といえます。
　加えて、実験方法や結果の書き方にも配慮が必要です。その実験によって、どのような科学的事実を導き出せるかが考察でき、今後の工夫の余地があり、応用して楽しめ、新たな発見につながる要素があることが望ましいといえます。こうした点をふまえつつ、子どもの科学的な知的好奇心を喚起するような視点が大事です。

3 自由研究をテーマとする本

　以上の点をふまえたものとして、たとえば『ギモンかいけつ！でんじろう先生の実験教室』(文化出版局、2012)は、テレビでもおなじみの著者による24の疑問(冒頭の質問など)と実験がわかりやすく紹介されています。同じ著者による『わくわく！自由研究』(主婦と生活社、2010)は、より多くの実験と情報を盛り込んだ高学年版。また『小学生のおもしろ科学実験　キッチンとお風呂でできる！』(実業之日本社、2010)は、家庭にある簡単なものを利用して「水と空気」「酸とアルカリ」「音と光」「磁石と電気」など、主なカテゴリからさまざまな実験を紹介。『やってみよう！夏休みの自由研究』(成美堂出版、2010)および『子どもと楽しむ！工作・実験・自由研究レシピ』(実教出版、2012)は、工作や観察なども取り上げつつ、自由研究のコツやまとめ方、発表の仕方などにも言及しています。

4 たとえば、キッチンでできる実験では

　家庭にある電子レンジを用いた実験を行うのが『電子レンジの実験』(学研、2010)です。身近な調理器具とキッチンの材料を使って、クイズ形式で実験を紹介しており、その結果には驚かされます。板倉聖宣『電子レンジと電磁波』(仮説社、2006)は、予想(仮説)をたて、結果を実験で確かめ、科学の基本的概念や法則を学習する仮説実験授業を提唱する著者のサイエンスシリーズの一冊です。電子レンジの仕組みを考えることで、電子や光線、電磁波に触れていきます。同じ考え方の本に、『ドライアイスであそぼう』(仮説社、2012)もあります。

5 環境やエネルギーに関する実験

　東日本大震災以降、環境やエネルギーに関する問題が大きく取り上げられています。「学校の樹木はどれくらいCO_2を吸う？」「水で燃料電池を作ろう」などの実験を紹介する『実験でわかる！環境問題とエネルギー』(学研、2011)や、『中学生ecoの自由研究』(永岡書店、2010)、『ガリレオ工房の科学あそびエコCO_2編』(実教出版、2012)は、いずれも実験手順がていねいに記述され、実験と観察で環境を考えるきっかけになります。興味あるテーマに応じて選んでみてください。

(遠藤　純)

質問 3
かつて読んだ「たぷくん」というブタの主人公が出てくる物語が読みたいのですが……

1 かつて読んだ物語についての質問

　図書館にしばしば寄せられる質問に、「かつて読んだ物語にもう一度出会いたい！」というものがあります。
　幼いころ、幼稚園や学校の図書館などで読んだ本の記憶。断片的なものではあっても、登場人物の何気ない言葉やしぐさ、添えられた絵が忘れられない方も多いでしょう。本の形や大きさ、表紙やカバーの色合いなども、その物語とともにある大事な記憶の一つです。
　しかし、幼少時の読書体験は、タイトルや著者、出版社などが記憶に残らないことも多いものです。そのためにこうした質問が寄せられるのでしょう。

2 記憶の細部を手がかりに探索

　この質問については、ブタの「たぷくん」が主人公だったことはお聞きしました。加えて、他に手がかりはないか、記憶の細部をお聞きします。
　1．物語は何にでもよりかかるブタの話。「たぷ」は書名に含まれていた
　2．4～5歳のときに幼稚園で読んだ(1970年代後半)
　3．幼稚園で読んでいた「キンダーブック」だったかもしれない
　以上から、幼稚園に直販されていた月刊絵雑誌が候補になります。
　まず、ネット検索で「ぶた」「たぷ」「よりかかり」と入力してみます。すると、紙芝居『よりかかりのタプ』(岡信子脚本、津田直美画、教育画劇、1986)という作品がヒット。しかし、質問者に伺うと、「内容は同じだが絵がちがいます」。
　ということは、もともと存在した原作絵本が紙芝居化されたもののようです。
　東京都立図書館の所蔵検索は、他館にはない特徴があります。それは、雑誌の各巻タイトルでの検索ができることです。ここで、「タプ」を含むフレーズ

を探索してみましたが、それらしきものは見当たりません。また、あらすじ検索ができる国際子ども図書館でも結果は同じでした。

3 「タプくん」を見つけるまで

では、本のリストではどうでしょうか。テーマ別に絵本が探せる『絵本の住所録』*1、登場人物で検索できる『児童文学登場人物事典』*2、『日本の物語・お話絵本登場人物索引』*3 などを見たところ、「タプ」という主人公がヒット。が、質問者の求めるものとは異なる本でした。

ここで視点を変えて、絵雑誌「キンダーブック」を調べてみます。『フレーベル館100年史』*4 には、同誌の出版総目録があります。しかし、ここでも見あたりません。「キンダーブック」ではないようです。

国際児童文学館に問い合わせます。同館には多くの月刊絵雑誌があり、各巻タイトルでの検索をしてくれます。「岡信子」で探したところ、「もこちゃんチャイルド」「おはなしワンダー」「ワンダーブック」などの雑誌に多く執筆していることがわかりました。年代的には、「ワンダーブック」が近いようです。版元の社史『世界文化社50年史』*5 には総目次がありませんので、質問者が読んだと思われる期間の現物にあたっていきます。

幸い国際児童文学館には全冊所蔵がありますので、確認していったところ、「ワンダーブック」8巻2号*6 に、「こぶたのタプくん」（岡信子作、柿本幸造画）という作品を発見。この作品は各巻タイトルではなく、同誌に複数存在する作品の一つであったために、どのデータベースにもヒットしなかったようです。内容は、何にでもよりかかるこぶた「タプくん」の話。質問者に提示したところ、まちがいないとのことでした。

こうした本の探索は、書名や著者名で探す通常の書誌検索と異なり、どれだけ手がかりを聞き出せるかが重要です。読書時期、場所（家庭、図書館、学校など）、大きさや形、装丁、物語の特徴（登場人物の名前、絵の感じ）など。これらをもとにしぼり込んでいくことができます。知識と経験が要求されるところですが、少しずつ蓄積していきたいものです。

（遠藤 純）

＊注1．舟橋斉編著、法政出版、1998新版
＊注2．定松正編、玉川大学出版部、1998
＊注3．DBジャパン、2008
＊注4．フレーベル館、2008
＊注5．世界文化社、1996
＊注6．世界文化社、1975年5月

質問 4

小学校の図書館で読んだ本を探しています。絵は覚えているのですが、作者などはわかりません。

1 質問の内容

　1970年代前半、小学生だった質問者は図書館で一冊の本を手に取りました。それは白い表紙に、頭にターバンのようなものを巻いた外国人の男の人を描いた本でした。細いペン画のような絵で、カラーだったかは不明。いくつかのお話が入っていた笑い話のようなものだったそうです。そのなかにとてもおいしそうなスープが出てきたのが印象的で、その話をもう一度読みたいと思ってあちこち探しているとのことでした。

2 絵本か読み物か

　質問者によると絵本とのことですが、いくつかの話が入っていたそうですので、読み物の可能性も否定できません。特徴的な点としては、外国の物語（翻訳）であること。それも頭にターバンを巻いた外国人の絵から中近東あたりの物語であることが予想されます。白い表紙、ペン画のようなタッチ、そしてスープや笑い話、1970年代、学校の図書館も探索のために重要な情報となります。

3 ターバンを手がかりに

　まず手がかりになるのがターバンです。中近東の物語と予想されますが、具体的に国や地域ではどのあたりになるのでしょう。日本において中東は、北西アフリカから西南・中央アジアまで含めることが多く、広域です。しかし、1970年代に小学校の図書館で読んだということは、あくまで一般的にですが、市場にさほど流通していない大変稀な本だったとは考えにくく、逆に当時比較的手に取りやすかった本である可能性が高いといえます。

まず、「中東」「中近東」「アラブ」などを手がかりに、該当する年代（1960～1975年）を検索します。しかし、国会図書館でも国際児童文学館でも児童書ではヒットしませんでした。世界のお話、外国の昔話などという位置づけになっているのかもしれません。そうなると対象が膨大で、しぼり込みが実に困難になってしまいます。

4 ペン画というキーワード

　そこで視点を変えて、絵に注目してみます。白い表紙はともかく、ペン画は特徴的なキーワードです。ペン画に近い特徴的な作家を『絵本の世界 110人のイラストレーター』（全2集、福音館書店、1984）、『年鑑日本のイラストレーション』（講談社、1972～90）などを参考にリストアップ。堀内誠一、山脇百合子、井上洋介、和田誠、柳原良平、佐々木マキ、杉浦範茂など、当時から活動していた画家で、タッチがペン画に近い作家の作品をサンプルとして質問者に見てもらいました。質問者いわく、精密なものではなく、シンプルかつ単純なものだったとのこと。見たイメージのなかでは、星新一の著書に絵を描く和田誠に近いとのことでした。

5 和田誠のリストからしぼり込む

　和田誠にあたりをつけ、国際児童文学館のサイトで検索。和田誠の資料は280件ほどあります。質問者が読んだと思われる1960年から1975年くらいまでを重点的に、特徴が一致する本を探していきます。『アラビアンナイト』（ラング世界童話全集、アンドルー・ラング再話、川端康成他訳、東京創元社、1959）、『密林一きれいなひょうのはなし』（工藤直子著、銀河社、1975）などは表紙がちがいます。そのうちに、表紙は白く、頭にターバンを巻いた男の絵がある『天からふってきたお金』（アリス・ケルジー文、岡村和子訳、和田誠絵、岩波書店、1964）を発見。絵本ではなく読み物ですが、トルコの一休さん（とんち話）として知られるホジャの物語で、特徴はぴったりです。内容はどうでしょうか。

6 ホジャの笑い話

　いくつかの短編のなかに、「スープのスープ」という作品が収められていました。これはウサギの肉をスープにした物語。質問者にお見せしたところ、まちがいないとのこと。子どものころ、あまりにおいしそうでどうしても忘れられなかったスープに再会できたと喜んでおられました。

（遠藤 純）

質問 5

戦争中に読んだ話を探しています。あらすじは覚えていますが、タイトルを思い出せません。

1 まずは聞き取りから

　この質問者(女性)が探索している話の内容は、幼いころに盗賊に連れ去られ、彼らに育てられた子どもが、幼き日に聞いた母の子守唄を聞いて涙を流すというもの。読んだのは昭和10年代半ばから後半。どこで読んだか、どんな本だったかはまったく覚えておらず、日本のものか翻訳なのかも不明。ただ、揺りかごに乗せられた赤ん坊の挿絵が記憶にあるとのことでした。

2 キーは〈子守歌〉〈ゆりかご〉〈盗賊〉か

　お聞きした内容からは、〈子守歌〉〈揺りかご〉〈盗賊〉などがキーになりそうです。まず試みに、それらの言葉をネットで検索してみましたが、それらしきものは見あたりません。次に、国立国会図書館の件名検索、東京都立図書館の内容目次検索を行ってみましたがヒットゼロ。国際児童文学館の蔵書検索で、ヒットした単行本『新子守歌』(巖谷小波選、読売新聞社、1916)『愛の子守歌　現代模範童話選』(安倍季雄著、隆文館、1927)も、まったく異なる物語でした。印刷物のツールとしては、『テーマ・ジャンルからさがす物語・お話絵本』(DBジャパン)がありますが、同書がカバーする年代は1953年以降2010年までで、今回の調査には役に立ちません。キーワードが異なっている可能性もありますが、単行書ではなく雑誌掲載の物語ということも十分ありえます。そこで、まずは雑誌掲載の物語に対象をしぼります。

3 雑誌内容目次の探索

　明治期以降の主要な児童雑誌は、いくつかが復刻されています。復刻には

総目次や執筆者総索引などが付与され、調査が可能です。今回の依頼内容では、明治期までは遡及せず、まずは大正期以降、それも当時比較的読まれていた人気雑誌に照準を合わせるのがよいようです。

　最初に大正期の四大児童誌「赤い鳥」「童話」「金の船」「おとぎの世界」の総目次*1、さらに『少年倶楽部・少年クラブ総目次』（ゆまに書房）、『少女倶楽部・少女クラブ総目次』（同前）などを探索。しかし、いずれも該当作を発見できません。次に、少女小説を多く読んでいたという質問者の読書歴から「少女世界」「少女の友」を調べます。「少女世界」は、『明治新聞雑誌文庫所蔵雑誌目次総覧』第71巻婦人編（大空社）に一部目次があるのでまずそれを調査。しかし該当作はなく、次に「少女の友」へ。同誌は総目次がないため実物を調査するしかないのですが、大正から昭和15年くらいの間に発行された冊数は300冊以上あります。そこで現物調査はあきらめ、同誌の主な少女小説の書き手からあたりをつけます。

4 「少女の友」の書き手

　「少女の友」で少女小説を書いていた作家といえば、「乙女の港」などの川端康成、「花物語」の吉屋信子らが有名ですが、聞き取り内容から吉屋信子ではなさそうです。『川端康成少年少女小説集』（中央公論社）を確認しましたが、似たような話はありません。同誌には他にどんな作家が寄稿していたかと『日本児童文学大事典』を参照すると、横山美智子、西條八十、野上弥生子、尾島菊子、北川千代、与謝野晶子ら多岐にわたっています。

　そこで各作家のおもな作品を読める『日本児童文学大系』（全30巻、ほるぷ出版）の目次を繰っていったところ、上記いずれの作家にも該当しなかったのですが、宇野浩二「揺籠の唄の思ひ出」（「少女の友」大正4年5月号）という作品を発見しました。作品の舞台は台湾。日本人の3歳の女の子が盗賊にさらわれ、台湾人として育てられて隊長になります。15年後、その盗賊が再び村へ押し寄せ、隊長である女の子は囚われの身に。はじめはかたくなに日本人であることを否定していた少女でしたが、母の子守唄を聞いて涙を流すという話です。「少女の友」が初出で（揺籠と赤ちゃんの挿絵あり）、その後単行本『哀れ知る頃』（蜻蛉館書店、大正5年）に掲載、以後宇野浩二の多くの童話集に収録されていきます。質問者に確認したところ、まちがいないとのことでした。

（遠藤　純）

*注1. 『「赤い鳥」復刻版解説・執筆者索引』日本近代文学館、1979
　　　『雑誌「童話」復刻版別冊』岩崎書店、1982
　　　『雑誌金の船＝金の星復刻版別冊解説』ほるぷ出版、1983
　　　『雑誌「おとぎの世界」復刻版別冊』岩崎書店、1984

質問 6

「なっちゃん」という名前の子どもが登場する絵本や読み物はありますか？

1 登場人物の名前で本を探す

　絵本や読み物に登場する人物の名前を探す本として、『日本の児童文学登場人物索引』『日本の物語・お話絵本登場人物索引』『世界の児童文学登場人物索引』『世界の物語・お話絵本登場人物索引』*1『英米児童文学作品 登場人物事典』*2 などがあります。単行本編、アンソロジー編、年代の分冊があり、名前のあいうえお順で探します。「なっちゃん」は、これらの本で調べると35冊あり、夏子、奈津美、ナッチなどまで含めるともっと多くなります。

2 「なっちゃん」の登場する子どもの本

　そのなかから何冊かを紹介します。絵本『かさかしてあげる』*3 は、雨にぬれている女の子(なっちゃん)に、アリ、ウサギ、クマたちが、草でできた自分の傘を差し出してくれますが、サイズが合いません。そこへ、女の子の飼い犬が傘を持ってかけつけ、みんなで雨の中を行進します。絵本「14ひきのシリーズ」*4 は、ネズミの10人きょうだいの7番目がなっちゃんです。
　『日曜日はなっちゃんちの犬』*5 は、4年生の男の子が、拾ったマンガに書かれている呪文を唱えたら、犬に変身して、同級生で幼なじみのなっちゃんに拾われます。『盆まねき』*6 は、3年生のなっちゃんが、祖父母の家で過ごすお盆の3日間のお話です。なっちゃんは、祖父や大叔母や曾祖母から、字を書くナメクジ、田んぼの中のお月さま、カッパの光る玉などの話を聞かされます。どの話にも、若くして戦死した祖父の兄のシュンスケおじさんが登場します。
　これらの本の「なっちゃん」は、人なつっこく好奇心の強い子どもとして描かれ、作品全体のイメージをつくりあげる大事な要素の一つになっています。名前がその由来や響きをもとにさまざまな人物像を見せてくれることで、読

者は登場人物を身近に感じ、作品世界にひきこまれていきます。

3 名前がテーマになっている作品

　名前がテーマの作品は数多くあり、物語には出てこない名前もそれぞれに重要であることは、昔話の「だいくとおにろく」「トム・ティット・トット」「ルンペルシュティルツヘン」のような名前当ての話から見てとることができます。名前を言いあてられた鬼たちは敗北し、消え去ります。名前が正体そのものであることを象徴する話です。『影との戦い(ゲド戦記Ⅰ)』*7は、少年ダニーが真の名ゲドで呼ばれ、そこから物語が始まります。

　中世の村が舞台の『アリスの見習い物語』*8は、親も家も名前もない孤児の少女が、産婆の下働きをするうちに、少しずつ自分の存在に自信をもつようになり、自分で自分にアリスと名づけ、自立していく物語です。

　アリスは自分で名前をつけましたが、普通、名前は自分で選ぶことができません。『すみれちゃん』*9のお話では、自分の名前がおしゃれでないと思った主人公が、フローレンスだったらよかったのにと両親に訴えます。

　『ユウキ』*10は、5年間に3人のユウキを転校で見送ってきた6年生のケイタの前に、4人目のユウキが現れますが、これまでの3人のユウキ(祐基、悠樹、勇毅)とちがい、新しいユウキ(優希)は女の子でした。同じ名前の転校生との出会いと別れがひとつながりの物語として構成されています。

4 物語の名前や日付を楽しむ

　生まれた時から呼ばれ続けている名前は、自分の存在と切り離せないものです。同じ名前の人に出会えば親しみや不思議さを感じ、好きな人の名前は光り輝いて見えます。登場人物の名前が決まれば、名前から人物像が立ち上がり、物語が動き出すといわれます。名前にこだわって物語を探すのも、本の楽しみ方の一つといえます。

　名前のほかにも作品のなかで気になるのは日付です。自分の誕生日のお話を読みたいというリクエストのために、『子どもの本のカレンダー』*11は、1年間366日のお話を年月日順に紹介しています。

(川内五十子)

＊注1. ＤＢジャパン、2004〜2009　＊注2. 定松正編、松柏社、2012　＊注3. こいでやすこ作、福音館書店、2002　＊注4. いわむらかずお作、童心社、1983〜2007　＊注5. 木村裕一・磯みゆき作・絵、岩崎書店、1996　＊注6. 富安陽子作、偕成社、2011　＊注7. ル＝グウィン作、清水真砂子訳、岩波書店、1976　＊注8. カレン・クシュマン作、柳井薫訳、あすなろ書房、1997　＊注9. 石井睦美作、偕成社、2005　＊注10. 伊藤遊作、福音館書店、2003　＊注11. 鳥越信・生駒幸子編著、創元社、2009増補改訂

質問 7

明治40年生まれの父が覚えていた
童謡か唱歌を探しています。
タイトルと歌詞の全文を教えてください。

1 質問の内容

「うちの裏のちさの木に／とまった雀のいうこときけば／よんべもらった花嫁は／色が白くて器量よし／村の庄屋の箱入り娘／年は十七／名はおきょう」。質問者が探している歌のフレーズです。質問者の父(明治40年生まれ)が尋常小学校のころに何かで読んだそうです。童謡ないしは唱歌ということですが、わらべ歌・遊び歌とも考えられます。

2 わらべ歌の調査から

仮に質問者の父が10歳で読んだとすれば、大正6年ごろということになります。大正初期から後期にかけて流布していたものと推察されます。

『近世童謡童遊集』(「日本わらべ歌全集」27巻、柳原出版、1991)には、伊達家(仙台藩)のお家騒動を扱う歌舞伎『伽羅先代萩』(「御殿の段」)に、ちさの木にとまった雀が花嫁のことを話す歌が出てくるとあります。もとは天明5年の義太夫。歌舞伎の演目に取り入れられたことで全国に伝播し、歌詞の転訛が進んだようで、『尾張童謡集』(日光堂書店、1937)をはじめ、前出「日本わらべ歌全集」にも類歌としての手まり歌が全国各地に散見されます。しかしいずれの歌も、ちさの木にやってきた雀が花嫁について話すことは共通しているのですが、後半がかなりちがいます。質問にある歌詞、特に「色が白くて器量よし〜」以降は、どこから出たものなのでしょう。

3 「ちさの木」「雀」「花嫁」

質問者が読んだ大正当時、折しも唱歌や童謡・少年詩が多く創作・発表され、

人気を集めていた時期です。そのころ流布していたわらべ歌を、誰かが手を加えてアレンジしたものかもしれません。

　歌詞のキーワードで検索すれば、手がかりが得られるでしょうか。試みに「ちさの木」「雀」「花嫁」で検索してみると、竹久夢二「雀の歌」がヒットしました。掲載書『どんたく　絵入小唄集』(実業之日本社、1913)を確認すると、「うちの裏のちさの木に／雀が三羽とうまつて／一羽の雀がいふことにや／ゆうべござつた花嫁御／なにがかなしゆてお泣きやるぞ／おなきやるぞ／ゆうべの芝居のその唄が／いまのわが身につまされて／ほろりほろりとないてゆく」となっていました。雀が三羽とまるところなどわらべ歌に近い歌詞で、前半は似ているものの、やはり後半がかなりちがいます。同じ詩が夢二の『夢のふる郷』(新潮社、1919)にも掲載されており、夢二が郷土のわらべ歌をもとに創作したようです。となれば、他にもバリエーションがありそうです。

4　大正期の童謡・唱歌・少年詩を調べる

　童謡・唱歌の曲名や作者・内容から検索できるサイト「童謡・唱歌索引」(国立音楽大学付属図書館)で検索してみましたが、見つかりません。『日本童謡唱歌大系』全6巻(東京書籍、1997)でも同じでした。では、当時のおもな作家の著作ではどうでしょうか。『日本児童文学大事典』全3巻(大日本図書、1993)の「童謡」の項によれば、大正期の子どもの歌といえば、北原白秋、西條八十、三木露風、野口雨情、それに少年詩の有本芳水らが人気でした。

　そこで、まずは童謡からと、『白秋全集　童謡集』9〜11巻(アルス、1930)、『西條八十全集　童謡Ⅰ』『童謡Ⅱ』6〜7巻(国書刊行会、1992〜94)、『三木露風全集』全3巻(三木露風全集刊行会、1972〜74)、『定本野口雨情』全8巻(未来社、1985〜96)を調査。しかし、質問の歌詞は発見できません。次に、少年詩へ。有本芳水は全集がありませんので、大正期に熱狂的に愛され、350版を数えたといわれる第一詩集『芳水詩集』(実業之日本社、1914)を確認します。すると、詩「ちさの木」を発見。早速見てみたところ、質問者の言う歌詞を含むものでした。作品はこの後も続くのですが、質問者は前半のみ覚えていたということになります。『芳水詩集』の多くは雑誌「日本少年」に発表されたものですので、雑誌で読まれたのかもしれません。ちなみに、『芳水詩集』の装丁は夢二で、ともに岡山ゆかりの作家として交友があったことを付記しておきます。

（遠藤　純）

質問 8

子どものころ、教科書で時計の小人が出てくる話を読みました。もともと何に掲載されていた作品だったのですか？

1 国語教科書と児童文学

　小学校の国語教科書には、数多くの児童文学作品が掲載されています。誰もが国語教科書で児童文学作品と出会っているのです。したがって、児童文学体験に及ぼす教科書教材の影響は少なくないといえるでしょう。

　それでは、今回のケースのように、国語教科書に掲載されていた作品であるところまでは思い出せるのだけれど、タイトルなどが思い浮かばない場合、どうやって作品を探せばよいのでしょうか。

2 教科書教材の探し方

　今回の質問は、キーワードがはっきりとしているので、まずはキーワード検索ができるデータベースにアクセスしてみましょう。ここでは、誰でも利用できる東書文庫（教科書会社である東京書籍の附設教科書図書館）のデータベースを使いました[*1]。

　さて、「こびと」をキーワードにして検索した結果、36件がヒットしました。ところが、これらの作品を調べたところ、もう一つのキーワードである「時計」が登場する作品が見当たりません。実は、東書文庫では、タイトルにキーワードが含まれている作品しか検索できません。内容物から検索できる小学校国語教科書データベース（教科書研究センター）もあるのですが、来館者のみを対象としたサービスのため、ここでは使いませんでした。

　そこで、依頼者に作品を読んだのはいつごろであるのかについて質問したところ、1970年代の後半、小学校の低学年のときに読んだという手がかりを得ました。教科書教材の場合、学習指導要領の改訂に伴い、掲載作品が差し替えられることがあるため、教科書を使っていた時期を特定することは、とて

も重要な確認作業となります。

　新たな情報を参考に、1970年代後半の小学校低学年の国語教科書を調べた結果、千葉省三という作家が書いた「チックとタック」という教材が見つかりました。あらすじは、次の通りです。

　おじさんの家の時計のなかに、チックとタックという名の2人の小人が住んでいました。ある晩のこと、いたずら好きな2人は時計のなかから出てきて、おじさんが食べ残したおすしを食べてしまいます。ところが、おすしにはわさびが入っていました。2人がわさびの辛さにやられてしまったため、時計の音が「ジッグ、ダッグ」となってしまうというお話です。

　「チックとタック」は、光村図書という教科書会社の小学校1年生の国語教科書(1965年版〜1983年版)に掲載されていました。ユーモラスな内容なので、質問者の印象に残ったのかもしれません。

　なお、データベース以外で、文学教材を調査する資料としては、『読んでおきたい名著案内　教科書掲載作品　小・中学校編』(日外アソシエーツ、2008)があります。実際に教科書を閲覧する場合は、各自治体の教科書センターを利用するとよいでしょう。教科書教材の探し方については、レファレンス協同データベースの「教科書で習った教材の探し方(国語)」をご覧ください[*2]。

3　作家と作品

　千葉省三は栃木県出身の児童文学作家です。郷土色豊かなリアリズム作品の「虎ちゃんの日記」(1925)のほか、幼年童話としての評価が高い『ワンワンものがたり』(1929)などの作品を発表しました。本作をはじめとした幼年童話は『千葉省三童話全集』第4巻(岩崎書店、1981)で読むことができます。

　「チックとタック」は、コドモ社から刊行された小学校低学年向けの雑誌「良友」1923年7月号に掲載されていた作品です。原題は「チツクタツク」で、旧仮名遣いで書かれています。教科書版では、文体を現代仮名遣いに改めるなど、おもに表記上の改作が行われていました。

　教科書教材は原作に手が入れられていることが少なくないので、原作と読み比べてみると意外な発見があるかもしれません。

（目黒　強）

*注1．http://www.tosho-bunko.jp/search/（2012年9月21日閲覧）
*注2．http://crd.ndl.go.jp/GENERAL/servlet/detail.manual?id=2000004421（2012年9月21日閲覧）

質問9

ネズミが出てくる本は、どういう本がありますか？

1 ネズミは昔から親しい存在

　昔からネズミが主人公の物語は数多くあります。これは、洋の東西を問わず、ネズミが人間に近い場所に生息している身近な動物だからだと考えられます。十二支の最初の動物であるネズミは、アジアでは体の小さい知恵者というイメージがあり、多産であることから子孫繁栄のイメージや、米と結びついて富をもたらすイメージがあります。

　昔話「ねずみのすもう」の絵本は、赤羽末吉絵*1の作品に日本らしいネズミを見ることができます。また、台湾のレスリー・リョウ絵の絵本『ねずみのおよめいり』*2は伝統的な美しい花嫁を描いています。おじいさんの夢に出てきたネズミが黄金のあるところを教えてくれる韓国の絵本『ふしぎなしろねずみ』*3もあります。

　イソップ寓話では「いなかのネズミとまちのネズミ」や「ライオンとネズミ」がありますが、現代絵本『とかいのねずみといなかのねずみ』*4は、田舎と都会のねずみの友情が描かれ、都会の風景にはミッキー・マウスが描かれています。ドイツでは、害獣であるネズミ退治の経緯をめぐる「ハメルンの笛吹き男」の伝説が広く知られており、フックスフーバーの絵本*5などが翻訳されています。

2 絵本に描かれたネズミたち

　「ぐりとぐら」*6、「14ひきのねずみ」シリーズ*7は、自然のなかでなかよく暮らすネズミたちの日常が描かれ、ネズミの視点で世界を見る楽しさが描かれています。「ねむいねむいねずみ」*8は、自由で楽天的で、のんびりしているけれども少し孤独な旅するネズミで、「ねずみくん」*9、「メイシーちゃん」*10は、子どもらしく、親しみやすい存在です。レオ・レオニは集団のイメージとして

数多くのネズミを登場させています*11。「歯いしゃのチュー先生」*12のネズミは、大きく強い者を退散させるやさしい知恵者です。これらのネズミは人間くさいネズミですが、『グロースターの仕たて屋』*13などポターの描くネズミは、人間と同じスタイルの生活をしながらも、動物として観察された正確な写実で貫かれ、野性味を失っていません。

3 読物のなかのネズミたち

　絵童話では、強い個性のせいで大家族からはみ出し気味のネズミの女の子を描いた『番ねずみのヤカちゃん』*14、ネズミの町の出来事を描いて小さい世界を楽しく想像させる「チュウチュウ通り」シリーズ*15などがあります。
　『放課後の時間割』*16の学校ネズミは、知恵者として「私」に学校の不思議な出来事を語ります。また、動物ファンタジーの「ミス・ビアンカ」シリーズ*17では、行動力抜群で貴婦人のようなミス・ビアンカとおひとよしに見えるバーナードのネズミコンビの大冒険を描きます。「レッドウォール伝説」*18では、小さなネズミたちが、知恵を使い、勇気を出してモスフラワーの森でキツネやヤマネコとたたかいます。

4 ネズミの魅力と動物の登場する本

　このように子どもの本にネズミが多く登場する理由は、身近なだけでなく、「小さくて敏捷で知恵のある」イメージと害獣としてのアウトサイダー的なイメージに子どもが共感したり、ひかれたりするためだと考えられます。
　ネズミだけでなく、動物の登場する本は数多くあり《☞58》、選ぶのに迷います。しかしながら、擬人化されていてもその動物らしさを保っているか、人間とは異なる種であることを認識し、その種に対する畏敬の念をもって描かれているかなどの観点で選ぶことが重要です。

(土居安子)

*注1. 神沢利子文、偕成社、1983　*注2. 河出書房新社、1994　*注3. ユン・ミスク絵、チャン・チョルムン文、かみやにじ訳、岩波書店、2009　*注4. カトリーン・シェーラー作、関口光昭訳、光村教育図書、2011
*注5. 『ハーメルンのふえふき』おざわとしお文、偕成社、1985　*注6. 中川李枝子作、大村百合子絵、福音館書店、1963～　*注7. 岩村和朗作、童心社、1983～　*注8. 佐々木マキ作、PHP研究所、1979～　*注9. なかえよしを作、上野紀子絵、ポプラ社、1974～　*注10. ルーシー・カズンズ作、五味太郎訳(1991～1999)、なぎともこ訳(1999～)、偕成社　*注11. 『フレデリック』アレクサンダとぜんまいねずみ』など、いずれも好学社
*注12. ウィリアム・スタイグ作、うつみまお訳、評論社、1991　*注13. いしいももこ訳、福音館書店、1974
*注14. リチャード・ウィルバー作、松岡享子訳、福音館書店、1992　*注15. エミリー・ロッダ作、さくまゆみこ訳、たしろちさと絵、あすなろ書房、2009　*注16. 岡田淳作、偕成社、1980　*注17. マージェリー・シャープ作、渡辺茂男訳、岩波書店、1968～1988　*注18. ブライアン・ジェイクス作、西郷容子訳、徳間書店、1999～2006

質問10 おいしい食べ物がいっぱい出てくる本を紹介してください。

1 「食」と私たちのつながり

　私たちが食べ物を口にして「おいしい」と思う感覚は、素材のおいしさそのものだけでなく、栽培や収穫を通して感じたり、大勢で食卓を囲むことから得られることもあるでしょう。食べ物は、昔話や伝承文学においてもくりかえし語り継がれてきたテーマです。近代以降、「食」を楽しむ描写が増え、子どもの本には「おいしい食べ物」の出てくる場面なども登場してきます。

　食べ物の「おいしさ」が、いくつかの角度から捉えることができるように、子どもの本にもさまざまな形で、「おいしい食べ物」が描かれています。

2 子どもに人気のある絵本に描かれた食べ物

　子どもに人気のある絵本を思いつくままにあげてみると、「食」へとつながるものが少なくありません。写実的に描かれた『くだもの』[*1]や、見開きいっぱいにさまざまなパンが並べられた『からすのパンやさん』[*2]を幼い子どもたちと読むと、食べる真似をする姿がよく見受けられます。また、食べることで成長をとげる『はらぺこあおむし』[*3]や食べることが大好きな『11ぴきのねこ』[*4]などは、ロングセラーとしてこれまで多くの子どもたちから支持されてきました。これらの「食」が「生」へと直結することをテーマとした絵本は、心身ともに目覚ましい成長をとげる幼い読者にとって、満足感や安心感を満たせるものなのです。

　そのほか、『ぐりとぐら』[*5]や『しろくまちゃんのほっとけーき』[*6]は、つくって食べることの楽しさを伝えるものです。これらには、子どもたちになじみのある食べ物を身近な人と一緒につくり、一緒に食べる「おいしさ」が描かれています。

3 料理の素材や、おいしいメニューのいろいろ

　子ども向けの料理本や食べ物や素材が写真で紹介された本は、実用的で、子どもたちの知識欲を満たすものです。また、世界の食材と料理の写真を並べた『食べもの記』[7]のような民族学的な本は、「食」を文化として捉えることができるだけでなく、図鑑を眺めるような楽しさも味わえます。また、野菜やくだものの歴史や栽培方法のほか、調理方法が記された農文協「そだててあそぼう」シリーズは、食生活を考えるきっかけにもなるでしょう[8]。

　「こまったさん」や「ルルとララ」シリーズ[9]は、料理やお菓子のメニューごとに物語が組まれた読み物です。料理のレシピが附されているため、実際につくってみることもでき、レシピ本としても楽しめます。

4 根源的なテーマである食べ物

　クマのプーさんにとって、はちみつは欠かせない食べ物として描かれ、「桃色のお砂糖」は、お茶会で食べる特別なケーキとされています。また、ケネス・グレーアム『たのしい川べ』[10]には、ネズミとモグラのピクニックのお弁当や、モグラが散歩中にネズミと探しあてた昔の家での宴会など、食事の場面が数多く挿入されています。このように、児童文学のなかに食べる場面が描かれるのは、食べることが生活のなかの楽しみであり、その場面の安心感・幸福感を読者もともにすることができるからだと考えられます。

　『クレスカ15歳　冬の終わりに』[11]には、6歳の女の子が自宅では食べないのに、おいしい匂いのする家を訪ねて昼食をねだり、旺盛な食欲を示す場面が出てきます。明るい家庭でみんなと楽しく食べると「おいしい」のです。ポーランドの戒厳令下で生きる家族の記録のような作品ですが、作者は開かれた家の食事の場面を描くことで、未来への希望もともに表現しています。

　「食」は、私たちにとって生命維持のために必要不可欠なものであり、アイデンティティの確立にも深く関わっています《☞21》。子どもの本には欠かせない大切なテーマだといえます。

(浅野法子)

*注1．平山和子、福音館書店、1981　*注2．かこさとし、偕成社、1973　*注3．エリック・カール作、もりひさし訳、偕成社、1976　*注4．馬場のぼる、こぐま社、1967　*注5．中川李枝子文、大村百合子絵、福音館書店、1967　*注6．わかやまけん、こぐま社、1972　*注7．森枝卓士、福音館書店、2001　*注8．同シリーズには食材である野菜やくだものの歴史や栽培方法のほか、調理方法などの記載がある。　*注9．順に寺村輝夫作、岡本颯子絵、あかね書房、1982～1990。あんびるやすこ作、岩崎書店、2007～　*注10．石井桃子訳、岩波書店、1963　*注11．M.ムシェロヴィチ作、田村和子訳、岩波書店、1990

質問 11 海の魅力があふれた作品を紹介してください。

1 海の魅力があふれた作品

「海の魅力」というと、まず「海洋冒険物語」が思い浮かびます。また、図鑑や写真集にも、絵本や童話にも、魅力的な海は多様に表現されています。

2 「海洋冒険物語」から

「海洋冒険物語」の元祖は、『ロビンソン・クルーソー』(1719)です。そこから、ヴェルヌ『海底二万里』(1870)やスティーヴンソン『宝島』(1881)と続き、20世紀に入って、子ども向けの休暇版海洋冒険物語が出現してきます。ランサムの「ツバメ号とアマゾン号」のシリーズ中の『海へ出るつもりじゃなかった』[1]は、係留中の帆船が強風に流されて外海に出てしまい、4人の子どもが力を合わせて夜の北海を横断する物語です。歴史海洋物語としては、19世紀後半、中国からロンドンにお茶を運ぶ帆船の競争を描いた『ニワトリ号一番のり』[2]があります。いずれもイギリスの作品です。

同じ島国であるのに、こうした物語が日本にないことを残念に思った川村たかしは、『最後のクジラ舟』と『ノルウェーから来た鯨とり』[3]で、明治時代の勇壮な捕鯨を描いています。たかしよいち『竜のいる島』[4]は、夏休みを島で過ごしている少年が古生物の首長竜の海中探索に加わる物語です。

3 図鑑や写真集のなかで

加古里子文・絵の『海』[5]は、海の多様な姿を整理して細かく描き込んだ海への入門図鑑ともいえるものです。「クローズアップ図鑑」の『潮だまりの生きもの』と『海べの生きもの』[6]は、陸近くにいる海の生き物に大接近して撮

影した写真図鑑で、じっと見入ってしまう美しさがあります。「科学しかけえほん」の『海洋探検 海岸の潮だまりから水深6000mの深海へ』*7は、5場面が3Dポップアップになっていて、展示にも向く絵本です。

4 絵本や童話のなかで

　絵本の人気シリーズ「ぐりとぐら」、「コロちゃん」、「うさこちゃん」などには、海水浴に行く巻が入っています。海に行って波をかぶるのが冒険のはじまりなのです。『だいちゃんとうみ』『あたごの浦』『たこなんかじゃないよ』*8には、異なった海の魅力があふれています。

　アーディゾーニ生誕100年記念出版の『チムとゆうかんなせんちょうさん』にはじまるチム・シリーズ11巻*9は海洋冒険絵本です。漂流物がテーマの『海へさがしに』*10や、文字なし絵本の『漂流物』*11も海の魅力の一端です。海の宮殿の幻想的な物語『海の王国』*12は絵も文も海の美しさに満ちています。

　冒険物語のキャラクターとしてもっとも活躍しているのは、何にもとらわれず自由な「海賊」です。『小さなバイキングビッケ』に始まる全6巻の「ビッケ・シリーズ」*13は、知恵で大きいバイキングに勝つビッケが人気者です。海を舞台にした作品には、あまり泳げないのに「遠泳」に挑戦する『少年の海』*14から、夜の海で出会ったクジラとイルカの詩的な物語『ともだちは海のにおい』*15まで、振幅の大きい海が主役ともいえる多くの物語があります。

5 海はこころのふるさと

　『のっぽのサラ』*16には、ふるさとの海と現実に暮らしている大草原が重なっていくようになって、そこがサラの「居場所」となっていく様子が語られています。ひとはこころのなかに自分の「海」をもって生きているのです。

　海はとてつもなく大きくて不思議を秘めたあこがれの対象として、今後も子どもの本のなかで多様多彩な姿を見せてくれるでしょう。　　　　　（三宅興子）

*注1. 第7巻、神宮輝夫訳、岩波書店、1967　*注2. J. メイスフィールド作、木島平治郎訳、福音館書店、1967　*注3. 順に、実業之日本社、1969、偕成社、1979　*注4. 理論社、2004　*注5. 福音館書店、1969　*注6. F. グリーナウェイ写真、武田正倫訳、岩波書店、1994　*注7. ジェン・グリーン作、すぎもとえみ訳、大日本絵画、2009　*注8. 順に太田大八、脇明子・和子再話、大道あや画、秋野和子文、秋野亥左牟画、いずれも福音館書店、1992、1993、2005　*注9. 1巻せたていじ訳、2巻以後なかがわちひろ訳、福音館書店、2001　*注10. デブラ・フレイジャー作、井上荒野訳、福音館書店、2002　*注11. デイヴィッド・ウィーズナー作、BL出版、2007　*注12. エイキン作、ピアンコフスキー絵、猪熊葉子訳、岩波書店、1976　*注13. ルーネル・ヨンソン作、エーヴェット・カールソン絵、石渡利康訳、評論社、2011～12　*注14. 横山充男作、文研出版、1993　*注15. 工藤直子作、長新太絵、理論社、2004　*注16. パトリシア・マクラクラン作、金原瑞人訳、徳間書店、2003

質問 12

図書館で「秋の本」という
テーマで展示します。
どんな本がありますか？

1 季節の本の展示について

　図書館では本に親しんでもらうためにいろいろな展示を企画しますが、季節に関するテーマはその柱の一つです。毎年めぐってくる季節の展示に興味をもってもらうには、新たな角度から季節を捉えてテーマを設定するとよいでしょう。

2 「秋」の本の探し方

　「秋」の本を探すには、「月」「紅葉」「たべもの」「収穫」など、秋から連想する個別のテーマで検索する方がうまくいきます。『テーマ別ガイド　新しい絵本1000』[*1]や『読んでみない？科学の本』[*2]などのブックリストも役立ちますが、便利なのは、インターネットの「国立国会図書館サーチ」(児童書総合目録)や「Webcat Plus」(国立情報学研究所)のキーワード検索です。「Webcat Plus」は、児童書のみの検索はできませんが、たとえば「収穫の絵本」と入力すると、『いのこのまつり』(谷真介文、赤坂三好絵、佼成出版社、1991)や『ソリちゃんのチュソク』(イ・オクベ作、みせけい訳、セーラー出版、2000)が提示されます。表紙の画像が見られる本もあります。

3 秋の自然を楽しむ本

　一例として「キノコの本」の展示を決めたとします。写真絵本『ほら、きのこが…』(越智典子文、伊沢正名写真、福音館書店、2000)や『きのこ　ふわり胞子の舞』(埴沙萠写真・文、ポプラ社、2011)を展示のメーンに置いてみると、キノコの不思議と美しさに目が開かれます。キノコの絵が美しい『きのこの絵本』(小林路子作、

32

ハッピーオウル社、2008)や図鑑類に加えて、絵本では『ナミチカのきのこがり』(降矢なな作、童心社、2010)なども、読物では『キノシタキノコさん』(小薗江圭子作、PHP研究所、1999)もあります。キノコの小人が活躍する『もりのこびとたち』(エルサ・ベスコフ作、大塚勇三訳、福音館書店、1981)、いろいろな生き物がキノコに雨宿りする『あめのひきのこは…』(ステーエフ原作、ミラ＝ギンズバーグ再話、ホセ＝アルエーゴ他絵、厨川圭子訳、偕成社、1976)などの絵本や、ポターのキノコのスケッチが多数入っている『ピーターラビットの野帳』(ビアトリクス・ポター他著、福音館書店、1999)もあります。キノコが姿を見せる森にもテーマを広げると、『ひぐまのあき』(手島圭三郎作、リブリオ出版、2001)や『しずかなおはなし』(マルシャーク文、レーベデフ絵、内田莉莎子訳、福音館書店、1963)なども加えることができ、秋の自然へと心が誘われます。

4 秋の文化や行事の本

「秋の本」を文化や行事といった角度から考えることも一案です。秋祭り、お月見、お彼岸、敬老の日、スポーツの秋、音楽や美術の秋などさまざまなテーマがあります。たとえば、「お月見」を取り上げると、『じっちょりんとおつきさま』(かとうあじゅ作、文溪堂、2012)、『14ひきのおつきみ』(いわむらかずお作、童心社、1988)などの絵本が多数出ていますし、『かこさとしこどもの行事しぜんと生活10月のまき』(小峰書店、2012)や月齢にちなんだ風習も紹介されている『月の満ちかけ絵本』(大枝史郎文、佐藤みき絵、あすなろ書房、2012)などの知識の本、月をテーマにした『お月さまのたまご』(小森香折作、学習研究社、2000)や『たくさんのお月さま』(ジェームズ・サーバー文、ルイス・スロボドキン絵、中川千尋訳、徳間書店、1994)などもあげられます。秋の味覚をテーマにして、さつまいもやりんごにちなんだ本の展示も楽しそうです。

5 季節のテーマ展示について

日本では昔から季節が生活と深く結びついていましたが、昨今では季節感が薄れ、豆まき、ひな祭りなどの伝統行事を家庭で行うことも少なくなりました。季節の展示は、日本の伝統や文化を子どもたちに伝承するよい機会になります。また日頃なかなか手に取られないけれどもぜひ知って欲しい本に光を当てるのも、展示の大切な役割の一つです。

(丸尾美保)

＊注1．「この本よんで」編集部編、NPO読書サポート、2009;「Part2」2013
＊注2．子どもと科学をつなぐ会編、連合出版、2000

質問 13

「環境」をテーマにした本を
紹介してください。

1 環境破壊を考える

　いま、地球環境の破壊が進んでいます。生態系の破壊、絶滅危惧種の増加、オゾン層の破壊、酸性雨、地球温暖化による砂漠化や風水害の増加など、さまざまな問題が起きています。真剣に向き合わねばならない問題であり、環境をテーマにした本が数多く出版されています。「環境」「絶滅危惧種」などのキーワードを参考にインターネットやブックリストで探すことができます。『娘と話す　地球環境問題ってなに？』[*1]『環境負債　次世代にこれ以上ツケを回さないために』[*2] は、どんな環境問題が起きているのか、解決するために必要な取り組みや背景にある南北問題[*3] などについて解説しています。

2 いのちのつながりを考える

　フィクションでも環境問題がとりあげられています。『HOOT（ホー）』[*4] のロイと不思議な少年は、パンケーキハウス建設のために壊されるアナホリフクロウの巣穴を守るためにたたかいます。『フクロウはだれの名を呼ぶ』[*5] では、絶滅寸前のマダラフクロウを救うために伐採が禁じられ、木こりだったレオンの父親は仕事を失いますが、巣から落ちたフクロウのヒナを世話するうちに、はじめはフクロウを憎んでいた親子が愛情をいだき始め、やがてフクロウを守ることが生態系や環境を守ることであり、ひいては人間を守ることなのだと気付きます。

　ノンフィクションでは、『鉄は魔法つかい　命と地球をはぐくむ「鉄」物語』[*6] の著者は漁師ですが、海の生物のえさとなる植物プランクトンが増えるためには鉄が必要で、森が鉄をつくる工場の役割を果たしていることを研究者から学びながら突き止めていきます。『みんなで見守る世界遺産白神山地』[*7] は、

原生林のブナ林だけではなく、貴重で多様な動植物が生息している豊かな生態系を調査・保護する活動を紹介しています。『トキよ未来へはばたけ　ニッポニア・ニッポンを守る人たち』*8 も、えさがとれる水田や湿地、えさとなるドジョウやカエル、ねぐらとなる森などの自然環境を取り戻す長年の活動を紹介し、生きもののつながりの大切さを訴えています。写真絵本『おじいちゃんは水のにおいがした』*9 は、生命を育む「生きた水」を大切にしながら暮らす琵琶湖の漁師の暮らしを写しとっています。

3　かぎりある資源・エネルギーを考える

　石炭・石油・天然ガスなどの地下資源は、遠くない将来枯渇すると予想されています。核燃料の利用には危険が伴います。そこで、持続可能な社会をつくるために、太陽光発電・風力発電・水力発電・地熱発電・バイオマス発電などの再生可能エネルギー（自然エネルギー）への転換が段階的に進められています。『知ろう！再生可能エネルギー』*10 は、わかりやすく再生可能エネルギーを紹介し、社会がどのように変わることができるかを解説しています。『ソーラーカーで未来を走る　太陽光がつくる自然エネルギーについて考えよう』*11 は、ソーラーカーの開発を通して得た技術が自然エネルギーで暮らす社会の実現につながると説明しています。

　また、リサイクル・リユースも大切です。『永遠に捨てない服が着たい　太陽の写真家と子どもたちのエコ革命』*12 では、体操服のリサイクル活動が紹介されています。

4　生き方を考えるために情報を集める

　地球環境保護のために、大量にエネルギーを使い、大量に生産して消費するというこれまでの生活を見直して、どう生きるか、何が大切なのかをじっくりと考えなければなりません。自分で考え、自分で決めるために、しっかりとした情報を幅広く集めることが大切です。

(小松聡子)

*注1. 池内了著、現代企画室、2006　*注2. ちくまプリマー新書、井田徹治著、2012
*注3. 発展のために環境を破壊してきた北半球の先進国が、環境破壊を食い止めるために南半球の発展途上国にも規制強化を求めるという問題が生じている。　*注4. カール・ハイアセン著、千葉茂樹訳、理論社　2010　*注5. ジーン・クレイグヘッド・ジョージ著、千葉茂樹訳、あすなろ書房、2001　*注6. 畠山重篤著、小学館、2011　*注7. 齋藤宗勝著、アリス館、2011
*注8. 国松俊英著、くもん出版、2011　*注9. 今森光彦著、偕成社、2006　*注10. 馬上丈司著、少年写真新聞社、2012　*注11. 木村英樹著、くもん出版、2011　*注12. 今関信子著、汐文社、2012

質問14

戦争・平和について、子どもに理解してほしいと思っているのですが、どんな本がありますか？

1　未来を生きていく子どもに大切な「戦争・平和」理解

　未来を生きていく子どもにとって、毎日を生き延びていく知恵と世界を理解していく力をもつことは、とても大事なことです。特に、人が人を殺す戦争は、現在も世界のあちこちで生じていることですので、無関心ではいられません。どうしたら平和な世界が実現するのか、考えていく手がかりは本のなかに数多く示されています。しかし、いわゆる「おもしろい本」ではないので、まわりの大人が、年齢や興味に応じて、すすめていく必要のあるテーマです。

2　「戦争児童文学」は、何歳くらいから理解できるのでしょうか？

　日本では、「戦争児童文学」は、第二次世界大戦後、特に「反戦」「反核」を訴える作品と考えられてきました。しかし、1945年以前は、好戦的で、国粋的な作品が多かったのです。したがって、本を選ぶには、戦争をどのような視座で描いているか、戦争が生じる背景が浮かび上がっているのかなど、戦争・平和を考えるポイントが重要になります。丸木俊『ひろしまのピカ』(小峰書店、1980)がアメリカで翻訳(1983)されたとき、絵が残酷だという理由で、中学生以上にしか見せられない絵本として話題になりました。核が使われた近未来を描いたレイモンド・ブリッグズの絵本『風が吹くとき』(あすなろ書房、1998)は、直接多数の死を描いていないので、大人も含め幅広い読者に受け入れられました。戦争が実際にある以上、幼い子どもが興味をもつことは妨げないとしても、戦争を理解できるのは10歳ぐらいからでしょうか。

3　フィクションのなかの「戦争」

　戦争の「被害者」の立場から書かれた作品が多いなかで、ドイツのハンス・

ペーター・リヒターの『あのころはフリードリヒがいた』(岩波少年文庫新版、2003)は、作品の語り手「ぼく」と同じアパートに住む同い年のユダヤ人のフリードリヒの2人の少年に焦点をあて、より複雑な戦争の実相に迫っています。ロバート・ウエストールの『弟の戦争』(徳間書店、1995)では、イギリスにいながら湾岸戦争に巻き込まれるテレビゲーム時代の戦争を描いています。

　兵士や動物が主人公の作品や強制収容所のくらしに焦点をあてたもの、近未来を舞台に設定したSF作品など多様な作品があります。広島の原爆投下を舞台にした中沢啓治『はだしのゲン』(汐文社、1975~87)はマンガです《☞93》。

4 ノンフィクションのなかの「戦争」

　『なぜ、世界には戦争があるんだろう。どうして人はあらそうの？』(10代の哲学さんぽ3、M．R．ダロンヌ文、岩崎書店、2011)のように戦争の根源を考えるものや、後藤健二『ダイヤモンドより平和がほしい　子ども兵士・ムリアの告白』(汐文社、2005)のように少年兵に取材したものなどがあります。なかでも多いのは、『子どものころ戦争があった　児童文学作家と画家が語る戦争体験』(あかね書房、1974)や『わたしたちのアジア太平洋戦争』(全3巻、童心社、2004)のように体験に基づいた記録集です。

5 絵本、写真集のなかの「戦争」

　那須正幹文、西村繁男絵『絵で読む広島の原爆』(福音館書店、1995)には、広島の町だけでなく、核兵器のしくみや放射能による障害も掲載されています。写真集では、長倉洋海の『ヘスースとフランシスコ』(福音館書店、2002)や『ともだち』(偕成社、1998)、高橋邦典『ぼくの見た戦争・2003年イラク』(ポプラ社、2003)などがあります。ビジュアルなものは強い印象を残すことが多いので、子どもに手渡す前に、しっかりと見ておきたいものです。

6 戦争と平和を考えるのに最適のブックリスト

　『きみには関係ないことか　戦争と平和を考えるブックリスト '03-'10』(90~96、97~03の続編、京都家庭文庫地域連絡会編、かもがわ出版、2011)は、戦争に関係する本を幅広く、ていねいに選書しています。実際の戦争体験を語れる大人が数少なくなった現在、「戦争・平和」に関する本の役割と、それらを子どもに手渡す大人の存在は、ますます大切になっているといえるでしょう。（三宅興子）

質問15 「核」や「原子力」、「原発」について書かれた本を紹介してください。

1 原発について知る

2011年3月11日に東日本を襲った大地震と大津波によって、福島第一原子力発電所で水素爆発が起こるなどして、大量の放射性物質が放出され、放射能汚染のために多くの人たちが困難な生活を強いられています。放射能汚染の影響に不安と恐れを感じている今こそ、正しい知識や情報が必要です。

「核」「原子力」「原発」などのキーワードを手がかりにインターネットやブックリストで探すことができますが、原発の仕組み、放射線と放射能のちがい、原発の問題点、自然エネルギーなどについて説明している本を紹介します。『フクシマから学ぶ原発・放射能』[*1]は、一問一答でイラストなども用いてわかりやすく説明しています。『娘と話す　原発ってなに？』[*2]は、上記の説明に加えて、福島原発の事故の影響、放射性廃棄物の処理問題、使用済み核燃料の再処理によって取り出したプルトニウムが核兵器の材料になりうる問題、地下資源文明から地上資源文明への転換までくわしく論じています。

2 過去の原発事故から学ぶ

1986年、チェルノブイリ原子力発電所が大爆発事故を起こしました。『ナージャ希望の村　チェルノブイリ、いのちの大地』[*3]は、村を強制退去させられた少女ナージャと村人の暮らしを描いており、『ぼくとチェルノブイリのこどもたちの5年間』[*4]は、事故後に増加した甲状腺がんの子どもたちの手術をした医師が、患者たちの不安と前向きに生きていく姿を紹介しています。フィクションの『ふうせんの日』[*5]は、テロによって原発が爆発し、必死で逃げた子どもたちが次々と亡くなっていく様子を少年の視点で語っています。また、『見えない雲』[*6]はドイツで原発事故が起こり、14歳の少女ヤンナが被ばくした様子を克明に描いたルポルタージュのようなフィクションです。

3 ヒロシマ・ナガサキから学ぶ

　日本は、原子爆弾の被爆国です。核兵器の悲惨さを忘れないために、学び続け、伝え続けていかなければなりません。

　自らの被爆体験をもとに描いたマンガ『はだしのゲン』*7、原爆投下直後に目にした惨状を描いた『原爆の図』*8、ヒロシマで被爆した少女の手記『少女・十四歳の原爆体験記』*9、ナガサキで被爆した少年の手記『15歳のナガサキ原爆』*10は、読み続けていきたい本です。『さがしています』*11は、原爆資料館の展示物の写真に、詩人が声なき「ものたち」の声を伝えるカタリベとなって詩を添えた絵本です。『絵で読む広島の原爆』*12は原爆の開発から投下にいたる歴史的背景、当時の広島の町の様子、原爆の構造、放射線障害、原発の副産物であるプルトニウムが原爆の材料になること、核実験による被爆など、核にまつわる問題を絵と文章でくわしく説明しています。

4 フクシマから考える

　福島の原発事故を題材にしたノンフィクションの出版は増加しています*13。『春を待つ里山　原発事故にゆれるフクシマで』*14は、避難を余儀なくされた人々のレポートで、自然とともに生きてきたくらしを奪われた無念さと不安を抱えながらも、地に足をつけて生きていこうとする姿を伝えています。

　原発事故をきっかけに、私たちは原発やエネルギーについて自分に身近な問題として考え、自らの生き方や価値観を問い直すようになりました。しかし、何が正しいのか、何をすべきなのか、答えはなかなかみつかりません。『3.11後を生きるきみたちへ　福島からのメッセージ』*15の著者が伝えている「本当のことを知る努力をし、とことん自分の頭で考えてみる」ことが大切なのではないかと思います。今後さらに、しっかりとした知識と情報を伝える本が出版されることを期待しています。

（小松聡子）

*注1．安斎育郎監修、市川章人・小野英喜著、かもがわ出版、2012　*注2．池内了著、現代企画室、2011　*注3．本橋成一文・写真、学習研究社、2000　*注4．菅谷昭著、ポプラ社、2001　*注5．八起正道作、ほるぷ出版、1992　*注6．グードルン・パウゼヴァング著、高田ゆみ子訳、小学館、1987　*注7．全10巻、中沢啓治作、汐文社、1975～1987　*注8．普及版完本、丸木位里・丸木俊共同制作、小峰書店、2000　*注9．橋爪文著、高文研、2011新版　*注10．岩波ジュニア新書、渡辺浩著、岩波書店、2002　*注11．アーサー・ビナード作、岡倉禎志写真、童心社、2012　*注12．那須正幹文、西村繁男絵、福音館書店、1995　*注13．『いつか帰りたいぼくのふるさと』大塚敦子写真・文、小学館、2012など　*注14．会田法行文、山口明夏写真、ポプラ社、2011　*注15．岩波ジュニア新書、たくきよしみつ著、岩波書店、2012

質問16 女性の偉人伝で、おすすめ本を教えてください。

1 「偉人伝」について

「偉人伝」とは、「偉人の伝記」のことです。「偉人」とは誰かというと、古くは、ナポレオンや太閤秀吉など立身出世をした人のことを指し、女性の偉人も巴御前やジャンヌ・ダルクなど武勇に秀でた女性がとりあげられていました。しかし、時代を経て、こうした偉人のイメージは変わってきました。そして、現在では「偉人伝」という言い方はあまり使われず、「伝記」「伝記物語」という用語を使うようになってきています。

2 「伝記」「伝記物語」と「偉人伝」のちがい

「伝記」は、きちんとした歴史の事実に基づいて、ひとの一生を述べたもので、子ども向きのものはあまり出版されていません。子ども読者を対象としたものの多くは、史実としてわかっていることを作家が物語に仕上げたため、想像でつくられた会話や日常生活などが盛り込まれた「伝記物語」です。

「偉人伝」は、対象とされる人物は、他のひとよりすぐれた「偉人」であると考え、その偉大さを、子ども時代の勤勉・親孝行・親切などにはげんでいたという道徳的な逸話を中心に語られています。したがって、有名になったことはわかるものの、「何を成し遂げて偉人となったのか」の結末が付けたしになっていることが多いのです。子ども読者に、偉人の子ども時代の「偉さ」を語ることで、道徳教育としての役割を担ってきました。特に、小学校低学年向きの「偉人伝」にはこの傾向が強いようです。

3 伝記が理解できる年齢は、何歳ぐらいでしょうか

ひとりの「人間」の生涯という「時間」が理解できるようになるのは、個人

差はありますが、12、3歳まで待たねばならないでしょう。この点でも、幼年向けや小学校低学年向きの「偉人伝」は無理があるといえるでしょう。

4 女性の伝記物語

「伝記」を現実的な問題として、将来の進路などが気になり始めた年齢の読者におすすめのジャンルと考えますと、女子が読みたい「女性の伝記」は、男性に比べて数が少ないことに気付きます。長い間、ナイチンゲールとキュリー夫人の専門職を通して自己を貫いていく生き方が、女子の読者の共感を得てきました。両者に、来日(1937年)を機に、ヘレン・ケラー女史が加わりましたが、少数であるのにはかわりありません。この3人は、現在でも、新しい伝記物語となって刊行され続けている三強です。

2012年現在、刊行中の「講談社火の鳥伝記文庫」では、100巻までに女性を被伝者としたものは、前述の3人の伝記を含めて12巻です。そのうち、日本人は紫式部、春日局、清少納言、日野富子、卑弥呼の5名です。世界的に通用する人物としては紫式部がいますが、被伝者として物語性に乏しいのが難点です。ようやく109巻目に樋口一葉が入っています。

伝記作家リチャード・テームズが書いた「愛と勇気をあたえた人びと」シリーズ(全8巻、国土社、1999)には、『マザー・テレサ　すべての人に愛を伝える世界の母』、『アメリア・イヤハート　それでも空を飛びたかった女性』、『アンネ・フランク　日記とともに生きつづける少女』などが選ばれています。

5 「偉人」ではないが、語るに足る生涯を送った女性

おすすめ本ですが、いわゆる「偉人伝」にはおすすめできる作品が三強以外にないようです。そこで、偉人でなくとも語るべき生涯を送った女性の新しい伝記を探すのはどうでしょうか。

「こんな生き方がしたい」シリーズ(理論社、1997～2005)の『シェフ長尾和子』(名取二三江)『看護婦宮崎和加子』(加藤千代)『動物研究者ダイアン・フォッシー』(柴田都志子)などは、女性であるだけで苦労を強いられた時代の証言として読むことができます。「新・のびのび人生論」には、吉武輝子『大人になりたくなかったわたし』(ポプラ社、1994)があります。「20世紀のすてきな女性たち」(全10巻、岩崎書店、2000)には、多くの女性がとりあげられています。　　(三宅興子)

[参考文献] 矢野四年生著、足立の学校図書館を考える会編『新訂・子どものための伝記の本』のべる出版企画、2002

質問 17

自閉症の子どもを描いた子どもの本はありますか？

1 自閉症とは

　子どもの本には、近年、現実の社会を反映してさまざまな障がいを抱えている人を描いた作品が増えており、自閉症の子どもを描いた作品も出版されています。自閉症の定義は専門家によってちがいが見られますが、『ぼくらの中の発達障害』*1 には、「自閉症の基本障害は言語／認知機能の障害」*2 とあり、「人と関わるための基本的な能力の発達が遅れているために、『自閉』しているように見える」とあります。そして、自閉症傾向を認めるものに、言葉の発達に遅れがないアスペルガー症候群や、知的な障がいを伴わない障がいである高機能自閉症があり、これを総称して広汎性発達障害と呼ばれていると書かれています。子どもの本の中では、必ずしも障がい名を特定せず、症状が書かれている作品もあるため、本稿では、広汎性発達障害をもつ子どもを描いた作品を対象とすることにします。

2 自閉症の子どもを描いた作品

　『リーコとオスカーともっと深い影』*3 は、特別支援学校に通うリーコが主人公です。リーコは、まっすぐな道しか歩けないなど、社会生活を営むのに困難を抱えていますが、一方で他人の思いもよらないことに気づいたり、記憶したりすることができ、誘拐された友だちを救い出すことに成功します。

　『ベンとふしぎな青いびん　ぼくはアスペルガー症候群』*4 のベンは、コンピュータや算数、理科は得意ですが、先生や友だちの言葉が理解できないときがあって、先生を怒らせてしまいます。けれども、父や祖母、親友のアンディによって支えられています。この作品は、ベンとアンディが、校庭で見つけた青いびんに願いごとをしたら、宝くじが当たるなど、不思議なことが次々に

起こるというストーリーで、作品のなかで父や教師が医者からベンの障がいについて学んでいます。

一方、広汎性発達障害の家族と一緒に住む少女や少年を描いた作品もあります。『ルール』*5は、自閉症の弟をもつ12歳の少女キャサリンの葛藤を描いた作品です。弟のことを深く愛しつつも、新しく越してきた少女に打ち明けられずに苦しみます。『アル・カポネによろしく』*6は、自閉症の16歳の姉を母親が周囲に10歳と紹介することに反発し、ありのままの姉を受け止めるべきだと母親に訴える12歳の少年ムースが主人公です。

日本の作品は、まだまだ数は少ないですが、『おまけ鳥』*7の主人公である中学1年の翔の姉と翔の両親が経営するラーメン屋に修行にやってくる少年は、物事の手順や行動にこだわりがあります。翔は姉を深く愛し、2人の障がいのちがいを理解しながら、それぞれのもつ才能を認めて一緒にクリスマスイベントでお店を出します。

また、発達障害には、注意欠如・多動性障害、学習障害があります。学習障害の一種であるディスレクシアの子どもが主人公の作品には『11をさがして』*8や絵本『ありがとう、フォルカーせんせい』*9などがあります。

3 広汎性発達障害について知る本

広汎性発達障害について知る本としては、小学生対象には、アスペルガー症候群の著者が、自分の障がいを絵と文で説明した『アスペルガーの心』1、2*10や『みんなで考えよう障がい者の気持ち7　自閉症』*11があります。また、中学生以上には、『ぼくらの中の発達障害』*12が最新の研究状況を含めてわかりやすく書かれています。ブックガイドとしては、『からだといのちに出会うブックガイド』*13、『児童文学のなかの障害者』*14、『やさしさと出会う本　「障害」をテーマとする絵本・児童文学のブックガイド』*15などがあります。（土居安子）

*注1．青木省三著、ちくまプリマー新書、筑摩書房、2012
*注2．それは、生物学的要因（脳の軽微な障害、脳の働き方の障害）と書かれている。
*注3．アンドレアス・シュタインヘーフェル作、森川弘子訳、岩波書店、2009
*注4．キャシー・フープマン作、代田亜香子訳、あかね書房、2003
*注5．シンシア・ロード作、おびかゆうこ訳、主婦の友社、2008
*注6．ジェニファ・チョールデンコウ著、こだまともこ訳、あすなろ書房、2006
*注7．飯田朋子著、新日本出版社、2012
*注8．パトリシア・ライリー・ギフ作、岡本さゆり訳、文研出版、2010
*注9．パトリシア・ポラッコ作・絵、香咲弥須子訳、岩崎書店、2001
*注10．フワリ作・絵、偕成社、2012　*注11．玉井邦夫著、学研教育出版、2010　*注12．青木省三著、筑摩書房、2012　*注13．健康情報棚プロジェクト・からだとこころの発見塾編、読書工房、2008　*注14．長谷川潮著、ぶどう社、2005　*注15．菊地澄子他編、ぶどう社、1990

質問 18

親の離婚で悩む子どもを描いた作品はありますか？

1 親の離婚をテーマにした本

　もちろん、数多くの本が出版されています。それだけ身近なテーマなのですが、子どもにとっては大きな問題です。どの「離婚」対策のマニュアルを読んでも、「あなたが原因で離婚するのではないと、子どもにしっかり伝えなさい」と書いてあります。子どもは、自分がよい子でなかったからではないかと悩むというのです。親の離婚をテーマにした本は、物語のなかに自分と同じような体験をして悩んでいる子がいて、その子のこころのなかが描かれているので、共感をもって読むことができる大切なものなのです。親の離婚を描いた本がさかんに出始めたのは、アメリカの1970年代の作品を翻訳した『私はちいさな小説家』*1や『カレンの日記』*2あたりからで、子どもが親の離婚を徐々に受け入れる過程がていねいに物語化されています。その後、北欧、ドイツ、日本などでも、相次いで出版されるようになりました。

2 親の離婚の受け止め方は年齢によって差があります

　『カレンの日記』にもはっきりと書かれているのですが、兄は「だんだんなれていかなきゃならない」と多少冷静なのに対して、妹は「ねむってしまうのがこわいの」と不安で眠れなくなる様子が描写されています。
　『ココ、きみのせいじゃない　はなれてくらすことになるママとパパと子どものための絵本』*3や『パパはジョニーっていうんだ』*4などは、幼児でも理解できるでしょう。もう少し年長の子どもには、シリーズ「パパとママが別れたとき」*5などの絵本があります。小学校の中学年向きのもので、読者が納得いくような作品は数が少ないのですが、『耳のなかの小人』*6は、父親と母親の家を行ったり来たりさせられている少女が主人公です。

主人公が10歳前後から、親の不仲に悩み、離婚にいたる過程がていねいに語られている作品が出てきます。親がきちんと離婚を伝えていないのに怒って、真相を確かめに父親に会いに行く『バイバイ　11歳の旅立ち』*7や、両親が不仲になり、不安に揺れる姉弟の心理を描いた『屋根にのるレーナ』*8などです。ネット検索で、「親、離婚、子どもの本」で、ヒットする作品リストのなかから、その子の状況に合った作品を探すことができます。作品を手渡す前に、その子の状況にふさわしいものかどうかを検討してください。

3 親の再婚、再婚相手の家族との関係などを描いた本

　親の再婚の問題は、子どもを複雑な気持ちにさせます。どうしても実際の父や母と比べるからです。『シロクマたちのダンス』*9は、母親の再婚によって変化する息子の心理が、『ぎょろ目のジェラルド』*10は、母親の再婚相手へ違和感をもつ娘の気持ちが、ていねいに描かれています。再婚相手に子どもがいるケースでは、さらに物語は複雑化せざるをえません。『しあわせのゆでたまご』*11は、母親が異なる3人姉弟が、父親と取り残されてしまいます。
　こうした物語は、結局子どもがしっかり自立することで終わることになるのが気になるところですが、それ以外に書きようがないのも現実です。

4 親の離婚に悩む子どもと出会う意味

　親の離婚をめぐる本の効用は、子どもが直面している問題を、作り物の物語として、こころの距離をおいて読めるところにあると考えられます。同じような境遇にいる子どもと出会い、慰められたり、示唆を受けたりするからです。
　また、離婚家庭をテーマとした作品は、親の離婚に直面していない読者にも普遍的なテーマといえます。子どもにとって家庭は、大切な心身の居場所なので、家庭にまつわるドラマを物語としてくわしく知るのは興味深い体験になるのです。親との関係の持ち方や日常の暮らしも異なっていることを発見し、自分の家庭をちがった目で見ることにつながります。

（三宅興子）

＊注1．ノーマ・クライン作、阿部宏訳、篠崎書林、1976　＊注2．ジュディ・ブルーム作、長田敏子訳、偕成社、1977　＊注3．ヴィッキー・ランスキー著、ジェーン・プリンス絵、中川雅子訳、太郎次郎社エディタス、2004　＊注4．ボー・R.ホルムベルイ作、エヴァ・エリクソン絵、ひしきあきらこ訳、BL出版、2004　＊注5．『パパどこにいるの？』『おうちがふたつ』『恐竜の離婚』、明石書店、2006　＊注6．クリスティーネ・ネストリンガー作、松沢あさか訳、さ・え・ら書房、1996　＊注7．岡沢ゆみ作、文溪堂、1997　＊注8．ペーター・ヘルトリング作、上田真而子訳、偕成社、1997　＊注9．ウルフ・スタルク作、菱木晃子訳、偕成社、1996　＊注10．アン・ファイン作、岡本浜江訳、講談社、1991　＊注11．上条さなえ作、ポプラ社、1999

質問19 子どもだけで生きていくことを描いた本はありますか？

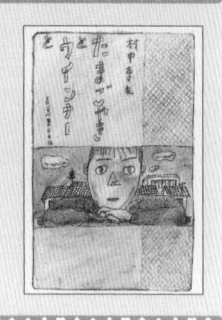

1 ユートピア？　サバイバル？

『ハイジ』『小公女』『トム・ソーヤーの冒険』など、長年読み継がれてきた児童文学のなかには、親のない（または保護を失った状態にある）子どもを描いたものが多くあります。ジェリー・グリスウォルドは米国の古典児童文学の多くが孤児という状況設定を用いていることを指摘した上で、その背後に幼児期から児童期への移行に伴う情緒的な不安やアイデンティティの獲得という共通の課題を見出しています[1]。日本の創作児童文学の始まりとされる巖谷小波『こがね丸』もまた、孤児となった主人公が親の敵討ちをする物語でした。孤児物語は児童文学の基本的なタイプの一つと言えるでしょう。

　子どもは大人の保護を必要とする存在です。逆から見れば「自分の思いどおりに生きていけるわけではありません」し、「与えられた居場所で生きる」ことを強いられた人々ともいえます[2]。それだけに、子どもだけで生きていくという状況設定は、多くの子ども読者にとって現実ではかなえられない夢や願望であるでしょう。他方、本人が望まないにもかかわらず子どもだけで生きることを強いられるとするなら、それはまちがいなく苛酷な状況です。それゆえに、孤児ないし孤児的な状況を描く本には一種の理想郷を描いた楽しい作品と、困難に直面しながらサバイバルしていく作品とがあります。一つの作品が両方の側面をもち合わせることも珍しくありません。

2 古典から現代作品まで

　スウェーデンの作家、アストリッド・リンドグレーンの『長くつ下のピッピ』[3]シリーズもまた孤児の物語です。幼いころに母親を亡くし、船乗りだった父親も行方不明のピッピは、町はずれの古い屋敷「ごたごた荘」に1人で住ん

います。大金持ちで怪力の持ち主、学校にも通わず誰の命令にも従わないピッピは、子どもにとって今なおあこがれの存在でしょう。

ロバート・ウェストール『海辺の王国』*4には空襲で家族とはぐれた後、放浪生活のなかで両親や兄弟のことを次第に忘れ、やがて出会った人物と新しい家族をつくろうとするハリーという少年が登場します。ハリーは戦時下という苛酷な状況を生き延びる子どもであると同時に、一時的にではあれ自分の意思で家族を選ぶチャンスを手に入れた子どもでもあります。ここに1でふれたような二面性を見ることができます。

3 孤児物語の現代的意義

子どもと大人との関係が変化するなかで、孤児物語の系譜は多様化、拡張化しながら現在にいたっています。『たまごやきとウインナーと』*5では、育児放棄されて2人きりでくらす幼い兄妹が描かれます。作中には親が家にいない理由が明示されていません。毎日の食卓が淡々と描写されることで、逆に兄妹が直面しているきびしい状況が浮かび上がります。児童虐待をとりあげた作品なども、きびしい状況下を自らの力で生き抜くという点で「現代の孤児物語」と捉えることもできるでしょう。

養護施設と里親の家を転々とする『トレイシー・ビーカー物語』全3冊*6や、『ミンのあたらしい名前』*7などは、親子や家族の意味を考えさせる物語です。また、過去を舞台にした『ウィロビー・チェースのおおかみ』*8は、親の庇護がないゆえに、子どもたちが才能や生きる力を発揮して、「悪党の大人」と対決する痛快な物語です。

子どもは成長の過程でさまざまな困難や試練にぶつかります。そして、周囲の人々に助けられながらも、自分の力でそれらを乗り越えていかなくてはなりません。そのような局面で、フィクションのなかでサバイバルする子どもたちの姿は大きなはげましや共感の対象になるでしょう。グローバル化や高度情報化が進行し、社会のありようが見定めにくいなかで、サバイバルという主題はますます重要性を増していると考えられます。

(酒井晶代)

*注1. ジェリー・グリスウォルド『家なき子の物語』遠藤育枝他訳、阿吽社、1995
*注2. ひこ・田中『大人のための児童文学講座』徳間書店、2005
*注3. 大塚勇三訳、岩波書店、1964、1988改版 他 注4. 坂崎麻子訳、徳間書店、1994
*注5. 村中李衣作、偕成社、1992
*注6. ジャクリーン・ウィルソン作、稲岡和美訳、偕成社、2010
*注7. ジーン・リトル著、田中奈津子訳、講談社、2011
*注8. ジョーン・エイキン作、こだまともこ訳、冨山房、2008他

質問 20

性について描かれている子どもの本を紹介してください。

1 性と身体について知ることの大切さ

　子どもの本の世界では、長い間「性」というテーマは「死」などと同様タブー視されてきましたが、1970年ごろを境に少しずつオープンになってきました。性と身体についての知識の本も増えていますが、情報や図が正確で最新のものであること、年齢に合わせて「性」について考えを促す本であることが求められます。「性」に関する本は、絵本『おっぱいのひみつ』[*1]があるように、幼児から始まります。小学生対象では、『性についてはなそう』1～8[*2]等が、思春期対象では、『ティーンズボディブック』[*3]等があります。

2 初潮・精通

　知識のみでなく、より思春期の子どものこころのひだに分け入る本として、物語作品がありますが、まだまだ多いとはいえません。そのなかで、初潮や精通を描いた作品には、大人になることや友だちと同じ状況になることを喜ぶことを描いた作品もあれば、不安やとまどいを描いた作品もあります。『ふたりっ子』[*4]は、ふたごが主人公で、なぎさが冷静に初潮を迎えるさまと、洋太が興味を抱くさまが自然に描かれています。また、ジュディ・ブルームの『神様、わたしマーガレットです』[*5]は、初潮を心待ちにしていたマーガレットの率直な気持ちが書かれています。『ごめん』[*6]は、学校で精通を経験する小学6年生のセイのユーモラスなストーリーです。

3 さまざまに描かれる性

　絵本『トリゴラス』[*7]は、主人公の少年が「かおるちゃん」を思う象徴的な描

写のなかに、人間の本能としての「性」を感じさせる作品です。川島誠の『電話がなっている』*8 も、自分が生きている証として「性」を感じようとする中学生が描かれています。大人が主人公の児童文学作品では、詳細な描写はなくとも、男女間に深い関係が築かれたことが書かれた作品も増えています*9。

同性愛についての本も少ないながら出版されています。『キスは大人の味』*10 は、幼なじみの少年が同性愛者であることを知る少女が主人公の作品で、『二つの旅の終わりに』*11 は、同性を愛する17歳の少年が主人公です。

性同一性障害を抱えて生きている人たちも児童文学作品に登場するようになっています。たとえば、『トライフル・トライアングル』*12 は、主人公の身近な大人として性同一性障害の人物が登場し、『快晴フライング』*13 は、主人公が水泳部に誘う少女が性同一性障害です。

4 性体験をするということ

マンガやライトノベルで描かれているほどの性描写は児童文学作品には多く見られませんが、性体験にまつわる思いが描かれたヤングアダルト作品が出版されています。『放課後の音符』*14 は、高校生の日常の中にキスや初体験が描かれ、『トラベリングパンツ』*15 では、恋にあこがれる4人の少女の恋愛と性体験が描かれています。一方、『ディア・ノーバディ』*16 は、初めての性体験によって妊娠してしまった18歳のヘレンが生まれてくる子どもに書いた手紙で構成されています。14歳の尚子が米軍基地のある町で性について悩む『額の中の街』*17 や中学3年生の美澄が母親に反抗し、友だちのために売春しようとする『象のダンス』*18 もあります。

性というきわめてデリケートな問題であるからこそ、これらの本を読むことで自らの性に自覚的になり、他者の性に気付くことができます。興味本位ではなく、生物学的な意味でも、ジェンダーの意味でも性とは何かを考えさせる本がもっと多く出版されることを願っています。

(土居安子)

*注1. 柳生弦一郎作、福音館書店、1991　*注2. ポプラ社、1993　*注3. 北村邦夫編著、扶桑社、2003増補改訂　*注4. 岡田なおこ作、岩崎書店、1994　*注5. 長田敏子訳、偕成社、1982　*注6. ひこ田中作、偕成社、1996　*注7. 長谷川集平作、文研出版、1978　*注8. 国土社、1986　*注9. 「守り人シリーズ」上橋菜穂子作、偕成社、1996～2007等。　*注10. ジャクリーン・ウィルソン作、尾高薫訳、理論社、2008　*注11. エイダン・チェンバーズ作、原田勝訳、徳間書店、2003　*注12. 岡田依世子作、新日本出版社、2008　*注13. 古内一絵作、ポプラ社、2011　*注14. 山田詠美作、新潮社、1989　*注15. アン・ブラッシェアーズ作、大嶌双恵訳、理論社、2002　*注16. バーリー・ドハティ著、中川千尋訳、小学館、2007　*注17. 岩瀬成子作、理論社、1984　*注18. 魚住直子作、講談社、2000

[参考文献] 横川寿美子『初潮としての切り札』JICC出版局、1991、野上暁"「性」はどう描かれてきたか?"「児童文学の基盤を揺るがした性表現」「飛ぶ教室」1、2号、2005

質問 21

ダイエットをテーマにした子どもの本はありますか？

1 ブックガイドを手がかりに

　1970年代後半あたりから、日本の児童文学は子どもが抱える現実的な問題に積極的に取り組むようになります。雑誌「日本児童文学」が「タブーの崩壊——性・自殺・家出・離婚」の特集を組んだのは1978年5月号でした。このころから、10代の少年少女向け作品を中心に、さまざまな悩みや生きづらさ、心の病を抱える子どもたちが描かれるようになります。

　テーマや題材に着目して本を探すときに便利なのが「ブックリスト」や「ブックガイド」と呼ばれるような本です。ティーンエイジャー向けのブックガイドだけでも『ＹＡ読書案内』[*1]や『こころの傷を読み解くための800冊の本　総解説』[*2]など、とりわけ1990年代以降、多数の本が出版されています。ダイエットについては、たとえば後者では「摂食障害」という節を設けてノンフィクションやマンガを含む23冊が紹介されています。10代は行動範囲の拡大とともに社会的なものの見方・考え方が深まる時期であり、それだけに自他のちがいや矛盾に気付き、悩む時期でもあります。多くの読書案内がメンタルヘルスの問題としてダイエットを捉えているのは、そのためです。

2 ダイエットをどう描くか

　ミリアム・プレスラー『ビターチョコレート』[*3]の主人公は15歳の少女エーファです。学校では友人との関係につまずき、家庭では厳格な父親の存在に苦しむ彼女は、肥満に対するコンプレックスが孤独や生きづらさの原因だと感じながらも、悩みや不快感から逃れるための過食をやめることができません。食べることを嫌悪しつつ、それだけに食べることに振り回されてしまう少女の葛藤と、他者との交流を通してありのままの自己を受け入れていく過程を

描いた作品です。

　一方、スーザン・テリス『キルト　ある少女の物語』*4は19世紀末の貧しい農場が舞台です。都会への進学を夢見ていた主人公ネルは、家族を助けるために不本意な縁談に同意するものの、食事を受け付けなくなってしまいます。古い時代を舞台にしていますが、拒食に追い込まれていく心情に説得力がある一冊です。

　近年、ダイエットは小学生向きの作品でもしばしば題材やテーマとして選ばれるようになってきました。たとえば那須正幹〈ズッコケ三人組〉や令丈ヒロ子〈若おかみは小学生！〉といった人気シリーズもダイエットをとりあげています*5。前者の当事者は三人組のひとりモーちゃんこと奥田三吉であり、ダイエットが必ずしも女性特有の問題ではないことをも示唆しています。

　ダイエットへの過剰なのめりこみは心身の健康を大きく損ないかねません。『ダイエット（10代のフィジカルヘルス③）』*6のように、精神科医や養護教諭らがダイエットの功罪やメカニズムを説いた知識の本も刊行されています。

3　「ダイエット」が映し出すもの

　児童文学のなかの「食」は、「モラル、エコロジー、身体論、セクシュアリティ、コミュニケーション、カルチュラル・アイデンティティ、家族のありかたなどの問題を、子どもたちにとって最も身近なかたちで表象する」*7という指摘があります。過食や拒食をめぐる物語は子ども自身の心と身体の関係のみならず、現代社会が抱える問題とも密接に関わっているといえるでしょう。ダイエットは子どもたちの関心が高いテーマであるだけに、テーマがどのように掘り下げられているか、登場人物の心情や行動に説得力があるかといった点をていねいに検証することも大切です。

　　　　　　　　　　　　　　　　　　　　　　　　　　（酒井晶代）

*注1．赤木かん子他編、晶文社、1993
*注2．赤木かん子編著、自由国民社、2001
*注3．中野京子訳、さ・え・ら書房、1992
*注4．堂浦恵津子訳、晶文社、2004
*注5．那須正幹作『ズッコケ三人組のダイエット講座』ポプラ社、1997、令丈ヒロ子作『若おかみは小学生！　花の湯温泉ストーリー　PART 2』講談社、2003
*注6．石垣ちぐさ・本間江理子『ダイエット』大月書店、2005
*注7．川端有子「〈食〉と子どもの本のおいしい／危険な関係」『子どもの本と〈食〉　物語の新しい食べ方』玉川大学出版部、2007

質問22

難民や移民が登場する子どもの物語を紹介してください。

1 「難民」「移民」とは？

「難民」とは天災や戦争や政治的な迫害をさけて国外に逃れた人々のことで、「移民」はおもに労働を目的として海外に移住した人々のことを指します。自分のルーツを確認し、世界の情勢を知るために、このテーマへの要求が高まっています。「難民・移民」のテーマの本は、国や民族によってかなりちがいます。子どもが内戦の続く国の難民キャンプで暮らす物語でしょうか？　難民として受け入れられて他国で暮らす物語？　それとも、日本から、あるいは日本への移民？　過去の物語も、現在各国で起こっている物語も含まれています。

具体的なイメージがなくとも、簡単な方法はネット検索を用いて調べてみることです。「難民」「移民」「子どもの本」「児童文学」などと入力してみると、書誌情報やあらすじがわかります。また、ブックリスト『きみには関係ないことか'03〜'10』[*1]では、戦争の関わりで難民の本を探すことができます。

2 過酷な状況の中で

「難民」の物語を地域別にあげると、アフリカの物語として、エチオピア人の父とエリトリア人の母をもち、二つの祖国間の戦争に苦しむ少年が1人でイギリスへと移民する『難民少年』[*2]や、アフリカの内戦を逃れてアメリカにやってきた難民家族の大きな秘密についてのミステリー作品『闇のダイヤモンド』[*3]などがあります。アジア・中東を舞台にした物語として、『泥かべの町』[*4]では、アフガニスタンからパキスタンの難民キャンプに来た少女が、フランスへ行くためにキャンプから逃げ出して路上生活を始め過酷な毎日を送ります。またイランからイラクの難民キャンプへと逃れてきたクルドの少女が、弟の病気を治すために家族と一緒にオランダへと移住していく『はばたけ！ザー

ラ　難民キャンプに生きて』*5 は小学校中学年程度を対象とした作品です。絵本『エロイーサと虫たち』*6 は、父親と2人で遠い町へやってきた少女が学校にも町にもとけこめず、周りが虫であるように思えてしまうという物語で、難民の状況や心情を絵で象徴的に表した南米コロンビアの作品です。

3　貧困や異文化の壁と闘いながら

現在、日本には多くの移民が暮らしていますが、『アルベルトとぼくの畑』*7 は、父と暮らす少年の隣の部屋に日系三世のブラジル人がやってくる物語です。また、ヨシコウチダの「リン子三部作」*8 は、1930年代の日系アメリカ移民の状況がいきいきと描かれています。『ナム・フォンの風』*9 は、ボートピープルとしてベトナムからオーストラリアにやってきた少女が、1人の教師と出会うことによって少しずつ心を開いていく物語です。

絵物語の『百まいのきもの』*10 は1954年に翻訳されて、ロングセラーになっています。これは、ポーランドからアメリカに移民した貧しい少女が主人公です。また、文字なし絵本で、作者自身が中国系のオーストラリア人である『アライバル』*11 は、1人の男が見知らぬ国へ移民し、その国の人々や奇妙な生き物と交流しながら暮らし始め、家族を呼び寄せてその土地に根をおろしていく姿がていねいに描かれています。アレン・セイの『おじいさんの旅』*12 は、日本とアメリカを行き来した家族の物語を描いています。

4　難民・移民というテーマの本

難民や移民に目を向けることは、国際的な視野で政治のありようを考えるきっかけになると同時に、異なる文化のなかでもがきながら生きる人々の強さや、人々の絆のありようが描かれ、「生きる」ということに対する普遍的なテーマを読み取ることができます。また、このテーマには、興味深いノンフィクション作品も多数あります。

（福本由紀子）

＊注1. 京都家庭文庫地域文庫連絡会編、かもがわ出版、2011　＊注2. ベンジャミン・ゼファニア作、金原瑞人・小川美紀訳、講談社、2002　＊注3. キャロライン・B・クーニー作、武富博子訳、評論社、2011　＊注4. デボラ・エリス作、もりうちすみこ訳、さ・え・ら書房、2004　＊注5. コリーヌ・ナラニィ作、野坂悦子訳、鈴木出版、2005　＊注6. ハイロ・ブイトラゴ作、ラファエル・ジョクテング絵、宇野和美訳、さ・え・ら書房、2011　＊注7. 宇佐見興子作、岡本順絵、文研出版、2007　＊注8.『夢は翼をつけて』2000,『リンコの逆転ホームラン』2006,『最高のハッピーエンド』2010、ひくまの出版　＊注9. ダイアナ・キッド作、もりうちすみこ訳、あかね書房、2003　＊注10. 現在は『百まいのドレス』エレナー・エスティス作、ルイス・スロボトキン絵、石井桃子訳、岩波書店、2006改訳新版　＊注11. ショーン・タン作・絵、河出書房新社、2011　＊注12. 大島英美訳、ほるぷ出版、2002

質問23

学校図書館で、方言で書かれた子どもの本の展示を計画しています。どう探せばよいでしょうか？

1 言葉と風土

　地域の言葉、その土地の言葉には、各地域の生活の響きがあります。子どもにとっては日常的に話している言葉そのものであり、より親近感があるため、紹介する場合も多いのでしょう。こうした理由から、図書館等にも方言で書かれた作品を教えてほしいとの質問が寄せられます。

　しかし、以上の質問には「この本！」と、たちどころに応えられる資料があるかといえば、そうではないようです。ニーズはありながらも、必要な資料の把握には一定の情報の蓄積と検証などが求められ、時間と労力がかかるからかもしれません。どこまでを方言とするかも、なかなか厄介な問題です。

2 〈方言〉で探す

　国際子ども図書館、東京都立図書館、大阪府立図書館などで検索してみたところ、50件程度ヒットするのですが、いずれも「方言事典」や「ことば遊び」、または科学や知識の「ことばの本」で、いわゆる「物語のリスト」に出会えません。

　子どもの本が探せるサイト「ほんナビきっず」(http://www.honnavi.jp/)で物語（絵本や読み物、詩や画集・伝記を含む）を検索すると、方言で12冊、あるいは関西弁で14冊程度が見つかりました。表紙画像やあらすじ、件名も掲載されていてわかりやすいのですが、数としては決して十分とはいえません。地域のバリエーションも課題です。

　次に、約4万冊の絵本を登録する「絵本ナビ」(http://www.ehonnavi.net/)で検索しました。「方言」で探すと、テーマ〈方言が使われている絵本〉が出てきて、『八郎』(斎藤隆介作、滝平二郎画、福音館書店、1967)、『ぼちぼちいこか』(マイク・セイラー

作、ロバート・グロスマン絵、いまえよしとも訳、偕成社、1980）、『ごろはちだいみょうじん』（中川正文作、梶山俊夫絵、福音館書店、1969）など約50冊の絵本が表示されました。絵本に限定されるとはいえ、一つの手がかりになります。ここで抽出された著者の他作品を探すなどすれば、よりたくさんの該当作に出会える可能性があります。しかし、どこの方言かについてまでは記載がありません。

3 ニーズに応じて絞り込む

　この地域の言葉を、という具体的なニーズがある場合は、『民話・昔話全情報』（全3冊、日外アソシエーツ、1992、2000、2008）を参照してみるのもいいでしょう。本書は、各地の昔話や民話の資料を掲載しており、たとえば、新潟の方言で書かれた絵本であれば、『さんまいのおふだ　新潟の昔話』（水沢謙一再話、梶山俊夫画、福音館書店、1985）『さるかに　新潟県』（木暮正夫ぶん、赤星亮衛え、第一法規出版、1981）などが掲載されています。昔話や民話に限定されますが、全国各地の情報が得られるのは魅力です。各地域の昔話や民話なら、『語り伝えたいふるさとの民話』（世界文化社、2002〜）、「県別ふるさとの民話」シリーズ（偕成社、1978〜）もあります。

　また、すべてが方言ではありませんが、『愛蔵版県別ふるさと童話館』全47巻（リブリオ出版、1997）を手がかりにする方法もあります。『児童文学のふるさと』（「日本児童文学」別冊、文渓堂、1993）には、都道府県別の児童文学作家紹介があり、新潟の杉みき子「わらぐつのなかの神様」や高知のふたごの絵本作家田島征彦、征三『ふたりはふたご』（くもん出版、1996）などがあげられます。

4 地元の図書館の活用を

　最後に、忘れてはならないのは、こうした質問はやはり、各地域の地元図書館へ問い合わせるのが確実ということです。地元図書館には必ず、郷土資料室のようなセクションがあり、地元の資料を収集しているほか、こうしたことに熟知している職員や司書の方がおられるはずです。そこで長年蓄積されたものは大きな財産であり、インターネットや本には記載されていないことがわかるかもしれません。ぜひ、ご利用になることをおすすめします。

（遠藤　純）

書影　書誌一覧

第1章　本をさがす

質問1　大阪府立中央図書館こども資料室書架
質問2　『ドライアイスであそぼう』　板倉聖宣、藤沢千之著　丹下京子絵　仮説社　2012年新版
質問3　「こぶたのタプくん」　岡信子作　柿本幸造画（「ワンダーブック」8巻2号5月号　世界文化社　1975年5月）
質問4　『天からふってきたお金』　アリス・ケルジー文　岡村和子訳　和田誠絵　岩波書店　1964年
質問5　「揺籠の唄の思ひ出」　宇野浩二著（「少女の友」8巻6号5月号　実業之日本社　1915年5月）
質問6　『盆まねき』　富安陽子作　高橋和枝絵　偕成社　2011年
質問7　『芳水詩集』　有本芳水著　実業之日本社　1914年
質問8　『光村ライブラリー1』　工藤直子ほか著　光村図書出版　2002年
質問9　『放課後の時間割』　岡田淳作・絵　偕成社　1980年
質問10　『くだもの』　平山和子文・絵　福音館書店　1981年
質問11　『竜のいる島』　たかしよいち作　太田大八絵　理論社　2004年
質問12　『きのこ　ふわり胞子の舞』　埴沙萠写真・文　ポプラ社　2011年
質問13　『娘と話す　地球環境問題ってなに？』　池内了著　現代企画室　2006年
質問14　『きみには関係ないことか　戦争と平和を考えるブックリスト'03～'10』　京都家庭文庫地域文庫連絡会編　かもがわ出版　2011年
質問15　『春を待つ里山』　会田法行文　山口明夏写真　ポプラ社　2011年
質問16　『新訂子どものための伝記の本』　矢野四年生著　足立の学校図書館を考える会編　のべる出版企画　2002年
質問17　『リーコとオスカーともっと深い影』　アンドレアス・シュタインヘーフェル作　森川弘子訳　ペーター・シェッソウさし絵　岩波書店　2009年
質問18　『カレンの日記』　ジュディ・ブルーム著　長田敏子訳　偕成社　1977年
質問19　『たまごやきとウインナーと』　村中李衣作　長谷川集平絵　偕成社　1992年
質問20　『トラベリングパンツ』　アン・ブラッシェアーズ作　大嶌双恵訳　理論社　2002年
質問21　『キルト　ある少女の物語』　スーザン・テリス著　堂浦恵津子訳　晶文社　2004年
質問22　『アライバル』　ショーン・タン作・絵　小林美幸訳　河出書房新社　2011年
質問23　『ごろはちだいみょうじん』　中川正文作　梶山俊夫絵　福音館書店　1969年

[各書影は大阪府立中央図書館国際児童文学館蔵書より]

2 本をすすめる

質問24

子どもはなぜ、本を読まないといけないのでしょうか?

1 活字離れのなかで

　現在、国による法整備、自治体の読書推進計画、ブックスタート運動や朝読など、子どもと本を結ぶ活動が積極的に行われています。これと呼応して、一般的に本を読む行為がよいこと、推奨すべきことという言説・認識が広く浸透しています。ただ筆者は、子どもがどうしても本を読まなければならないということはないと考えています。もちろん、読む人になってほしいとは思いますが、本を読むかどうか、決めるのは子ども自身であり、大人である私たちは、本とは何か、読書とは何かについて自覚的になり、その考えを伝えることが大切なのではないでしょうか。そもそも、本を読むとはどういう行為なのでしょうか。

2 本とは何か

　本とは、文字を印刷した紙を綴じたものです。綴じたことで本としての体裁を持ち、それはページをめくるという行為を生み出しました。読者はめくるという身体的操作によって主体的・能動的に本と関わり、活字や絵を見ながら作品世界をトータルにイメージしていきます。その際、書体や色、紙質や重さなどの質感も本の重要な構成要素です。本を読むことは想像を含む思考の営み、つまり内なる体験ですが、同時に物理的な質感や色・デザインなどの視覚的感覚が伴う現実の体験でもあります。くりかえし読むことができ、一冊のボリュームが知の集積であることも本の大きな特徴といえるでしょう。

3 言葉と思考

　本は言葉によってつむがれていますが、言葉はわれわれの思考と深く関わっ

ています。思考が言葉を生み出す一方で、言葉はわれわれの思考を規定します。本を読むことは、言葉と出会うことであり、言葉に導かれて思考がうながされ、未知の世界を想像することができます。本で出会った言葉を自分のものにすることによって、深い思考、豊かな想像力を身につけることができます。

4 「物語」の役割

　作家の小川洋子は、人が生きていくうえで必要なのが「物語」だと述べています。物語は、論理的な言語では表現できない心の深部を表出させ、表層の意識とつなげて心を一つの全体とし、さらに他人ともつながっていくために必要であり、「物語に託せば、言葉にできない混沌を言葉にする、という不条理が可能になる。生きるとは、自分にふさわしい、自分の物語を作り上げてゆくことに他ならない」（小川洋子・河合隼雄『生きるとは、自分の物語をつくること』新潮社、2008）と言っています。読書を通じて子どもたちがたくさんの物語に出会うことは、子どもが豊かに生きるうえで大変重要なことといえます。

5 読書によって得られるもの

　「未知のことを教へてもらひ眼界がひらけてくるのが嬉しいとか、わくわくするやうな架空の経験を与へてもらへる、それでこれを徳とするとかいふやうなことぢゃないやうだ。本来の自分に引き戻してくれるのが読書の徳といふことにならうかね」。寺田透は、読書についてこう述べています（「群像」47巻8号、1992）。また、内田義彦は、読書の二つの側面を指摘しています。一つは情報を得る読書。もう一方は、モノを見る眼の構造を変える、生き方を変える読書です（『読書と社会科学』岩波新書、1982）。情報取得に意味があることはもちろんですが、両者の言には、ただそれだけに留まらない読書の意味、本来の自分への引き戻しや自己発見、自己形成も含まれています。

6 読書の意味や意義を考え続けること

　現代はさまざまなメディアで情報を得て、物語を楽しむことができます。そのような社会のなかで、モノである本を手にして、ページをめくりながら、じっくりと言葉を通して物語に出会うことは、他のメディアとは異なる本の楽しみ方です。読書を強制するのではなく、その楽しさや魅力をいかに伝えていけるかが、大人の役割ではないでしょうか。

（遠藤 純）

質問25 どうして子どもは「こわい本」を読みたがるのでしょうか？

1　なぜ「こわい本」を読みたいと思うのでしょうか

　子どもだけでなく、大人も殺人事件が起こる推理小説やこわい映画などが大好きです。それは、誰でも心のなかに自分でもよくわからない不安や恐怖があり、それをしずめたり、解放したりしようとするからです。「こわいもの」にふれることが、こころの安全弁となっていると考えられています。

　「こわい本」を好んで読むのにもいろいろな段階のあることや、読む必然性のあることがわかれば、「こわい本」を積極的にすすめることもできます。

2　恐怖や不安をしずめる物語の力

　古来、人々は、神話や昔話*1などの物語を通じて、恐怖や不安を克服し、力を得てきました。恐怖に姿が与えられて、物語という形で表現されると、人間の衝動のうちでも、もっともこころの奥深くにあって野蛮な衝動である恐怖は、その内にあるエネルギーを失ってしまいます。物語に仕立てることで、想像の世界での安全な体験となり、聞き手は安全なところにいて、恐怖を解放し、楽しめるのです。「こわい本が読みたい」のは、人間としてごく自然な要求だといえます。

3　こわがらせることを目的とした作品は避け、結末に注意する

　なかには、こわがらせるために、扇情的な物語を繰り出して、恐怖をしずめるどころか、駆り立て、不安を増強させて、悪夢を見させるような作品もあるので要注意です。特に絵は、一度脳裡に焼き付くと、なかなか離れなくなります。必要以上にグロテスクで恐怖をあおっているものはさけましょう。

年齢と大きく関係しますが、幼い子どもほど、読後に安心できる結末が大切です。人生体験を重ねるにつれて、理解しがたいことが世の中にたくさんあるのがわかるようになりますが、それでも物語の結末がおさまるところにおさまることで、安心感や安らぎが得られるのです。

4 「こわい本」にはこわさの段階があります

　10年間の幼稚園の文庫活動の記録をもとにした報告*2に、「こわいほん」を好んで借りる子どもの具体例と、こわさのある『すてきな三にんぐみ』*3、『おばけやしき』*4、『ピエールとライオン』*5、『すいみんぶそく』*6がなぜよく読まれるのかの分析がまとめられています。また、「こわいほん」のもつ要素として「夜のイメージ」「狙われている感覚」「ちがう世界へ入っていく」「こわいものがでてくる」「孤独」「食べられる」「身体変化」と7つの項目をあげ、こわい度合の軽いものから重いものへと、「こわくておもしろい絵本」「想像から出てくるイメージが描かれたもの」「野生を触発するもの、内在する野生への意識」「内界の冒険を扱っているもの」「不安や孤独など、子どもの心理に迫るもの」「死につながるこわさが描かれたもの」と6段階のこわさを提示しています。

　段階を追うにしたがって、それを求める人数が減っていきます。遊び感覚で読める「楽しいこわさ」が多数の子どもに受け入れられているのに対して、「死のこわさ」と対面するような作品を求めるのは少数です。このことは、「子どもの本」全般にもいえると思います。

5 「幽霊物語」を例として

　「こわい本」のなかでもっとも出版数が多いのは「幽霊物語」ですが、その多くは、「幽霊」をキャラクターとして「使用している」だけの作品です。「本当はこわくないおもしろい幽霊もの」です。幽霊が幽霊である必然性のある作品は、意外なことに、20世紀後半、フィリッパ・ピアス*7やロバート・ウエストール*8などの作品が出るまでほとんどありませんでした。

（三宅興子）

* 注1．野村泫『昔話は残酷か　グリム昔話をめぐって』東京子ども図書館、1997
* 注2．小澤佐季子「こわい絵本の魅力」三宅興子編者『絵本と子どものであう場所』翰林書房、2006
* 注3．トミー・アンゲラー作、いまえよしとも訳、偕成社、1977改訂
* 注4．ジャン・ピエンコフスキー作、でんでんむし訳、大日本絵画、2005新装
* 注5．モーリス・センダック作、じんぐうてるお訳、冨山房、1981
* 注6．長谷川集平作、童心社、1996　　*注7．『幽霊を見た10の話』高杉一郎訳、岩波書店、1984
* 注8．『かかし』金原瑞人訳、徳間書店、2003

質問 26

4か月の子どもが絵本に
興味を示しません。
見せ方が悪かったのでしょうか?

1 赤ちゃんによってちがう反応

　そのときにたまたま赤ちゃんのごきげんが悪かったのかもしれませんし、時期が早すぎたのかもしれません。4か月の赤ちゃんは、ようやく動く物を目で追うことができるようになったばかりで、視力もまだ十分発達していないので、絵本の絵を目でしっかりと捉えることは難しいようです。最初は絵本よりも読み手の顔や口元に注目していた赤ちゃんも、月齢を重ねるに従って、絵本にじっと見入るようになってきます。子どもによって発達のしかたがちがいますので、4か月のときには興味を示さなくても、2、3か月すると興味を示すかもしれません。

2 絵本もコミュニケーションの有効なツール

　絵本は、一方的なメディアではなく、そのときそのときの赤ちゃんの反応に合わすことができます。そして、赤ちゃんは、絵だけではなく、読んでもらうことで、擬音語・擬態語やくりかえしなどの言葉のおもしろさも味わっています。「じどうしゃ　ぶーぶーぶーぶー」のように擬音語の響きの楽しさが味わえる『じゃあじゃあびりびり』(まついのりこ作・絵、偕成社、2001改訂)や「きんぎょさんと　きんぎょさんが　くっついた　あひるさんと　あひるさんがくっついた」というように「くっついた」という言葉がくりかえされる『くっついた』(三浦太郎作・絵、こぐま社、2005)は、多くの赤ちゃんが大好きな絵本です。
　けれども、「絵本でなければ」ということではありません。絵本もわらべ唄や手遊び、ことば掛けなど、赤ちゃんとの関わりのなかの一つです。大人と赤ちゃんとのコミュニケーションの有効なツールとして、絵本をなかだちにしてゆったりと心を通わせる時間をもっていただければと思います。

3 赤ちゃんも絵本を選ぶ

　赤ちゃんも絵本を選びます。特別な興味がないかぎり、すぐに反応がないときもあります。また、1歳を過ぎると、電車の絵本の好きな子、物語性のある絵本の好きな子、生活絵本の好きな子など、選択がかなりはっきりしてきます。興味がなさそうなときは、無理に最後まで読まなくてもかまいません。何回も読んでほしいという場合は、子どもが納得するまで読んでください。子どもの興味を大切にしましょう。赤ちゃんがどのように絵本を選んでいるかは、赤ちゃんに絵本を読んだ実践を紹介した本[*1]が参考になると思います。

4 絵本の読み方

　絵本をこう読めばよいという一般的な方法があるわけではありません。絵本の絵がよく見えるようにして、赤ちゃんに語りかけるようにゆっくりていねいに読みましょう。最初から最後まで、きっちりと読まなければならないということにとらわれすぎないで、表情や声などの反応を確かめながら、一緒に楽しんでください。

5 赤ちゃんと絵本に関する取り組みの広がり

　絵本と赤ちゃんに関する活動といえば、乳幼児検診等の会場で、地域に生まれたすべての赤ちゃんと保護者を対象に、赤ちゃんと絵本を開く時間の楽しさを実際に体験してもらいながら、絵本が入った「ブックスタート・パック」を手渡すという取り組みが全国に広がっています。この「ブックスタート」の活動[*2]をきっかけに、多くの人が赤ちゃんも絵本を楽しむことができるのだということを知るようになりました。このほかに、図書館などで、赤ちゃん絵本のブックリストの配布や赤ちゃん向けのおはなし会の開催など、赤ちゃんと絵本の取り組みもすすめられています。今後このような取り組みがますます充実していくためには、地域で絵本・赤ちゃん・子育てといった分野に関係する行政機関や人々がしっかりと連携していくことが大事です。　　（小松聡子）

*注1．徳永満理『絵本でスタート 赤ちゃんが喜ぶ読み聞かせ　0歳1歳2歳』フォーラム・A、2004、佐々木宏子『絵本は赤ちゃんから』新曜社、2006
*注2．NPOブックスタート編著『赤ちゃんと絵本をひらいたら　ブックスタートはじまりの10年』岩波書店、2010

質問 27

うちの子は、同じ本に執着して、それしか読みません。他のものも読んでほしいのですが……

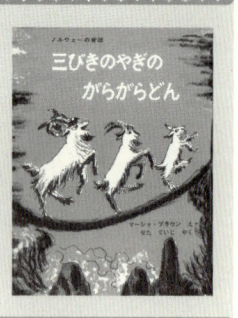

1 「うちの子」だけでは、ありません

　図書館や文庫には、毎週やってきて、同じ本を何回も借り出していく子は必ずいるものです。『三びきのやぎのがらがらどん』(マーシャ・ブラウン絵、瀬田貞二訳、福音館書店、1965)のみを連続11週間借り出した子どものことを記憶していますが、その子は家にも同じ本をもっていると言っていました。

　何度も同じ本を読み、その本に執着するのは、子ども時代にはよくあることです。その子が何度も読みたい本に出会えたことを大切にしたいものです。

2 一つの物語のとりこになる

　幼児期に、物語絵本をくりかえし読んでほしがる子どもがいます。文字の多い物語でもくりかえし読んでほしがり、一字一句正確に覚えていて、体のなかに入ってしまいます[1]。それが毎日続くと読み手の大人は別の本へ誘導したくなるのです。『かいじゅうたちのいるところ』(モーリス・センダック作、じんぐうてるお訳、冨山房、1975)は、こわい体験をして元に戻ってくる型の物語絵本ですが、くりかえし読むことで、その度にこわさを克服することができます。幼児期の不安解消にぴったりとはまる絵本なのです。

3 乗り物の絵本や図鑑のとりこになる

　物語ではなく、図鑑にしか興味がなく、そのとりこになる子どももいます。「昆虫博士」や「ロケット博士」などと呼ばれるまで熱中するのです。

　なかでも乗り物関係の絵本や図鑑は、くりかえし読む子どもが多い分野です。はじめは簡単な「づくし」から始まり、やがて、自動車、船、飛行機、電車など

個別のものに移っていきます。女児で消防自動車に魅せられた子がいて、会うたびに「消防自動車の本ある？」と聞かれました。「もしかして、新しいのが……」と期待をこめて毎回聞くので、探し回った経験があります。
　「機関車トーマス」のシリーズは、イギリスで、1945年から出版された絵本（27巻）が元になっていますが、列車好きの子どもがその世界を広げていくのに沿って制作されています。また、横溝英一の『しんかんせんでおいかけろ』『はしれはやぶさ！とうほくしんかんせん』（「のりものえほん」小峰書店、2012）や『はしるはしるとっきゅうれっしゃ』『チンチンでんしゃのはしるまち』（「かがくのとも傑作集」福音館書店、2002）などは、熱心な読者がいることで知られています。マニア本といってもよい内容です。

4 恐竜への興味

　また、「恐竜」関係の図鑑に熱中する時期があるようです。かつて地球に生存していて今はいない古生物は、その姿・形に圧倒されるような迫力があり、とりこになります。名前もユニークです。「こわくない」「かわいい」といいながら、友だちと一緒に「恐竜図鑑」を見ている場面に遭遇すると、「肉食」か「草食」かなどの情報を確かめあいながら、世界の不思議と対話しているような感じを受けます。図鑑で見ているかぎり安全ですし、精神的にも豊かな体験をしているのではないかと思えます。図鑑の絵の大きい恐竜が口をぱっくり開けているのを見て、頭からその口に突っ込んでいく子を見たことがあります。驚いたのですが、獅子舞に来てもらって、幼い子をその口に入れて噛んでもらう儀式があったのを思い出すと、「再生」という儀式をそれと意識せず行っているように感じました。

5 同じ本を「卒業」するまで堪能する

　大人の場合、再読するといっても、何十回、何百回読むのは人生を決定した本とか、研究者とか、例外的な感じがしますが、子どもは、気に入れば、くりかえしくりかえしページをめくり、何度も何度も読むことができます。
　個々のケースで意味合いは異なりますが、同じ本に固執するのを無理に引き離す必要はまったくないと思います。むしろ、同じ本を読むことで、安心感を得たり、興味あるものに夢中になったりしているのは、子どもにとって喜んでよいすばらしい体験をしているのだと考えられるからです。　　（三宅興子）

＊注1．俵万智は3歳ころ『三びきのやぎのがらがらどん』を丸暗記して1人遊びをしていた思い出を書いています。（『かーかん、はあい』p.34、朝日新聞出版、2008）

質問28

『秘密の花園』を読みたいのですが、数多く出版された中で、どの本で読むのがよいのでしょうか？

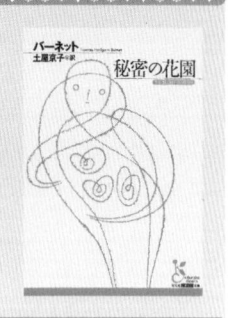

1 「名作もの」の翻訳について

いわゆる「名作もの」は、明治時代からくりかえし出版されてきましたので、子ども時代に読んだ記憶のある作品を次世代の子ども読者に届けやすいという利点があります。また、元は同じでも、その時代にあった新しい訳がなされるので、文章を変えることのできない日本の名作より読みやすいという「長所」もあります。「元になる外国作品」を日本語に移しかえるとき、訳者や出版社によって考え方がちがい、それが訳のちがいになります。元の作品にできるだけ忠実に訳す「全訳」、わかりづらいところを一部変更する「部分変更訳」、元の作品を読んで、その作品の人物や主要出来事などを原文にとらわれないで語り直す「再話」があります。

2 「全訳」で読むのが、よいのでしょうか？

「元の作品」を尊重するという意味では、その通りです。また、新しい訳は以前に出ている訳を参考にして訳されると推定できるので、誤訳などの問題が少なくなっている可能性が高いといえます。しかし、「全訳でないといけない」という潔癖な考え方は、もっと柔軟でもよいのではと考えています。作品によってですが、時代が経って「全訳」に向かない作品も出てくるからです。キングズレイの『水の子』(1863)や、シュピリの『ハイジ』(1880)は、キリスト教信仰の背景が強く、それに関連する描写も多いので、全訳になるとその部分が「冗長」だという印象を与える弱点をもっています。

3 「再話」を再考してみましょう

1950〜80年代にかけて、名作を「再話」したシリーズや「全集」が多数出版

されました。また、日本の名作を現代語訳したり、再話したりすることも生じています。数多い再話本のなかで、長編名作の絵本や幼年童話は、原作とは全く別のものになっていて「再話」とはいえないものです。

　ただ、原作を読みこんだ再話者が、冗長な部分をカットして、読みやすく語り直したものは、名作のおもしろさの発見につながるでしょう。再話が多数ある『秘密の花園』(F.H.バーネット、1909)の場合はどうでしょうか。

4 『秘密の花園』の巻頭訳をくらべてみると

原文：When Mary Lennox was sent to Misselthwaite Manor to live with her uncle everybody said she was the most disagreeable-looking child ever seen. It was true, too.

例1．メアリ・レノックスが叔父の住む広大なミッスルスウェイト屋敷に送られてきたとき、十人が十人、こんなにかわいげのない子供は見たことがないと言った。たしかにそのとおりだった。

例2．メアリ・レノックスは、おじさまの住むミッセルスウェイト屋敷に引き取られたころ、だれからも「こんなにかわいげのない子は、見たことがない」と言われていました。じっさい、そのとおりでした。

例3．「まあ、なんていやな女の子なんでしょう。」メリーがイギリスのおじさんの家へひきとられていったころ、みんながそういいました。

例4．「メリーってほんとに、かわいげのない女の子ねえ。」メリー・レノックスをみると、だれでも、こうおもいました。それから、メリーは、こういわれました。「ほんとにいやな子。らんぼうで、いばりんぼなんだから」

　例1．光文社古典新訳文庫(2007)と例2．西村書店(2006)は、全訳ですが、後者は、少女小説風の訳になっています。例3．例4．は、再話です。前者は、ポプラポケット文庫(2005)で、原作の27章が19章になり、「小学校中級～」向けに、後者は、「こども世界名作童話」16(ポプラ社、1988)、題名が『ひみつの花園』になっており、小学校低学年でも読めるよう配慮されています。

5 どの『秘密の花園』を読むのか

　全訳は福音館古典童話シリーズや岩波少年文庫にも入っています。全訳では、新訳が読みやすい場合が多いのですが、自分の読みやすい訳の好みもあると思います。最初だけでも、読み比べをして確かめてください。

　例で取り上げた再話はよくできているものです。例3．の谷村まち子訳は、語り直した再話ですが、会話をうまく使って読みやすい物語に仕上げています。ただ、例4．は、対象を低学年にしたため、作品の底に流れる「自然の力」がうまく伝わりません。

(三宅興子)

質問29

人が死んだり殺されたりする本は、子どもに与えたくないのですが、他に悪い本がありますか?

1　「よい本」「悪い本」

　戦争を肯定して、大量殺人をゲーム感覚で描いている本、人の死をグロテスクで扇情的に語っている本、性を興味本位に扱っている本などは「悪書」といってもよいと思います。しかし、同じように、戦争、革命、死、自死、性などを扱っていても、「良書」といえるものが多数あります。子どもの本の「悪書」「良書」を主題で考えるのは、無理があります。また、同じ本でも、読む子どもによって、よい本にも、悪い本にもなる可能性があります。

　1950年代から70年代ごろの日本の子どもの本の作家は、「こういう子に育ってほしい」という希望を込めて、主人公の子どもを理想的に描いてきました。しかし、1970年から80年代にかけて、「等身大の子どもを描く」ことが主流になり、その中でさまざまの問題をもつ子どもや、押しつぶされていく子どもが登場するようになってきました。

2　子どもに真実を伝える

　現在では、親の離婚や格差社会の現実生活、いじめの問題なども、当然のように描かれています。ある意味で、子どもに「真実の世界」を伝えようとするようになっているといえます。80年代までは、いわゆる子どもの文学には、書かない・書けないタブーのような領域があったようですが、それがほとんどなくなってきているのが現状です。

　しかし、筆者は、「なんでも書いていい」とは考えていません。子どもの世界理解は、年齢によって大きくちがいますし、個人差も大きいからです。まず、年齢では、幼児から10歳ぐらいまでの子どもは、結末ですべてが死んでしまうような悲観的な作品には、大きな不安をもつことがあります。それは、4歳・

5歳のグループで即席のお話づくりをしたとき、お話の結末が「死にました」となったのですが、納得のいかない子が、そのあと、一度死んだ子を生き返らせようと、いろいろな提案をしました。死んでも生き返らせる超能力をもったヒーローを天から派遣するという話にたどりついて、やっとお話を終わらせることができました。漠然とした「死」への不安をもち始めている年齢の子どもたちにとって、納得のいく結末の大切さを思い知った体験でした。子どもは「本当のことを知りたい」存在ですから、「真実」が描かれている作品を求めますが、その求め方は年齢によってかなりちがっているのです。

3 人が死ぬ本

一番、わかりやすいものに、ジョン・バーニンガム『おじいちゃん』(谷川俊太郎訳、ほるぷ出版、1985)のような身近な存在の死を扱った絵本があります。自分の愛する息子を失った父親を描いた『悲しい本』(マイケル・ローゼン作、クェンティン・ブレイク絵、谷川俊太郎訳、あかね書房、2004)も絵本です。どちらも幼児から大人まで共感できる作品です。事故や病死などで、親を亡くした物語は、数多く語られてきました。『もういちど家族になる日まで』(スザンヌ・ラフルーア作、永瀬比奈訳、徳間書店、2011)は、自動車事故で、父と妹が亡くなり、自分と運転していた母が軽傷で生き残ったショックで母が行方不明になり、祖母と暮らすことなった11歳のオーブリーが語る物語です。心に深い傷を受け、受け入れることが大変難しいテーマをていねいに繊細に描いています。

4 人が殺される本

人が殺される本の筆頭は、「戦争」を扱った本です《☞14》。「戦争」は子どもも避けて通れないテーマだと思います。また、殺人を描いたものもあります。高学年以上の読者向きですが、カーネギー賞とニューベリー賞を同時受賞して評判になった『墓場の少年』(ニール・ゲイマン作、金原瑞人訳、角川書店、2010)は、人が殺される残酷な場面から始まります。殺人が、殺人を描くための殺人ではなく、作品としての必然性が問題なのです。

5 「悪書」「良書」という価値ではなく、子どもに「適書」を

いわゆる「悪書」というのは、それが読まれる社会情勢や子ども観で変わりうるものです《☞25》。子ども読者にとって、読むにふさわしいものであるかどうかの判断が、その本を手渡す決め手になります。

(三宅興子)

質問30 子どもの本のブックリストの種類や選び方を教えてください。

1 ブックリストってどんな本？

　ブックリストは本を紹介する本ですが、読者対象、ジャンル、使用目的、選書の視点、収載点数、紹介内容はリストにより異なります。
　大きく分けると、「子どもの本」という視点から、ジャンルや読者対象を特に限定していない総合リストと、読者対象やジャンルやテーマをしぼったリストとに分かれます。使い方のちがいでみると、書名、著者、件名などの索引付きで情報ガイドとして使うものと、家族、友だち、冒険、ナンセンスなどのテーマ順や、「楽しくて元気になれる」「ゆかいで笑いたくなる」といった章立てなどで、読者の関心と興味に合わせた読書案内としても楽しめるものとがあります。

2 ブックリストの種類

　ブックリストのなかで、一番数多く発行されているのは絵本リストです。「赤ちゃんから大人まで」の読者層の広がりや、「読み聞かせ」活動が活発化している状況を反映し、『親子で楽しむえほん100冊』（ちひろ美術館編、メイツ出版、1999）や『読みきかせのための絵本カレンダー』（親子読書・地域文庫全国連絡会、2004）など、書名からも内容がうかがえます。また、雑誌「別冊太陽」は、写真の多いヴィジュアルな構成でしかけ絵本、絵本作家、科学絵本、赤ちゃん絵本、大人向け絵本などの特集号をつぎつぎ発行しました。『赤ちゃんと絵本であそぼう！』（金澤和子編著、一声社、2009）は、本の紹介だけでなく、実践に基づいた絵本を使った赤ちゃんとのコミュニケーションについても解説しています。
　ノンフィクション分野では、『科学の本っておもしろい2003-2009』（科学読物研究会編、連合出版、2010）、『きみには関係ないことか　戦争と平和を考える

ブックリスト'03〜'10』(京都家庭文庫地域文庫連絡会編、かもがわ出版、2011)や『多文化に出会うブックガイド』(世界とつながる子どもの本棚プロジェクト編、読書工房、2011)などが、専門分野の本を集めて解説・紹介しています。

中高生対象のリストでは、書店組合編集の『中学生はこれを読め』(北海道書店商業組合、2006)や『10代をよりよく生きる読書案内』(小山峰子編著、東京書籍、2008)などがあります。

「どの本よもうかな?」(日本子どもの本研究会編、国土社、2002、2003)のシリーズ5分冊は、改版を重ねている小中学生対象のリストです。学校図書館での利用を想定し、読み物や絵本だけでなくノンフィクションを多数含み、各冊150冊程度を紹介しています。「つぎ、なにをよむ?」(秋山朋恵著、偕成社、2012)のシリーズ3分冊も、小学校図書館の現場をふまえた内容です。

3 選書の視点によって選ばれる本はちがう

『私たちの選んだ子どもの本』(東京子ども図書館、初版1966〜改訂新版2012)では、「作品の文学的価値」と「長い間子どもに読みつがれてきた」ことを選書の視点としてあげ、版ごとの本の入れ替わりは限られています。

対照的に、『絵本・子どもの本総解説』(赤木かん子著、自由国民社、初版1995〜7版2009)では、時代も子どもも変わるという認識から、改版の度に新しい本が入ります。リストの有効性は「3年から5年」(6版前書き)とされ、初版から継続の本は5分の1で、7版目で8割方入れ変わっています。

2つのリストに共通の本は少なく、選書の視点のちがいがリストの内容のちがいとなっていることがわかります。

4 ブックリストの選び方

ブックリストを選ぶ際は、読者対象、ジャンル、使用目的、選書の視点を前書きで確認してください。収載点数も確かめ、また組織や団体の協議による選書と著者が1人の選書では性格が異なることにも留意しましょう。おはなし会やブックトークの本を探すため、読書案内として利用するためなど、目的に合っていることが大切です。選書の視点は前書きの文章だけでは捉えにくいかもしれませんが、自分のよく知っている本がリストのなかにあれば、紹介内容と自分の判断を比べてみるのも手がかりになります。　　(川内五十子)

質問 31

本によって読者の対象年齢は決まっているのですか？

1 対象年齢は決まっていません

　本の裏に「4～5歳から」「小学1年生以上」のような表示を見ることがよくありますが、それはあくまでも目安で、すべての本に対して、決まった対象年齢はありません。事実、絵本『もけらもけら』(山下洋輔文、元永定正絵、福音館書店、1990)の裏には、「2才から」と書かれており、上限は書かれていません。同じ年齢の子どもでも、興味関心も異なれば、読める能力にも差があります。読む子ども(人)がおもしろいと感じられれば、その本はその子どもにとって意味のある本だと考えることができます。そして、本を手渡す大人が読んでみて、子どもが楽しめると思えることが一番大切です。

2 対象年齢の見つけ方

　本の裏に書かれているのは、出版社が提示した目安ですが、それ以外にも対象年齢を考えるために、本にはいくつかのヒントがあります。
　その一つは、登場人物の年齢です。主人公の年齢が自分より低いと幼稚な作品を読まされていると思う子どもがいます。その誤解を解くことも必要ですが、子どものプライドを尊重して選ぶ必要があります。二つ目は、表記です。文字の大きさや、ルビの振り方によって、対象年齢が推定できます。ただ、なかには対象年齢と表記が一致していない本もあるため、これだけに頼ることはできません。三つ目は、内容からの類推です。カバーの折り返しの推薦文、目次、冒頭の文章、あとがきの文章などから対象年齢を類推することができます。四つ目は、ブックリスト《☞30》やインターネット等の情報を参考にすることです。これも本の裏の年齢表記と同じくあくまでも目安です。

3 幅広い年齢の読者に楽しまれる本

　本のなかには、ちょうどこの時期の子どもにぴったりという本もあれば、幅広い年齢の読者に楽しまれる本もあります。

　後者の例としては、絵本では、ナンセンス絵本、空想的な絵本、昔話絵本、ことば遊び絵本などで、対象年齢による解釈を楽しむことができます。読物では、作品にもよりますが、推理もの、ファンタジー、昔話や神話、伝説、アンデルセンなどの古典があげられます。また、図鑑等は、くわしい子どもにとっては、大人対象のものでなければ満足できないこともあります。

4 年齢による読書傾向

　小学校低学年は、文字を読み始めたころなので、挿絵がふんだんに付いている本が好まれる傾向にあります。また、この時期は、文字をたどることに多くのエネルギーを使うため、複雑な筋の展開や回想の多用など時間のめまぐるしい変化、多くの登場人物などにはついていけないことがあります。

　小学校中学年になると、児童書のさまざまなジャンルに触手を伸ばし始めます。シリーズ作品をまとめて読んだり、動物物語に興味をもったり、昔話や伝説に興味をもったりして、たっぷりとしたストーリーと満足感のある結末を楽しむ傾向があります。小学校高学年から中学生になるにつれて、個々の子どもの嗜好がはっきりしてきて、好きな作家ができたり、好きなジャンルができたりします。長編に挑戦し、大人の本も視野に入ってきます。また、ヤングアダルト作品に代表されるように、結末が読者にゆだねられるような作品も読めるようになってきます。

5 ひとりひとりの子どもを大切に

　大切なことは、対象年齢を推定することはできても、ひとりひとりの子どもに合った本は、そのこととは必ずしも一致しないということです。そこで、一人の子どもに本を選ぶ際には、その子どもの性格や嗜好、読書歴などをていねいに聞き取り、その情報を元に幅広い選択肢の本を用意することが必要です。一方、絵本などを集団の前で読む場合には、一緒に活動しているグループのメンバーと一冊の本の対象年齢について話し合うことや、実際に数人の子どもに読んでみてその反応から判断することが求められます。　（土居安子）

質問32 読書活動のボランティアを始めるには、どうすればいいですか?

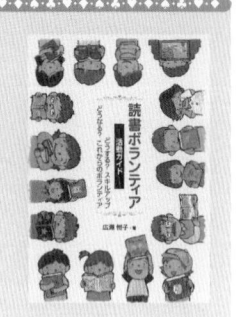

1 まず研修に参加する

　まずボランティアとして必要な知識と技術の習得が必要です。図書館や自治体が開催する「読書ボランティア研修講座」を受講するのがよいでしょう。子どもと子どもの本について学ぶとともに、図書館や行政の方針や取組みを知り、ボランティアとしての活動の内容や範囲を確認できるからです。

　受講後は、読書ボランティアとして登録して活動することになりますが、グループへの参加をすすめます。日程の調整、事前準備や打ち合わせ、反省会、情報交換、研修など、活動するには必要だけれども個人ではなかなかできないことができ、継続する力になるとともに、仲間ができます。

2 読書ボランティアの活動とは?

　各地で多数の人が、「子どもと本をつなぐ」活動に参加して楽しんでいます。「楽しんでいる」と表現したのは、ボランティアの基本は自発的なものであり、自身が子どもとともに楽しむことが大切だからです。

　では、ボランティアは自分の好きな本を読めばいいのでしょうか? それは、まったくちがいます。ボランティアとして本を読むことは個人的読書ではなく、さまざまな個性と考えをもち、発達段階も読書経験もちがう子どもたちの集団に向けて読むということです。聞き手に合わせて選びぬいた本を、その本の魅力が十分に伝わるよう準備して臨みます《☞34、36》。一方的な押しつけにならないことが大切です。

3 活動先や担当者と信頼関係をつくる

　活動場所としては、図書館、学校、幼稚園や保育所、子ども文庫、児童館、公

民館、病院、ブックスタート事業、子育て広場などさまざまです。大切なのが担当者との連携です。活動日時や内容の確認、問題が生じたときの相談など、ボランティア側も担当者を決めて、お互いに信頼できる体制をつくるようにします。「お任せします」と言われたり、担当者が頻繁に変わったりすることがよくありますが、お互いの担当範囲や連携の内容を確認しあうようにしましょう。

4 図書館や学校での活動

　図書館のおはなし会は、ボランティアだけで担当する場合があります。その場合も年間計画を打ち合わせ、定期的な会合で本選びやプログラムを相談するとともに、スキルアップのための研修や本の紹介講座などの支援を要望しましょう。

　学校での活動は、「朝読」での読み聞かせや授業時間でのおはなし会や全校でのおはなし大会への参加などがあります。担任に連絡をとるのか、司書教諭に話すのか、管理職に伝えるのか、連絡先がバラバラになりがちですが、担当者を決めてもらい、学校全体で情報を共有してもらうことが大切です。

5 市民としての活動を楽しく続けるために

　本がある、本を読んでくれる人がいる、本を読む場所があることが、どの子にも必要です。どこへでも誰にでも本を提供するのが図書館の役割ですが、本を読んでくれる人が地域のいろいろなところで必要とされています。ボランティアは、図書館の活動を応援し、市民の立場から「協働」します《☞37》。

　活動のなかで、ボランティアが気づくことは多々あります。おはなし会も大切ですが、図書館に読みたい本がそろっていることや、いつでも読書相談できることは、より重要です。学校図書館に専門職員がいれば、学校の読書環境が飛躍的によくなるでしょう。ボランティアの役割を果たすだけでは実現できないことを行政に提言することは、ボランティアの役目と言えます。

　読書ボランティアのおもしろさは、子どもと本を読むことで、大人の視点では気づかない本の魅力を発見できることです。また、グループ内で作品について語り合うことで、さまざまな視点に気づかされます。読むたびに新しい反応があり、もっと知りたい、もっとうまくなりたいと意欲が出てくるところが、活動の継続につながります。

（川内五十子）

[参考文献] 広瀬恒子『読書ボランティア　活動ガイド』一声社、2008

質問 33

高学年を対象にしたおはなし会にはどのような本を選べばいいですか?

1 高学年でのおはなし会

　朝の読書の時間帯を中心に、読書へのきっかけ作りを目的とし、高学年を対象にしたおはなし会が増えています。読み手や周囲の仲間とおはなしの世界を共有することは、高学年にとっても物語の楽しさを知り、安心感が得られ、心が落ち着く時間となります。

2 高学年を対象とした絵本

　近年、高学年以上の読者を対象とした絵本が多く出版されており、そのなかにはおはなし会で使える本も数多くあります。このころの子どもは、自分とは何かについて考え始めると同時に、友だち関係や進路について悩みながら成長しています。そこで、「アイデンティティ」をテーマにした『ウエズレーの国』*1や、『ぼくはぼくのえをかくよ』*2などは、興味をもって受け止められます。前者は、みんなと同じであることに頓着せず、周囲から疎まれていたウエズレー少年が、自分の王国を堂々と築き上げることによって自分らしさを貫くことの大切さを伝えています。

　また古典や伝説や昔話を題材にした絵本は、人間の生き方や社会のありようを描いています。たとえば中国の古典を題材にした『桃源郷ものがたり』*3は、不思議な世界を描くことで、人間がもつ平和へのあこがれを描き、『ウェン王子とトラ』*4は、人間と動物の垣根を越えた親子の愛情を描いています。また、ウクライナの昔話『セルコ』*5は、老いぼれた飼い犬とオオカミの立場を超えた友情を描いています。これらの作品の魅力的な絵も、ヴィジュアルに敏感な高学年の子どもをひきつける大きな要素です。

　そのほかに、人間が生きてきた記憶をたぐる伝記絵本もおすすめです。『キ

ング牧師の力づよいことば』*6『ヘンリー・ブラウンの誕生日』*7などは、事実を知り、自由と平和について考えることのできる作品です。

3 幅広い絵本を楽しむ

　幼児や低学年から楽しめる絵本のなかにも、多様な視点で深く読み込み、絵本の展開や構成自体を分析的に楽しんだり、主人公だけでなく脇役に視点を当てたりするなど、高学年ならではの楽しみ方ができる絵本が多くあります。
　たとえば、聞き手との間に信頼関係があれば、「うさこちゃん」シリーズ*8や『いないいないばあ』*9などの絵本を冒頭で読むことができます。これらの絵本は、ある子どもにはなつかしく、ある子どもにははじめて幼児向けの絵本を読んでもらう体験をするという意味があります。また、長新太や井上洋介のナンセンス絵本、人間観察が鋭い佐野洋子の絵本、造型と言葉を楽しむ元永定正の絵本、空想をかきたてるデイヴィッド・ウィーズナーの絵本なども、高学年を楽しませることができます。

4 絵本以外にも

　絵本以外にもおはなし会を楽しむプログラムはさまざまな工夫ができます。昔話の語り（おはなし）は、聞き手との直接的なコミュニケーションが可能であり、昔話に込められた「生きる」ことについてのメッセージを深く理解し、楽しむことが可能です。また、詩集から詩を読むこともできるでしょう。言葉遊びの詩集『しゃべる詩あそぶ詩きこえる詩』*10は、耳で楽しむのもよし、みんなで声に出すのもよしのにぎやかな詩集です。また『ことばあそびうた』*11は、ことばの響きや意味について発見できます。
　加えて、幅広い興味・関心に応えるために、おはなし会のテーマに沿った本の紹介を行うことも意義があります。おはなし会では読めない読物や科学の本も紹介できる点が魅力です。

(安田友里・土居安子)

*注1．ポール・フライシュマン作、ケビン・ホークス絵、千葉茂樹訳、あすなろ書房、1999
*注2．荒井良二作、学研教育出版、2010　注3．松居直文、蔡皋絵、福音館書店、2002
*注4．チェン・ジャンホン作・絵、平岡敦訳、徳間書店、2007
*注5．内田莉莎子文、ワレンチン・ゴルディチューク絵、福音館書店、2001
*注6．ドリーン・ラパポート文、ブライアン・コリアー絵、もりうちすみこ訳、国土社、2002
*注7．エレン・レヴァイン作、カディール・ネルソン絵、千葉茂樹訳、鈴木出版、2008
*注8．ディック・ブルーナ作、福音館書店、1964〜
*注9．松谷みよ子文、瀬川康男絵、童心社、1967、1981改版
*注10．はせみつこ編、冨山房、1995　*注11．谷川俊太郎詩、瀬川康男絵、福音館書店、1973

質問 34

絵本を集団に読むとき、評価の定まった本を読む方がいいのでしょうか？

1 子どもたちと絵本を楽しむには

　子どもたちに絵本を読み、一緒に楽しむためには、まずその集団の年齢構成や人数を考えておかねばなりません。
　①絵本の内容が子ども集団の興味や理解の程度に合うか(特に幼児には時節に合っていることも興味を引く要素になります)、②絵が見やすいか(集団の人数によっては、本のサイズが小さすぎたり絵が細かすぎたりすると見えにくい)、③画面展開のテンポがよくメリハリがあるか、などです。
　①に対しては複数冊用意をして差し替えができるようにしておきます。このとき、評価の定まった絵本を選べば、まずは充実したおはなし会ができるように思われますが、はたしてそれだけでいいのでしょうか。

2 長年読み継がれ、評価の定まった絵本とは？

　長年読み継がれたことを選書の大きな柱としているブックリストに『子どもが選んだ子どもの本』[1]や『絵本の庭へ』[2]などがあります。けれども、複数のブックリストを比較すると、共通して選ばれている本もありますが、むしろ選び手の観点によって評価が異なり、選書のちがいがあることに気付かされます。
　受賞歴を評価の対象にすると『賞をとった子どもの本　70の賞とその歴史』[3]や『日本の児童図書賞　解題付受賞作品総覧』[4]などがあげられます。しかし、なかにはその時代だからこそ評価されたという絵本もあって、必ずしも現代に適したものばかりとはいえません。
　販売部数の多さを評価基準にするなら、図書の流通会社トーハンが毎年無料配布している小冊子「ミリオンぶっく」も参考になります。そこには初版か

らの出版累計が100万冊に至る絵本が紹介され、2011年度の冊子では該当絵本が100点ほど掲載されています。ただ、売れた背景には、読書活動のありようやマスコミ宣伝などの影響もあることを考慮しなければなりません。

その他、出版社に聞いてみると、いくつかの社には、ベストセラーではなくても社独自の評価に基づいて大切に出版し続けている絵本があるそうです。『いちにち にへん とおる バス』[*5]『どうぞのいす』[*6]『あおくんときいろちゃん』[*7]『100まんびきのねこ』[*8] などがあげられました。

3 結局、選ぶのはあなたです。

あなた自身が評価する絵本も、ぜひ加えてください。

古典として評価の定まった絵本には時代に左右されない力があり、そうした絵本を何度も読んでいると、そのよさがわかり、絵本を評価するポイントがつかめてきます。古典絵本は選書の力を養うよいテキストになりますが、なかには家族観が現代に合わなかったり、絵画表現も時代遅れの感じで、今の子どもには楽しめないものも存在します。今、目の前にいる子どもに焦点をあてて考えねばなりません。最近出版された絵本のなかにも、今後ロングセラーとなっていく絵本はありますし、新しい絵本のなかに、子どもたちの現在の問題意識にぴったり合うものがあるかもしれません。新聞や雑誌の書評欄・新刊紹介などにも広く目を配り、「これはよさそう」と思う絵本はていねいにしっかりと読み、評価し、あなたが「よい」と思う絵本を選びましょう。

ただ、「よい」と評価して選んでも子どもたちの反応は思わしくないという場合もあります。本の効果は目に見えません。「いつか、なにかの機会に子どもの力になっていく」と信じて選び、読むことが大切です。子どもには、絵本を読む人の気持ちも内容に重なって伝わるはずです。

その一方で、自分自身の評価の目をより研ぎ澄ませ客観化させていくために、たくさんの絵本を読みながら活動を続けるグループの人たちと交流して話し合うこともおすすめします。

(永田桂子)

*注1. 鳥越信編、創元社、2003新版　*注2. 東京子ども図書館、2012
*注3. ルース・アレン著、こだまともこ監訳、玉川大学出版部、2009
*注4. 東京子ども図書館編、日本エディタースクール出版部、1982〜1998
*注5. 中川正文作、梶山俊夫絵、ひかりのくに、1972　*注6. 香山美子作、柿本幸造絵、ひさかたチャイルド、1981　*注7. レオ・レオーニ作、藤田圭雄訳、至光社、1967
*注8. ワンダ・ガアグ文・絵、石井桃子訳、福音館書店、1961

質問 35

子どもが喜ぶので
おはなし会では大型絵本を
読んだ方がいいのでしょうか？

1. 大型絵本はどんな本？ いつからあるの？

　元の版型を50〜60センチほどのサイズに拡大した大型絵本[1]が登場するのは、1994年の偕成社の『はらぺこあおむし』が最初です。1998年に福音館書店が、「こどものとも劇場」シリーズとして、『おおきなかぶ』[2]や『ぐりとぐら』[3]などを出版します。90年代はこの2社だけでしたが、「読み聞かせ」活動がさかんになる2000年代以降、各社の人気絵本を拡大した大型絵本がぞくぞく出版されるようになり、現在150冊ぐらいが出版されています。

　大型絵本のサイズは、同じ比率での拡大ですが、造本は、厚紙をコーティングしたボードブック仕様で、見返しのない無線綴じになります。紙の質感が変わり、色がちがって見えることがあります[4]。

2. 大型絵本が選ばれる理由

　おはなし会の絵本は、最後列まで絵がよく見えることが条件です。細かい部分が読みとれない絵本も不向きです。おはなし会が、図書館のおはなしの部屋ぐらいの規模であれば、「こどものともシリーズ」の絵本や『11ぴきのねこ』[5]などのロングセラーに多いB5判ぐらいの大きさの絵本も十分楽しむことができます。ところが、おはなし会で長年読まれてきたこのサイズの絵本が、小さすぎるという理由で使われなくなっています。おはなし会がクラス単位、学年単位、時には講堂でのイベントとして開催されることが多くなってきたからです。広い場所で大人数で楽しむために、大きい版型のはっきりした絵が選ばれます。絵本のサイズは年々大きくなり、近年はA4判より大きいサイズが増えています。さらにぐっと大きい大型絵本は、大人数のおはなし会の需要に合わせてつくられているといえるでしょう。

3 大型絵本は演劇的?

　大型絵本は特設の書架台に置き、読み手が添付のテキストを読み、別の人がページをめくるという方法がよくとられています。絵を見せ、文を読み、ページをめくるという1人が表現していた三つの要素を複数で表現します。素早くめくろうにも重いので、舞台の転換のようにゆっくりと開かれます。「こどものとも劇場」の名前のとおり、演劇的な展開に似てきます。

　絵本を読んでいると、子どもたちが身体を小さく変身させて絵本のページのなかに飛びこんでくるような気がよくするのですが、大型絵本の場合は、目の前に現れる等身大の劇空間を楽しんでいるように感じます。同じ絵本でも楽しみ方の質が異なっているのではないでしょうか。

4 大型化は本の味わいを変える

　絵本の大きさが変わると味わいも変化します。『そらまめくんのベッド』*6の舞台は、野原の小さな豆たちの世界ですが、大型絵本の中の大きな「そらまめくん」は、なんだか豆のぬいぐるみのようです。『きょだいなきょだいな』*7では、100人のこどもと巨大なピアノや石けんが登場しますが、大型化でよりダイナミックさを感じます。大型化に適しているかどうかは作品によりますが、拡大することで、完成していた絵本の世界のバランスをくずすことも多いのです。元の絵本の魅力がそこなわれていないか、確かめて選びましょう。

5 大きさではなく内容で選ぶ

　絵本が大きさを理由に選ばれないのは、とても残念なことです。何千冊もの本から選ぶのと150冊ほどの大型絵本から選ぶのでは、豊かさがまるでちがいます。「大型で絵がはっきりしている」という理由を優先しなくてすむように、おはなし会の規模を変えていくことも必要ではないでしょうか。大きい絵本も小さい絵本も、その大きさならではの魅力があります。聞き手に合わせて、さまざまな大きさの絵本を楽しみましょう。

（川内五十子）

*注1．架空社は1992年から1994年にオリジナルの大型絵本を3冊出版。
*注2．佐藤忠良作、福音館書店、1966　*注3．中川李枝子作、大村百合子絵、福音館書店、1967　*注4．ほるぷ出版は『ちびゴリラのちびちび』などを「大きな絵本」として出版。40センチ弱とやや小さく、造本は元の本と同じである。
*注5．馬場のぼる作、こぐま社、1967　*注6．なかやみわ作、福音館書店、2001
*注7．長谷川摂子文、降矢なな絵、福音館書店、2001

質問 36

絵本は声色を使って読んではいけないのですか？
おはなしは身振りを使ってはいけないのですか？

1 「自然に」が一番

　絵本を読んだりおはなしをしたりするとき、一生懸命になると自然に声が変わり、表情や身振りもついてきます。でも、どちらもオーバーになると、子どもたちは読み手や語り手の様子に気をとられ、作品の内容はまったく覚えていないということにもなりかねません。逆に、声色や身振りを使わないことを意識しすぎて「棒読み」になっても不自然です。肝心なのは、作品の内容をよく読み込んだ上で、聞きやすく通る声（大きな声やどなるような声ではなく力のある安定した声）で、「間」をとってゆっくりと読み、語ることです。

　ただ、次のような注意や配慮は必要です。絵本の場合、本を動かすと画面への集中を妨げることになります。また、一つの見開きに複数場面が描かれた画面の場合、文章に該当する場面が確認できるようにゆっくりと見せるなどの配慮は必要です。おはなしの場合も、たとえば、数の概念が十分にできていない幼児には、指で数を示してあげるなどは意味のある身振りになるでしょう。少し専門的になりますが、身振りにも「間」が大切です。たとえば、連続的に２人が登場するおはなしでは、登場人物が変わる身振りの「間」はうまく調整しないと、おはなしの流れが伝わりません。

　声優や俳優のように特別な訓練を受けた人ではない場合、自分では気付かずに、声の出し方や発音が悪く、目障りな動作をしていることもあります。一緒に活動している人に事前チェックをしてもらうことも必要です。

2 「声」でイメージを届ける

　「絵本を子どもたちに読む」とは、絵と言葉で一つの物語世界を子どもの心に届けることです。読み方においては、パワフルな絵ならパワフルに、静かな

絵なら静かに読み、会話文は絵で描かれている人物がイメージできるように、情景描写はその情景が広がるように心がけます。具体的な方法でいえば、たとえば文章のなかでは、まずキーとなる言葉を探し、その言葉には特に感情をこめます。擬音語や擬態語はリズムや響きを大切にします。

　全般的には、声の大小、強弱、高低、長短、声の調子、間の取り方などに気を配りながら読み、語ります。心をこめた読み方とはそうした読み方です。加えて、物語の構成にも注意し、クライマックスや結末は、それがきちんと伝わるように心がけましょう。

　おはなしも同様です。おはなしの場合は絵がありませんから、語り手のなかでイメージをつくり、そのイメージを言葉で届けることになります[*1]。聞き手の子どもは語り手の声が頼りです。「声」がドラマをつくるといっても過言ではありません。また、言葉の力の未熟な幼児は、語り手の「表情」も頼りにします。「表情」はおはなしを伝えようとする気持ちからあらわれますから、無理につくる必要はありません。よりよく伝えようと心がける気持ちが表情をつくります。

3 絵本を読んだりおはなしをするとき

　絵本は、何度も下読みをし、文章を暗記できるくらいにしておきます。おはなしも同様に完全に覚えておくことが原則です。おはなしの場合は、覚えておいたつもりでも、忘れたりちがった言葉が口から出てきたりすることもありますが、これは仕方のないことです。さりげなく言い直すか、そのまま語り続けましょう。「しまった」という「表情」をしたり中断したりすると、その場の雰囲気を壊すことになります。なによりも聞き手の子どもが不安定になります。

　子ども、特に幼児は、おはなしに興味をもつと発言や質問をしてきます。その場合は、その発言を認める意味で軽くうなずくことが大切です。ただし、話し相手をするのは控えましょう。その子とだけ話すことになって、他の子はつまらなくなりますし、何よりもおはなしが中断してしまいます。総じて子どもへの語り方は、聞きやすいように一語一語をはっきりと発音し、「間」を取って、ゆっくりすぎるくらいに話してちょうどよいといえます。言葉の力がまだ十分にそなわっていない子どもは、早口にはついてくることはできません。

（永田桂子）

＊注1．松岡享子『お話を子どもに』日本エディタースクール出版部、1994

質問37

学校でおはなし会を行うボランティアをしています。もっと、公共図書館に支援をしてほしいのですが……

1 公共図書館で行われている支援

「隣の市の図書館では、ボランティアグループにこんなサービスがあるのに、自分の市ではしてくれない」ということをよく耳にします。団体貸出を行っている、図書館内にボランティアの部屋がある、ボランティアを担当する職員がいる、定期的にボランティアグループとの連絡会がある、学校とボランティアと図書館の三者の連絡会議がある、図書館員がボランティアとともに学校等へ出かけておはなし会に参加する、ボランティア対象の研修があるなど、市町村によって支援内容は異なります。

人員、予算が限られた図書館の厳しい現状のなかで、苦情ばかりが聞こえてくると、図書館とボランティアグループの間に深い溝ができてしまいます。

ボランティアグループは「〜してくれない」と苦情を言うのではなく、今、その市町村の子どもの読書活動を広げるには何が最優先なのか、ボランティアグループが行っている活動をより充実させるには何が必要なのかという視点で図書館と話し合いを重ね、現状のなかでできることを一つずつ増やしていくことが重要です。一方、図書館は、ボランティアの要望を苦情と捉えず、グループの要望を聞き、意見交換の場をもち、必要だと思ったことに対しては、実現に向けてさまざまな工夫を行うことが、地域の読書活動の充実につながります。

2 団体貸出

それらの支援のなかで、多くの市町村で行われているのが、学校やボランティアグループなどの団体に対して行う団体貸出です。グループのカードを発行し、50冊、100冊などの制限冊数を設けて貸出が行われ、返却期限も1か月など一

般の貸出期間より長いことが一般的です。学校でおはなし会を行うボランティアは、学校図書館の蔵書には限界があり、また個人の本では自己負担等の問題があるため、公共図書館の本を使うことが一般的ですが、ボランティアが学校でおはなし会を行う前に、読む本を検討し、練習するためには、通常の冊数や期間ではたりません。また、学校のおはなし会で読んだ本は、もう一度読みたい、1人で読んでみたいという子どものために、おはなし会終了後も子どもが手に取れるようにすることが必要です。

　ボランティアが学校でおはなし会を行った後、学校図書館にその本を置き、子どもたちが自由に読み、一定期間後、公共図書館と学校図書館の間を走る連絡車が本を回収するという仕組みをつくっている事例もあります。これは、学校図書館に「人」がいて、図書館間に連絡車が巡回することで可能になります。

3 研修

　研修も多くの図書館が行っている支援です。入門講座については、講座を受けた人たちが、既存のボランティアグループに参加したり、新しいボランティアグループをつくったりできるように、地域のボランティアグループと図書館が連携する必要があります。また、すでに活動しているボランティア対象の講座では、ボランティアと図書館が話し合い、今、何が必要かについて共通認識をもって企画し、開催することで充実した講座になるでしょう。

4 支援から連携へ

　ボランティアグループは、図書館から一方的に支援を受ける立場ではなく、自分の市町村の図書館がどうあるべきかを考え、利用者として図書館をつくっていく立場にあるといえます。市民の知る権利を保障し、市町村の読書文化の中核を担うべき公共図書館の活性化のために、積極的に発言していき、図書館のよきパートナーとなることが読書活動の発展につながります。日本では、1960年代から家庭や地域の公民館などで子どもの本を借りることのできる家庭文庫、地域文庫が発展し、地域の子どもの読書活動を推進してきた人たちが、各地の公共図書館づくりにも寄与してきた歴史があります。目の前の子どもだけの活動ではなく、地域全体の子どもの育ちのなかで読書活動を考え、公共図書館とともに活動していくことが重要です。

（土居安子）

[参考文献] 広瀬恒子『読書ボランティア　活動ガイド』一声社、2008

質問 38

学校図書館を活用した授業の実践例を教えてください。

1 すべての教科で使える学校図書館

　学校図書館は、児童生徒が学習課題を解決できる場という意味では、すべての教科で活用することができます。たとえば、小学1年生活科の「秋みつけ」で拾ってきたものを図鑑等で確認する、2年図工「『かさじぞう』の絵をかこう」でお地蔵さん等の写真や絵を参考に見る、3年国語「世界の民話を読もう」で民話を読んで紹介する、4年算数「折れ線グラフ」の例を本で見る、5年家庭科「5大栄養素について」や6年理科「地震と火山」で参考資料を調べるなどです。

2 調べ学習での活用

　このように教科学習を充実させるために部分的に学校図書館を使う実践のほかに、グループや個人でテーマを決め、調べたことをまとめて発表する調べ学習があります。その流れは以下の表になります。

	学校図書館での活動	利用指導
教材研究	教師が授業計画を立案するために、テーマに関わる資料を調べる	
テーマを見つけ、深める	参考書やインターネットを使ってどのようなテーマがあり、そのテーマはどう深められるかを考える	・資料の調べ方 ・さまざまなメディアの特徴と使い方
調べる	テーマに沿った資料を探し出し、調べながらメモにとる	・調べた資料のメモの取り方 ・インターネットの使い方(含：モラル)
まとめる	取ったメモや考えたことを配布資料やパワーポイントのような発表形態に作成する	・調べた資料の評価、まとめ方 ・表や図のつくり方 ・メディアの使い方
発表する	調べたことを発表する	・発表の仕方 ・相互評価

たとえば、小学5年生が、「産業」の発展学習として、個人でテーマを決めて調べ学習を行うとします。まず、学校図書館は、教師の授業立案のために、産業の種類や具体的内容など関連資料や情報を集め、提供します。そして、実際の授業では、児童がテーマを決め、絞ることができるように、資料を提供すると同時に、ブックトークなどの方法で資料の情報提供を行います。学校司書である筆者（右田）が関わったこの授業では、児童がカレンダー、紅茶、墨、冷蔵庫、飛行機、スナック菓子、水着などをテーマに選び、その製造過程や歴史についてまとめました[*1]。その際、公共図書館や市内の学校図書館の資料も使って集め、新聞、雑誌、小冊子類も用意します。そして、個々に調べる前に、資料の探し方、索引や目次の使い方、資料のメモの取り方、インターネットの使い方などの指導またはその支援を、司書教諭、授業を行う教師と連携して行います。このような実践例は『学校図書館の活用名人になる　探求型学習にとりくもう』[*2]等の本で知ることができます。

3 読書活動での活用

学校図書館を使った授業実践のなかには、読書活動の事例もあります。国語授業の発展学習として関連の作品にふれるために学校図書館を使うことはもちろんのこと、6年生が1年生に本を紹介したり、読み聞かせをしたりする実践や、読書のアニマシオン、読書郵便、読書会など、読書の楽しさや深さを共有する活動があげられます。これらについても『初めての読書指導』[*3]など、多くの参考図書が出版されています。

4 学びかたを学ぶ学校図書館

学校図書館を使った授業を通して、児童・生徒は自ら疑問をもち、その疑問を深め、さまざまな情報を駆使して調べ、解決し、人と共有するという情報活用能力、つまり「学び」の基本を体験することができます。（右田ユミ・土居安子）

*注1．『「新しい教育」の実践を語る〈報告〉』学校図書館を考える会・近畿、2004
*注2．全国学校図書館協議会、2010　　*注3．福田孝子著、全国学校図書館協議会、2012
[参考文献]
　山形県鶴岡市立朝暘第一小学校編著『みつけるつかむつたえあう　学校図書館を活用した授業の創造　学校図書館活用教育ハンドブック』国土社、2006
　植松雅美編著『思考力・判断力・表現力が育つ学校図書館活用の新しい授業』学事出版、2010
　Webサイト：東京学芸大学学校図書館運営専門委員会「先生のための授業に役立つ学校図書館活用データベース」

質問 39

学校図書館の本が古くて、子どもたちがあまり利用しません。
図書購入予算が少ないのですが、
少しでも魅力的な図書館にしたいです。

1 本の廃棄

　学校図書館の運営に関わっている方で、図書購入予算が十分でないことに頭を悩ませている方は少なくないでしょう。装丁や情報の古くなった本に子どもたちが積極的に手を伸ばさないのは当然のことです。利用されることのない本をずらりと並べていても、子どもたちの足は遠のくばかりです。魅力ある図書館づくりの第一歩として、まずは本の廃棄をおすすめします。

2 廃棄のための組織と基準

　学校図書館の本は公費で購入されたものです。廃棄基準を作成し、成文化しておくことが必要です。その際、全国学校図書館協議会（全国SLA）が定める「学校図書館図書廃棄基準」（1993年1月制定）が参考になります。ここには「蔵書の点検評価に伴い図書を廃棄する場合には、個人的な見解によることなく客観性のある成文化した規準にもとづき行わなければならない。」とあり、「一般基準」「種別基準」「廃棄の対象としない図書」に分けて具体的に記されています。廃棄の際は、学校内の選書や廃棄を検討する組織で、基準に基づき、決められた手続きで実行します。

3 廃棄後の工夫

　思い切って廃棄を行えば、書架にスペースが生まれます。これを一つのチャンスと考え、工夫をすることが可能です。たとえば、書店によくあるポップを作ることができます。本のおすすめコメントや、作家の紹介、シリーズのタイトル紹介などが並ぶと、本選びに困っている子どもへの支援になります。また、

表紙を見せて配架すると、本の魅力が伝わりやすくなります。また、どんぐりや道具類など、本と合わせて実物資料を展示することも工夫の一つです。

4 学校図書館における選書

　一方で、限られた予算でどのように本を購入するかも大きな課題です。学校図書館が「学習・情報センター」と「読書センター」の二つの機能をもつことを踏まえた上で、蔵書構成を考えます。学校の教育目標、地域性、カリキュラム、学年ごとの読書傾向、学校での読書教育の方針等にしたがって、独自の選書基準を作成し、児童や教職員の要望も日ごろから把握しておき、選書を行うための組織で選ぶことが、望ましいといえます。

5 少ない予算を補う工夫

　子どもたちの「知りたい！」「読みたい！」という知的好奇心に応えるためには、少ない予算では不十分です。このような場合、力強い助けとなるのが地域の公共図書館からの支援です。各自治体によってさまざまな制約があるでしょうが、子どもたちの学びをともに支えるために、連携体制を整えていきたいものです。団体貸出、協力車の運行、インターネットによる予約サービスなどがあります。また、公共図書館からのリサイクル本を活用することもできます。加えて学校図書館間での相互貸借も資料の有効活用につながります。

6 学校図書館内での工夫

　読みたい資料を手に入れることができる「予約制度」も大切です。常に貸出中の人気の本でも、市内の公共図書館から借りることができるこの制度は、「使える学校図書館」への大きな一歩となります。
　購入予算を増やすための努力を続けることはもっとも重要ですが、予算が少ない中でも、魅力的な図書館づくりをするためにはさまざまな工夫が可能です。まずは、学習しやすい環境、読書を楽しめる環境づくり、限られた予算のなかでの選書、そして、相互貸借等を利用した本を手に入れる工夫、そして、もっとも重要なのが、「人」の存在です。司書教諭、学校司書が中心となって、教職員全員が学校図書館に対する理解を深め、活用することができる体制づくりが必要です。また、ボランティアと連携しながら読書活動を行うことができれば、魅力的な学校図書館になるでしょう。

（安田友里・土居安子）

質問40 ブックトークと本の紹介はちがうのですか?

1 ブックトークは本を紹介する方法の一つ

　ブックトークは、訳すと「本の話」、つまり本の紹介です。「ブックトーク」という言葉を使うのは、これまでの本の紹介方法と少しちがう要素や視点を含んでいるからです。ブックトークでは、テーマを決めて、数冊の本を、順番を組み立てて、複数の聞き手に紹介します。つまりテーマ、複数冊、順番性がある、集団対象という要素を含むのが特徴です。この4つの要素が、ブックトークという本の紹介方法の利点をひきだします。

　聞き手の関心や成長に合わせたテーマの設定は、「知りたい、読みたい」という積極的な気持ちをひきだします。順番を組み立てて複数冊紹介することで、テーマを多角的な視点で見たり、テーマについて深く考えたりすることができます。また、1冊だけを紹介する場合よりも、1冊1冊の特徴や魅力がより強く伝わり、聞き手の「これを読みたい」という主体的に選ぶ気持ちにつながります。

　おはなし会で読む本は内容も冊数も限られますが、ブックトークでは、絵本、読み物、知識の本、昔話、写真集など多様なジャンルをとりあげることができ、分厚い本も薄い本も、読書の難易度も取り混ぜるなど、幅広い紹介ができます。また、クラス単位やグループを対象にすることで、読書相談に来る子も来ない子も、全員にむけての読書案内ができます。

2 ブックトークの方法

　ブックトークの準備は、1. テーマを決める　2. 本を選ぶ　3. 順番を考える　4. シナリオを書く　5. 実演の練習をするという順番で行います。

　まず、聞き手を想定して状況や時期に適したテーマを決めます。テーマが

決まれば本を選びます。知っている本だけでなく、ブックリストや検索を活用して、ジャンルの多様性、新刊や古典、読みやすさのグレード、表紙や装丁などビジュアル面にも目配りして、幅広く選書します。少なくとも50冊以上に目を通し、20冊ほどは精読し、数冊を選ぶ段取りでしょうか。テーマを立てるのがブックトークの特徴ですが、中心となる1冊を選び、そこから関連づけて展開する方法や、各冊を連想ゲームのようにつなげていく方法もあります。本が決まれば、展開を考えて順番を組み立てます。

次に、順番に添ってシナリオを作成します。長く紹介するもの短く紹介するもの、写真や図版を見せるもの、一部を読むものなど、メリハリをつけた構成にします。声が十分届き、内容をきちんと伝えられるように、表現の仕方を練習しておくと実演がスムーズです。

3 紹介したい本をストックしておく

ブックトークの解説本にはシナリオが掲載され、「この通りに覚えてそのまま実演できます」と紹介されたりしていますが、見本のシナリオを覚えて演じる技法に疑問を感じます。自分で選んだ本を、自分の言葉で、聞き手に合わせた表現で伝えるのがブックトークです。シナリオをていねいにつくることは大切ですが、本を入れ替えたり短いバージョンにしたりするなど、聞き手の状況に合わせて臨機応変に変更します。このライブ感もブックトークの魅力です。

本を選び、本を紹介するためには、日頃からテーマやキーワードを意識して読み、「この本を紹介したい」というストックをもっておくことが大事です。記憶にとどめるだけでなく、記録して使いやすいように整理して蓄積しておきます。簡単な整理でも、解説やメモのついた自前のブックリストほど役に立つものはありません。また、自分だけの視点では範囲が狭くなりがちですので、周りの人に尋ねるのもよい方法です。異なる視点からの本を紹介してもらえます。

ブックトークは特別な技法ではありません。まずは数冊の本の紹介からはじめて、ストックからさまざまな本を選び出せるようになったら、シナリオを組み立ててブックトークに挑戦してみてはいかがでしょうか。　　（川内五十子）

[参考文献]
学校図書館問題研究会「ブックトークの本」編集委員会編『ブックトーク再考』教育史料出版会、2003
徐奈美『今日からはじめるブックトーク』少年写真新聞社、2010
「この本読んで！」編集部編『ひと目でわかるブックトーク』ＮＰＯ読書サポート、2012

質問 41

「一番短くて読書感想文を書ける本を紹介して」と言われたら、どう答えたらいいでしょう?

1 「短い本」で読書感想文が書けるでしょうか

　その子どもは、「ぱっと読んで、ぱっと書ける本」を求めているように思われます。感想文のために「短い本」を希望する子どもの多くは、短いと簡単に書けると思いこんでいますが、短い本が必ずしも感想文が書きやすい本とは限りません。大事なのは作品の長さではなく、本との出会いによって心が動かされ、深く考えた本こそ、感想を書くことができます。このことをふまえた上で、ジャンルにこだわらず、その子の関心のあるテーマで、短くて読みやすく、かつ深い出会いができると思われる本をすすめます。

　短くても完成されたすぐれた作品は、たくさんあります。絵本も対象になります。感想文は本に対して書くのでははく、一作品について書くのですから、短編集のなかの一つの作品でもいいと思います。

　たとえば、『すみれ島』*1『バスラの図書館員　イラクで本当にあった話』*2のような戦争や平和をテーマにした絵本は、高学年の子どもにこそすすめたい本です。彼らは、これまでに戦争のことや歴史のこと、世界のことを学んでいます。そこで、これらの本をきっかけに、これからの平和を築く上で、自分はどうすべきなのかということを考えられるようになります。

　あるいは、『雪の写真家ベントレー』*3『あたまにつまった石ころが』*4のような人間の生き方を描いた絵本も高学年向けです。とりあげられている人が有名か無名かにかかわらず、人間のひたむきな生き様を著したすぐれた絵本は、読者の心に残り、生き方のヒントを与えてくれるかもしれません。

　また、写真絵本の中にも、科学的、社会的なテーマを扱い、感想文を書くのに適しているものもあります。テーマで集められた、さまざまな作家によるアンソロジーもあります。宮沢賢治、新美南吉、芥川龍之介など近代文学作家の短編も作品集や絵本で読むことができます。

もちろん、富安陽子やディック・キング・スミスなど、中編、長編でも読みやすく、子どもの気持ちに寄り添える本も多くあります。

2 読書感想文とは

　本をじっくり読み、そこに書かれていることを十分理解した上で、自分はどう思ったか、自分ならどう考えるかということを文章表現したものを読書感想文といいます。発達段階によって変わりますが、本を読むなかで、主人公や著者と対話したり、自分のこれまでの経験や考えと結びつけ、感想のみならず、自分の意見を書いたりすることが求められます。ところが、実際は読書感想文ってどうやって書いたらいいのかわからないという声がよく聞こえてきます。教師が読書感想文の課題を出す前に、さまざまな例にふれ、構成や表現などの書き方を指導すると、子どもは書きやすくなるでしょう。

　また、読書感想文を書く前の読書をする段階で迷ったり、困ったりする子どもたちも少なくありません。本を読んでいても、その先の感想文が気になり、読書が楽しめずに本が嫌いになるのではないかという批判もありました。そうならないための手立ても必要だといえます。

3 心を揺さぶる本との出会いを

　はじめに、本を選び、読むことが必要になります。毎年、青少年読書感想文全国コンクールの課題図書は定められていますが、それに捉われず、自分自身が興味関心をもてる作品を選ぶことです。読書には個人差があり、その人の心を揺さぶるような本、その人にとっておもしろい本はそれぞれちがいます。読める本のグレード、ボリュームにも個人差があります。たとえ読書感想文を書くためでも、読んでおもしろい本、読んでよかったと思える本に出会うことが大切です。

　低学年でしたら、主人公や登場人物に寄り添えるような物語、高学年でしたら、筆者と対話できるような読み物や自分の世界を広げてくれるような読み物を紹介します。読書が苦手な人には、はじめは自分の好きなことが書かれた本を紹介します。物語だけでなく、科学読み物や伝記など、さまざまなジャンルの本から選べるように配慮します。

（石田ユミ・土居安子）

＊注1．今西祐行作、松永禎郎絵、偕成社、1991
＊注2．J・ウィンター絵と文、長田弘訳、品文社、2006
＊注3．J・B・マーティン作、M・アゼアリアン絵、千葉茂樹訳、BL出版、1999
＊注4．C・O・ハースト文、J・スティーブンソン絵、千葉茂樹訳、光村教育図書、2002

質問 42

講師を依頼して講演会を開きたいのですが、どのように交渉して、どのように進めていけばいいですか?

1 講演会の設定、依頼、講演会、事後処理の手順

　まず、講演会の目的を、はっきりとさせましょう。誰のために、どういう人にどのような内容で依頼をするのかを頭において、準備にかかります。
1）講演会の目的：どんなテーマで、何人ぐらいの規模の会にするのか
2）時期：いつごろを予定しているのか
3）講師の依頼：作家、画家、語り手、子どもの本の専門家など(後述)
4）会場：講師を決めて、会場の予約をする。会場で使える機器を調べる
　　　　　マイク、OHP、パワーポイント、照明など
5）経費：講師謝礼、会場費などの経費、受講料を決める(後述)
6）保育：実施するなら、別の部屋と保育する人を確保する
7）広報：ポスターやビラの作成、配布
8）本の販売、サイン会(地元の本屋さん、講師本人から出品など)
9）講演会の記録：録音・撮影は講演者の許可を取っておく。記録の発行
10）事後処理：会計処理と報告、関係者などへのお礼状など

2 講師依頼の方法

　講師依頼の前にはっきりさせておく必要があるのは、講演の内容、日時、講演時間、謝礼の額、交通の便などです。日時を講師の都合に合わせることができるのか、できないのかによって、交渉のやり方が変わってきます。できれば、複数の候補日を用意しておくといいでしょう。1年ぐらい前から交渉すると、講師のスケジュールがあいている可能性が高いかもしれません。
　講師としては、作家や絵本作家、子どもの本の専門家などに依頼することになりますが、そのやり方はいろいろです。他で開催されている講演会を調

べて参加し、ふさわしいと判断したうえで、講師に直接会ってお願いするか、主催者を通して住所を教えてもらうのは手堅いやり方です。講演会のニュースを発信しているサイトは、以下です。参考になると思います。

- 大阪国際児童文学振興財団〈全国のイベント紹介〉http://www.iiclo.or.jp/
- JBBY（日本国際児童図書評議会）〈催事のご案内〉http://www.jbby.org/index.html
- やまねこ翻訳クラブ〈イベント情報〉http://www.yamaneko.org/info/index.htm

3 講師の謝礼

　謝礼の額は、大変デリケートです。人によっては、自分で決めておられる場合がありますが、多くはそうではないので、依頼者側から提示することになります。依頼者の状況はいろいろなので、率直に支払える額を相手に伝えてみるといいでしょう。講演時間は、１〜２時間でも、講師にはまる１日以上の仕事になることを考えて、設定する必要があります。

　主催者は経費が必要ですが、公的な助成金に応募するには、年ごとに締切日があるので、間に合うよう企画を立てる必要があります。また、図書館など関係団体との共催も考えられます。

　講演者の見当がつかない、住所がわからない、連絡方法がわからないなどの問いに答えるのは、なかなか難しいです。日本児童文学者協会、日本児童文芸家協会、日本児童出版美術家連盟、日本児童文学学会、日本イギリス児童文学会、絵本学会、JBBYなど、各種専門家の団体では名簿が発行されていますが、会員向けのものであり、個人情報のアクセスは容易ではありません。特に、あまり講演をしていない作家・画家などの場合は、やむをえず出版社などに手紙を送り、転送のお願いをしたことがありました。

4 どんな講演会が考えられるか

　講演会を企画するのは大変ですが、その過程でいろいろな出会いがあり、すばらしい経験になります。多いのは「１人の作家や画家」に話を聞くやり方ですが、「複数の作家や画家」に対談をしてもらったり、原画展や子ども中心のイベントなどとの同時開催も考えられます。

　また、取り組みたいテーマのあるときは、一つのテーマを設定して、「立場の異なる複数の講師をたてる」、あるいは「連続講座にする」など、企画力が必要な会も考えられます。

（三宅興子）

質問 43

朝の読書の時間に、本を持ってこない子や読書に集中できない子がいます。どうしたらいいでしょう。

1 なぜ本を持ってこないのか

　この理由は三つ考えられます。一つは、本を読むこと自体に関心がもてないため、もう一つは、教室で本を読むことに抵抗感があるため、そしてもう一つは、読みたい本がないためです。

　読書が強制や苦痛と感じるのでは、朝の読書の当初の目的から離れてしまいます。日ごろから教室で「読み聞かせ」や本の紹介をしたりするなど本に親しむ機会を設け、自分の好きな本を好きなように読んでいいということをしっかりと伝えます。読書の意義を伝えつつ、無理をせず時間をかけて見守ることが大切です。

　二つ目は、他の人に読んでいる本がわかる、読書というきわめてプライベートなことを一斉に行うことに抵抗があるということであると思われます。思春期に入ると、この傾向は強くなります。教師がこのことを理解し、お互いのプライバシーを尊重する読書環境をつくることが求められます。

　一方、読みたい本が見つからない子どもに対しては、本のある環境が整備されることが必要です。学級文庫が充実していればよいかもしれませんが、限界があります。書店で好きな本をいつでも買ってもらえる子どもも、ごく少数です。やはり、もっとも身近である学校図書館にさまざまな読書経験の子どもに対応した「おもしろい」本が豊富にあることが、鍵になります。そして、ひとりひとりの子どもの読む力や、興味関心にそって、本を紹介してくれる「人」が大きな役割を果たします。まずは、クラス担任が紹介者として期待されますが、そのためには教員が読書活動を理解し、本を知るための校内研修等も必要になってきます。

　また、学校図書館に人がいる場合は、来館する子どもに適書を紹介するだけでなく、クラスごとにブックトークなどを行い、本のおもしろさを伝える

ことも可能です。本が豊富で、紹介してもらったり、相談できたりする人がいれば、子どもたちが、同じ作家の本や同じジャンルの本だけでなく、ちがうタイプの本を自ら選んで、読書の世界を広げていきます。

2 読書に集中できない子への取り組み

　小学校低学年の児童のなかには1人で1冊の本を読み切ることが難しい子どもがいます。彼らにとって、教師に本を読んでもらうことは、本のおもしろさに気付き、自分で読んでみようと思うことにつながります。また、クラス全員で1冊の本を楽しむ経験をすることで、その本が話題になり、さまざまな本の楽しみ方の交流が可能になります。

　中学年で、長い物語になかなか手が伸びない子どもに対しては、教師が数日かけて1冊の本を読むことによって、長い物語の楽しさが伝えられます。読んでもらった物語をもう一度自分で読んでみたいと、あとで本が引っ張りだこになることもしばしばです。また、冒頭を読んで本を紹介することや子ども同士で本の紹介をすることも、ひとりひとりの個の読書につながります。

3 朝の読書とは

　今では多くの学校で取り組まれている朝の読書ですが、もともとは千葉県の高校で、2人の教諭によって提唱された、朝（始業前）に学校内で一斉に10分間の読書を行うという取り組みです[*1]。

　「1、みんなでやる　2、毎日やる　3、好きな本でよい（雑誌やマンガは除く）　4、ただ読むだけ」という四原則のもとに行われ、落ち着いた雰囲気のなかで授業に入れることや、本のおもしろさを知り、本を読むことが習慣になるなどの効果が紹介され、全国の小・中学校、高校に広がっていきました。

　ただ、「朝の時間に本を読む」ことは広がったものの、教師不在で子どもたちだけで行ったり、全校一斉でなかったりするために、読書に集中しづらい環境であるということなど、取り入れる学校によっては問題もみられます。校内の読書環境の整備やこの活動の意義も含めて、校内でしっかり協議し、目的を押さえた上での実施体制が必要です。

（石田ユミ・土居安子）

*注1．船橋学園読書教育研究会編著『朝の読書が奇跡を生んだ』高文研、1993
[参考文献] 林公『朝の読書　その理念と実践』編集工房一生社、2007

質問44

子どもが学校で「津波」について調べることになりました。近くの図書館で教えてもらえますか？

1 図書館は調べ方を教えてくれます

　図書館は答えが見つかるための調べ方や参考文献を示し、自分で調べることができるところです。まずは、職員に相談するところから始めましょう。

2 相談窓口に行く

　図書館には調査・相談（レファレンス）のカウンターがあり、調べ方について相談にのってくれます。何をどんな目的で調べたいか、すでにどこまで調べたかをはっきり告げることで、的確な資料が紹介してもらえます。
　たとえば、「津波」であれば、①津波が起こる仕組み、②津波の種類、③これまでに起こった世界の津波、④これまでに起こった日本の津波・東日本大震災における津波、⑤津波の被害、⑥津波の予測、⑦津波のための防災、⑧津波からの救助、⑨被害後の人々の生活、⑩体験談、などが考えられます。

3 本を探す

　これらのテーマの本は、書名に「津波」と含まれている本を探すのはもちろんのこと、津波は地震によって起こるため、「地震」「震災」「防災」「災害」などが書名に含まれる本を探します。すると、『3.11が教えてくれた防災の本　2　津波』[*1]『津波は怖い！みんなで知ろう！津波の怖さ』[*2]などの本が出て来ます。また、同時に、それらの本に付されている分類番号を見て同じ番号の本を探すと、たとえば、369という番号で『「あの日」のこと』[*3]という津波が起こった後のがれきのなかでの人々の証言を写真と文で綴った本などが出て来ます。
　これらの目次、索引を見ながら、探したいテーマがあるか確認すると同時に、

参考文献で気になる本を探し、同じテーマについて複数の本を探しだします。その際、科学的な本は情報が古いと新しい研究成果が反映されていないため、できるだけ新しい本を探します。

また、「子供の科学」(誠文堂新光社)や「月刊ジュニアエラ」(朝日新聞出版)「月刊Newsがわかる」(毎日新聞社)「週刊そーなんだ」(デアゴスティーニ・ジャパン)などの雑誌の特集にも目を通すと最新の情報が得られます。また、映像資料にも関連資料があります。

4 広がる好奇心

図書館の興味深いところは、このように一つのテーマに対して複数の資料が手に入り、多様な角度からテーマに迫ることができるだけでなく、一冊の本から興味・関心が広がったとき、それらの資料も手に入れられるところにあります。たとえば、『津波ものがたり』*4は、過去の津波の様子をフィクションとして描いた短編と津波の仕組みや防災についての科学的な解説が交互に書かれています。この本の物語の部分に興味をもったら、稲村の火をテーマにした絵本『津波　TSUNAMI!』*5や奥尻島の地震をテーマにした『ぼくらの町がきえた』*6などがあります。調べているうちに宮沢賢治が東北の出身であり、生まれる年と亡くなった年に大地震があったことを知り、賢治の作品に興味をもつかもしれません。災害救助犬の震災直後の活動をルポルタージュした『災害救助犬レイラ』*7を読んで9.11時のニューヨークでの災害救助犬の物語『救助犬ベア』*8や「しらべよう！はたらく犬たち」シリーズ*9に手を伸ばす可能性もあります。調べているうちに大人の本を読む人もいるでしょう。

5 図書館を使いこなす

図書館は、知りたいと思ったことや疑問に思ったことなどを、誰でも無料で調べることができるところです。これは、図書館が市民の「知る権利」を保障する場所だからです。大人も子どもも調べる楽しみを知り、図書館をどんどん活用してほしいと願います。

(土居安子)

*注1．片田敏孝監修、かもがわ出版、2012　*注2．港湾空港技術研究所監修、丸善プラネット、2012改訂　*注3．高橋邦典写真・文、ポプラ社、2011　*注4．山下文男著、童心社、2011改訂新版　*注5．キミコ・カジカワ再話、エド・ヤング絵、小泉八雲原作、グランまま社、2011
*注6．小林陽子作、新日本出版社、1998　*注7．井上こみち著、講談社、2012
*注8．スコット・シールズ、ナンシー・M.ウェスト著、吉井知代子訳、金の星社、2005
*注9．シリーズは全4巻、2巻は「災害救助犬・警察犬」日本救助犬協会編、ポプラ社、2010

質問45

近くの図書館で本を予約したのですが、なかなか手に入りません。なぜでしょう。

1 予約本が手に入らない理由

　ベストセラーの予約本のなかには、所蔵が数冊しかないのに100人を超える人から予約が入り、1年、2年待ちという本も少なくありません。インターネットやカウンターで問い合わせれば、状況はすぐわかります。

2 図書館の予約制度

　図書館には、読みたい本を手に入れるために予約制度があります。そのなかには、すでに地域の図書館が所蔵している貸出中の資料を予約するものと、所蔵がない本について他の図書館から借りる、または購入することを要求するものがあります。質問者は、図書館が所蔵している資料の貸出を待っている状況だと思われます。
　予約は、すべての人に求める本をできるだけ早く提供するという図書館の使命を実行するための制度であり、カウンターで貸し出すのみでなく、読みたいという要求を掘り起こし、その要求にできるだけ応えるためにあるのです[*1]。

3 予約制度に関する議論

　質問者が、予約をしたのに借りられるまでに時間がかかっているということは、その本が人気のある本であり、図書館の所蔵冊数が限られていることを示しています。このことについては、ベストセラー本を図書館が大量に購入することによって「本が売れない」という批判があり、2002年ごろにテレビや新聞で議論されました[*2]。そこでは、予約の多い本を大量購入することで、蔵書構成が偏る可能性があるのではないかという意見や、インターネット予

約によって来館者が本を借りられない状況をつくり出すことや、その処理に多くの時間を要することへの危惧が報告されました。それに対する反論としては、図書館のベストセラー本の購入は、実際の調査では全体の予算の限られた金額であることがあげられました。また、蔵書構成は、市民の要求を反映させながらつくり上げていくべきであり、非来館者も重要な利用者であり、インターネット予約の処理の省力化も工夫によって図れるというものでした*3。

限られた予算のなかで「読みたい」という要求にいかに応えていくかは、各図書館が考えるべき重要な問題ですが、ベストセラー本は時期を過ぎると貸出希望が減るため、図書館では購入冊数を決めるなど独自のルールをつくって、長く待ってでも借りたいという人に提供を行っているのが現状です。

4 図書館の貸出制度

予約によって本が借りられる図書館の貸出制度は、「図書館は、基本的人権のひとつとして知る自由をもつ国民に、資料と施設を提供することをもっとも重要な任務とする。」(図書館の自由に関する宣言)*4 という図書館の役割を果たすための制度です。この任務を果たすために、図書館では、資料収集の自由、資料提供の自由、利用者の秘密を守る、すべての検閲に反対する、ということを実践しています。誰もが無料で知りたいことを知り、読みたいものを読む権利をもち、そのことを人に知られることがないこと(プライバシーの保護)は、宣言にうたわれているように、国民主権の原理を維持発展させるために不可欠なものです。そして、この権利は大人だけでなく、子どもにもあてはまり、子どもも予約をすることができます。図書館や大人はそのことを子どもに知らせる必要があります。また、学校図書館でも予約制度が定着することが望まれます。

市民が地域の図書館をどのように使うか、どのような図書館になるかに大きく影響します。その視点で利用者として図書館に積極的な提言を行っていくことが大切です。

(土居安子)

* 注1．森崎震二他編『本の予約』教育史料出版会、1993
* 注2．手嶋孝典「NHKのお粗末な図書館認識」「ず・ぼん」9、2004年4月
* 注3．座談会「ゆらいでないか、常識の「原則」」「ず・ぼん」15、2009年11月、『公立図書館貸出実態調査報告書』日本図書館協会、日本書籍出版協会、2004　他
* 注4．日本図書館協会、1954採択、1979改訂

質問 46

図書館で「ヤングアダルト」という言葉を聞いたのですが、どういう意味ですか？

1 「ヤングアダルト」の意味は

「ヤングアダルト」とは、おおよそ12歳から19歳まで[1]の若い人のことです。思春期に入り、自分は「もう子どもではない」と思っていますが、まわりの大人からは「まだ大人ではない」と思われている年齢で、自我の芽生え、将来への不安、社会との軋轢、性の悩み、友だちや家族との葛藤などを抱えている時期です。略して「Y・A(YA)」ともいいます。「ヤングアダルト文学(ヤングアダルトを対象とした文学)」を指している場合もあります。

2 ヤングアダルト文学について

ヤングアダルト文学(以下、YA文学とします)は、児童文学と一般文学の間のジャンルで、もう児童文学を読む年齢ではないが、小説を読むのは難しく、読書離れしがちな思春期の若い人たちを対象に生まれた文学です。アメリカで生まれ、最初のYA文学はサリンジャーの『ライ麦畑でつかまえて』[2]だといわれています。思春期の若い人がアイデンティティを確立し、自己実現をめざすために向き合わなければならない大切なテーマである性・薬物・暴力・いじめ・自殺・病気・家出・家族・友情・恋愛・職業などがとりあげられて、読みやすく書かれています。

日本でも朝日新聞の書評「ヤングアダルト招待席」[3]や『赤木かん子のヤングアダルト・ブックガイド』[4]『YA読書案内 ヤングアダルト(13歳～19歳)にすすめる600冊の本』[5]などがきっかけになってYA文学への関心が少しずつ高まりました。ほかに『12歳からの読書案内』[6]『13歳からの読書 ヤングアダルト図書総目録』[7]などのブックリストも刊行されています。

最近のYA作品の特徴としては、一般書やライトノベルとの境界がますます

希薄になっていることがあげられます。そんな中でも「YA!ENTERTAINMENT」（講談社）、「SUPER!YA」（小学館）、「海外ミステリーBOX」（評論社）、「よりみちパン！セ」（イースト・プレス）などのシリーズがあり、YA読者のための本が出版されています。海外では、『怪物はささやく』*8や『墓場の少年』*9のように、挿絵がふんだんに使われ、「死」をテーマにした作品が出版されていることが新しい傾向としてあげられます。一方、日本では、中高校生のコミュニケーションの困難さを描いた作品が多く出版されており、あさのあつこ『一年四組の窓から』*10、笹生陽子『家元探偵マスノくん』*11、浜野京子『木工少女』*12、梨木香歩『僕は、そして僕たちはどう生きるか』*13などがあります。

3 ヤングアダルト・サービスについて

　ヤングアダルト・サービスとは、ヤングアダルトを対象とした図書館でのサービスで、図書館内にコーナーや部屋を設けて資料を置いて、特別プログラムなどを提供しています。資料は、この年齢の利用者の幅広い興味に対応し、小説、ノンフィクションのほかに、視聴覚資料、雑誌、マンガ、文庫本（ライトノベルなども含む）、実用書など多様な資料をそろえます。読書会や人気作家の講演会の開催、ホームページにYA専用サイトや役立つリンク集を設定したり、ツイッター発信を行ったりすることもサービスの充実につながります。イベントやブックリスト等を図書館員と10代の利用者がともにつくることも意味があります。さまざまな課題を抱えている若い世代が複雑で困難な大人社会に入れるように支援する場をコーディネートするスタッフとして、図書館員の継続的な研修もますます必要になっています。

（小松聡子）

＊注1．明確な規定はなく、13歳から18歳を指す場合もある。
＊注2．『キャッチャー・イン・ザ・ライ』村上春樹訳、白水社、2003など
＊注3．1987年から連載開始、赤木かん子と金原瑞人が執筆。
＊注4．レターボックス社、1993
＊注5．赤木かん子・金原瑞人・佐藤涼子・半田雄二編、晶文社、1993
＊注6．金原瑞人監修、すばる舎、2005
＊注7．ヤングアダルト図書総目録刊行会編集・発行、1982年から毎年刊行。
＊注8．シヴォーン・ダウド原案、パトリック・ネス著、池田真紀子訳、あすなろ書房、2011
＊注9．ニール・ゲイマン著、金原瑞人訳、角川書店、2010
＊注10．光文社、2012
＊注11．ポプラ社、2010
＊注12．講談社、2011
＊注13．理論社、2011

［参考文献］ルネ・J・ヴィランコート、アメリカ図書館協会公共図書館部会、ヤングアダルト図書館サービス部会共著『ヤングアダルト・サービスの秘訣』井上靖代訳、日本図書館協会、2004

質問47

教科書に掲載されているあまんきみこ作品の教育実践記録は、どうやって調べたらいいでしょうか？

1 国語教科書と児童文学

　活字離れといわれ、不読者(1か月に1冊も本を読まない人)の問題が指摘されるなか、国語の教科書はすべての子どもたちが児童文学作品に出会う貴重な場です。子どものころにあまり本を読まなかったという人でも、教科書に掲載された作品を懐かしいと思われる人は多いでしょう。

2 あまんきみこ作品の国語教材

　国語教科書の教材が検索可能なサイト、東書文庫(東京書籍株式会社附設教科書図書館)や神奈川県立総合教育センター「小学校国語教科書題材データベース」によると、あまんきみこ作品は、1971年度版に「白いぼうし」(『小学新国語5年上』光村教育図書、『小学校国語4年上』学校図書)、「小さなお客さん」(『新版標準国語3年上』教育出版)が掲載されたのが最初です。なお、教科書教材は、『教科書掲載作品13000』(日外アソシエーツ)、『教科書掲載作品』(同前)などでも調べることができます。

　以降、あまん作品は今日までに「ちいちゃんのかげおくり」「おにたのぼうし」「名前を見てちょうだい」「きつねのおきゃくさま」などたくさんの作品が教材になり、40年以上にわたって日本の子どもたちに親しまれてきました。日本を代表するファンタジーの書き手の1人として、その独特の世界観が教材として評価されてきたといえます。

3 雑誌の記事や特集、本の内容を探す

　では、あまん作品の教材研究や実践記録には、どのようなものがあるのでしょ

うか。

「国語の授業」72号(一光社、1986年2月)は「特集あまんきみこ」として、教材研究のための「あまんきみこ論」(清水真砂子)、「あまんきみこメモ」(古田足日)等を掲載しています。

「文芸教育」79号(明治図書、2000年8月)は、「あまんきみこを授業する」という特集号で、「これまでのあまんきみこ研究と優れた実践の紹介」(萬屋秀雄)という記事とともに、西郷竹彦の「白いぼうし」の授業実践記録が掲載されています。西郷竹彦は、女の子とチョウが重なって描かれている様子を子どもたちに意識させることで、ファンタジーについて考える授業を展開していきます。実践の軸の一つは、現実に潜むもう一つの世界(ファンタジー)について考え、その特質に迫ることといえます。

『文芸研教材研究ハンドブック』(明治書院)は、7巻(1985)で「白いぼうし」、18巻(1991)で「ちいちゃんのかげおくり」の特集を組み、また「実践国語研究」(明治図書)でも『『白いぼうし』の教材研究と全授業記録』(1992)、『『ちいちゃんのかげおくり』『まぼろしの町』教材研究と全授業記録』(1997)などを扱って、単元目標や指導内容、板書や発問に至るまで多角的にあまん教材に迫っています。近年のものでは、『文学の授業づくりハンドブック　授業実践史をふまえて』(渓水社、2010)の第1巻が「きつねのおきゃくさま」、第2巻が「白いぼうし」をとりあげ、これまでの授業実践の特質を整理しながらあまん作品の構造を解説。ここから、いずれの作品にも流れる登場人物同士のあたたかい気持ちの交流が、実践のもう一つの軸であることがわかります。以上は、国会図書館「雑誌記事索引」、国文学研究資料館「国文学論文目録データベース」、国際児童文学館「蔵書検索」などで調べることができます。

4 作者からのアプローチ

現代の作家について調べるには、「現代児童文学作家対談」のシリーズが基礎的な資料が網羅されていて便利です。第9巻が『あまんきみこ・安房直子・末吉暁子』(神宮輝夫インタビュー、偕成社、1992)で、インタビューと同時に、巻末に本書発行時点での著作目録とていねいな参考文献目録が掲載されています。また、「あまんきみこ童話集」全5巻(ポプラ社、2008)「あまんきみこセレクション」全5巻(三省堂、2009)もあります。

国民的作家ともいえるあまん作品については、児童文学・児童文化だけでなく、絵本や昔話・民話関係、国語教育など複数の分野から多様な論稿が書かれているのが特徴です。実践の方向によって調べてみてください。　　(遠藤　純)

書影　書誌一覧

第2章 ÷ 本をすすめる

質問25　『ピエールとライオン』　モーリス・センダック作　じんぐうてるお訳　冨山房　1986年
質問26　『じゃあじゃあびりびり』　まついのりこ作・絵　偕成社　2001年改訂
質問27　『三びきのやぎのがらがらどん』　マーシャ・ブラウン絵　瀬田貞二訳　福音館書店　1965年
質問28　『秘密の花園』　バーネット著　土屋京子訳　光文社古典新訳文庫　2007年
質問29　『墓場の少年』　ニール・ゲイマン作　金原瑞人訳　角川書店　2010年
質問30　『多文化に出会うブックガイド』　世界とつながる子どもの本棚プロジェクト編　読書工房　2011年
質問31　『どの本よもうかな？』　日本子どもの本研究会編　国土社　2000年
質問32　『読書ボランティア　活動ガイド』　広瀬恒子著　一声社　2008年
質問33　『ウエズレーの国』　ポール・フライシュマン作　ケビン・ホークス絵　千葉茂樹訳　あすなろ書房　1999年
質問34　『あおくんときいろちゃん』　レオ・レオーニ作　藤田圭雄訳　至光社　1967年
質問35　『ちびゴリラのちびちび』〈ほるぷ出版の大きな絵本〉　ルース・ボーンスタイン作　いわたみみ訳　ほるぷ出版　2003年
質問38　『学校図書館の活用名人になる』　全国学校図書館協議会編　国土社　2010年
質問40　『ブックトーク再考』　学校図書館問題研究会「ブックトークの本」編集委員会編　教育史料出版会　2003年
質問41　『雪の写真家ベントレー』　ジャクリーン・ブリッグズ・マーティン作　メアリー・アゼアリアン絵　千葉茂樹訳　BL出版　1999年
質問43　『朝の読書が奇跡を生んだ』　船橋学園読書教育研究会編著　高文研　1993年
質問44　『津波ものがたり』　山下文男著　箕田源二郎、宮下森画　童心社　2011年改訂新版
質問46　『キャッチャー・イン・ザ・ライ』　J.D.サリンジャー著　村上春樹訳　白水社　2003年
質問47　『車のいろは空のいろ　白いぼうし』　あまんきみこ作　北田卓史絵　ポプラ社　2000年

［各書影は大阪府立中央図書館国際児童文学館蔵書より］

3

本をえらぶ

質問 48

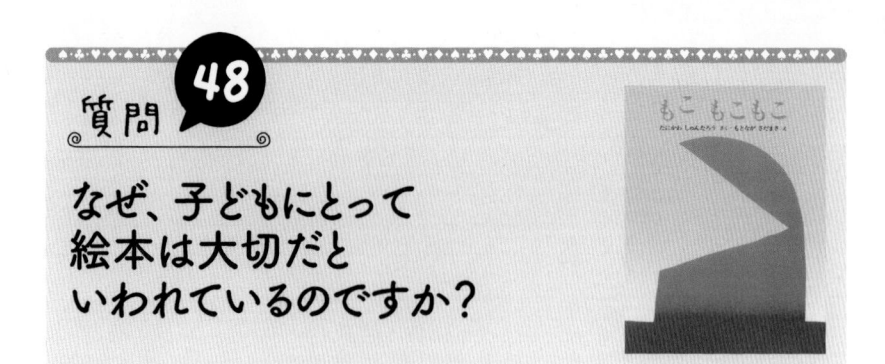

なぜ、子どもにとって絵本は大切だといわれているのですか?

1 絵本の大切さとは

　絵本は、他人への思いやりの気持ちを身につける、想像力を養う、好奇心を育てるなど、子どもの情緒や心を豊かにするものといわれてきました。また、絵本を通して知識や語彙が増え、読解力がつき、読書の入り口として本を身近に感じることができるといったこともあげられています。さらに、親と子のコミュニケーションとして役立ち、保育の場などでは遊びのきっかけとなるなど、人間関係をつくり出すツールとしても注目されています。加えて、昔話などの伝承文学にも、絵本を通してふれることができます。
　しかし、これらは、絵本だけがもっている特質とはいえません。では、絵本だからこその特徴とは、絵本の本質とはどのようなものなのでしょうか。

2 「絵」「言葉」「音」の総合芸術

　絵本は、絵と言葉が組み合わさってつくり出されたものです。絵本の楽しみはまず、絵と言葉が溶け合って生みだされる世界に読者が誘いこまれることにあるといえます。
　絵、言葉、音が未分化な発達段階にある幼い子どもは、絵本の絵・言葉・音を一体化させて受け止めることができます。たとえば、抽象画と擬音語・擬態語のみで構成された『もこもこもこ』(谷川俊太郎作、元永定正絵、文研出版、1977)は、大人にはよくわからないものかもしれません。しかし、幼い子どもと一緒に読むと、全身で受け止める子どもの姿と、そのエネルギーを引き出す絵本の力に驚かされます。
　つまり、絵本はいわば、総合的なアートです。子どもたちはそこから、人間にとっての原初的な感覚を、全身で感じとることができるのです。

3 情報を伝える、物語性をもつ

　絵本は、情報を伝える面と、物語性をもつという面をもっています。幼児は、よく知るものを絵本のなかに見つけては喜びます。現実のものと描かれているものが同じ言葉で表されるということがわかることは、成長の一歩です。そして、生活空間が広がるにつれて、『どうぶつのおかあさん』(小森厚ぶん、藪内正幸え、福音館書店、1981)や、『くだもの』(平山和子作、福音館書店、1981)など、少し物語性のあるものが楽しめるようになります。

　また、絵本には、非現実の世界へ読者を誘いこむものが、数多く見られます。マリー・ホール・エッツの『もりのなか』(まさきるりこ訳、福音館書店、1963)では、「ぼく」と動物たちとの散歩が進むにつれて、読者も森のなかへと誘いこまれ、また現実世界へと戻ります。「本」という形態は、その世界を閉じることができるものです。読者は、空想世界と現実世界とを自由に行き来するなかで、新しい物事の見方に気付くようになります。

　モーリス・センダックの『かいじゅうたちのいるところ』(神宮輝夫訳、冨山房、1975)のように、私たちの心の奥底にあるものをひっぱりだす作品があることも、絵本の特徴です。絵本の世界での物語体験は、子どもに充足感を与え、登場人物は新たな出会いをもたらします。それは、日常生活において時に困難なことを乗り越える力になると考えられます。

4 イメージの共有

　絵と文の組み合わせは、人間の誕生以来、私たちに共通のイメージを与え続けてきました。絵巻や寺院の地獄絵などでは、視覚イメージとして過去からの遺産を受け継ぐことができます。そこには、私たちの体験として次の世代へ手渡していきたいもの、根源的なものが凝縮して詰まっています。

　絵本ではさらに、言葉の響きとしても伝承されます。そして、「本」という形として蓄積されていきます。絵本が、子どものためだけでなく、大人にもひらかれたものになっているのも、自然なことといえるでしょう。

　子どもは、身近な大人に読んでもらうことで絵本と出会います。大人は、子どもと絵本を読むことで今までとはちがった見方に出会い、子どもと同じ絵本の世界を共有することによって、その大切さが実感できるようになります。

(鈴木穂波)

質問49 『はらぺこあおむし』を書いたエリック・カールについて教えてください。

1 世界で人気の『はらぺこあおむし』

　50以上の言語で翻訳されている『はらぺこあおむし』[*1]は世界で人気の絵本です。日本では、1976年に出版されてから、350万冊以上売れています[*2]。
　エリック・カール(以下カールとする)がどんな人かは、ホームページ(http://www.eric-carle.com/)で見ることができ、プロフィールや作品一覧のほか、2002年にマサチューセッツ州にエリック・カール美術館が開館していることもわかります。これは英語の情報ですが、カールは来日回数も多く[*3]、日本語の文献もあります。国立国会図書館サーチやCiNii[*4]を使って著者名や作品名で検索すると、作品も含めて200件を超える結果が提示されます。

2 『はらぺこあおむし』ができるまで

　自伝『子どもの夢を追って』[*5]によると、カールは1929年アメリカのニューヨークに生まれました。幼いころ、父親と自然のなかで過ごしたことで、虫や動物に愛情を感じ、後にこれらを題材にした絵本を多く創作します。6歳のとき、両親の故郷であるドイツのシュツットガルトへ移住し、ドイツの小学校に転入しますが、規範を重視した学校に息苦しさを感じました。戦後、シュツットガルトの美術アカデミーを卒業し、1950年にファッション雑誌のアートディレクターとなり、イラストレーターとしての経験を積みます。そして、1952年、故郷と思うニューヨークに戻ります。レオ=レオニの紹介で「ニューヨーク・タイムズ」の仕事に就き、幼稚園や小学校の教材の挿絵をきっかけに『くまさん、くまさんなにみてるの?』(1967)の挿絵を描き、『1、2、3どうぶつえんへ』(1968)を出版し、1969年に『はらぺこあおむし』を創作します。カールは第二次世界大戦中に過ごしたドイツ時代のつらい思い出を灰色と表現しており、

それゆえに色に魅せられ、色を多用した絵本をつくっていると述べています。

3 インタビューや作品論など

　インタビュー記事としては、雑誌「MOE」に何度もカールの特集記事がありますし*6、『英米絵本作家7人のインタビュー』*7や『海外の絵本作家たち』*8にも個別の作品についてのインタビュー記事が掲載されています。そのなかでは、色の魔術師と呼ばれるカールがコラージュのために薄い紙に着色し、それを色ごとに棚に入れて用意しているアトリエ風景や、いわむらかずおとのコラボレーションについて、ちひろ美術館に原画が所蔵されていることについてなどが書かれています。また、カールが子どもに絵本づくりの授業をしたルポルタージュ『エリック・カール：色の魔法を学ぶ』*9では、カールがどの子どもも芸術家であると考えていることがわかります。作品論は多くはありませんが、『はらぺこあおむし』を分析した石井光恵「あおむしはおなかがぺっこぺこ」*10や、カールの絵をグラフィックアートの観点から指摘した絵本作家の高畠純「作家カタログ　エリック・カール」*11などがあります。

4 エリック・カール作品の魅力

　カールは約80冊の絵本を出版していますが、そのすべてがカラフルな薄紙をコラージュしており、ことばは短くリズミカルで、くりかえしが楽しい作品です。そして、『だんまりこおろぎ』『ゆめのゆき』『こんにちはあかぎつね！』『パパ、お月さまとって！』などには、『はらぺこあおむし』同様、音が鳴ったり、画面が広がったりするなどのしかけがほどこされています。また、『たんじょうびのふしぎなてがみ』のように謎解きの要素のある作品もあります。このように、カールの絵本には読者が絵本に積極的に関わりながら読み進めるしかけが色鮮やかな世界での「遊び」として用意されていること、そしてその結末は「生きる喜び」に満ちあふれていることが特徴としてあげられます。つまり、読者を絵本のなかに誘い込んで、読者自らの力で新しい世界を拓いていくようにつくられていることが、カールの絵本が長い間世界中で愛されている理由だといえるでしょう。　　　（竹内　江）

*注1．もりひさし訳、偕成社、1976、1989改訂　　*注2．2013年6月現在、偕成社。
*注3．偕成社HPのエリック・カールスペシャルサイトに5回とあり。　*注4．国立情報学研究所学術情報検索サービス　*注5．偕成社、1992　*注6．14巻5号（1992）、22巻4号（2000）、29巻2号（2007）など。　*注7．レナード・S・マーカス著、長崎出版　*注8．『別冊太陽』平凡社、2007　*注9．NHK「未来への教室プロジェクト」著、汐文社、2003　*注10．谷本誠剛編『絵本をひらく　現代絵本の研究』人文書院、2006　*注11．『飛ぶ教室』24号、1987年11月

質問50 長新太について調べたいのですが、どのような資料がありますか？

1 絵本作家の資料探し

　長新太（1927-2005）は、『ごろごろにゃーん』や『キャベツくん』をはじめとして、500点を超える作品*1 を残している日本を代表する絵本作家です。絵本だけでなく、漫画やエッセイの連載も数多く手掛けていますので、その資料は膨大で、どこまで調べたいかによってその方法が異なってきます。今後、多くの研究が出てくる可能性が高い絵本作家といえます。

2 全作品についてのまとまった資料

　全体像を知る資料に、雑誌の特集があります。「飛ぶ教室」第7号（復刊「飛ぶ教室」2006年秋号）は、特集「ほぼまるごと一冊　長新太」として、荒井良二といしいしんじの対談、今江祥智・南伸坊・山下洋輔・田島征三などのエッセイ、長新太の日記、メモ帳、講演会の資料といったさまざまな角度からまとめられています。また、「別冊太陽」（平凡社）の特集「絵本の作家たちⅠ」（2002年11月）には、長新太へのインタビュー記事が収録されており、絵本の道に入るまでのエピソードのほか、特徴的な数点の絵本について語られています。
　没後の原画展開催時にまとめられた図録『ありがとう！チョーさん　長新太展ナノヨ』（朝日新聞社、2006）には、著作年代順に著作物がカラーで掲載されており、また2007年までの著作一覧や年譜が収録されていて、全体像を知る上で貴重なものです。
　村瀬学『長新太の絵本の不思議な世界』（晃洋書房、2010）は、長の代表作とされる作品を、発表年の古い順にとりあげて論じています。長の絵本には、絵本の読み手が絵を具象として認識するまでの「境界」をモチーフにしたものが多いことを例にあげ、その意味を分析した上で、「長新太＝ナンセンス絵本」

というこれまでの評価に疑問を投げかける、はじめての本格的な長新太論です。

3 より詳しく調べたいときには

　初期の情報を知るための文献には、「月刊　絵本」（1973年9月号、すばる書房）があります。長新太特集に掲載された作家や画家による評論やアトリエ訪問記などから、長の人と作品を知ることができます。同誌収録の安和子の文章や田島征三のあとがきのほか、「〈インタビュー〉長新太へきく」[*2]からは、彼の絵本が受け入れられにくかった当時の状況を読み取ることができます。
　さまざまな誌面で発表されたマンガやエッセイをまとめたものに、『長新太　怪人通信』（大和書房、1981）があります。作品の初出一覧がないのが残念ですが、絵本以外の仕事が一覧できます。また、「飛ぶ教室」34号（1990年春号）では「長新太大研究」特集として、巻頭に「長新太は死んだ方がいい」という鮮烈なタイトルが付けられた長新太作の架空座談会が収録されています。自分の絵本が「子どもに与えるのにふさわしくない」として、批判的に述べられていて異色のものです。ほかにも、宇野亞喜良と和田誠によるインタビュー記事や、太田大八と永田力の対談のほか、鶴見俊輔と河合隼雄の対談も収められており、ここでは「哲学的な絵本」という評価をされています。
　原画展の図録『ふしぎな長新太展』（ふくやま美術館、2002）には、略年譜、主な出版物一覧のほか、「話の詩集」「母の友」「ピーブー」「翼の王国」に連載された目録が収録されているため、より深く調べるときの資料として欠かせないものです。

4 日本の絵本の歴史とともに歩んできた絵本作家

　長新太はつねに絵本とは何かという問いを考えてきた作家ですが、ほかにもこうした参考文献資料の多い日本の絵本作家が何人もいます（赤羽末吉、安野光雅など）。絵本作家個人の作品の変遷を追うことは、日本の絵本史を知ることにつながり、また絵本のもっている多様な世界にふれることにもなります。お気に入りの絵本作家を見つけて調べてみてください。

（浅野法子）

*注1．宮内ちづる「強靭な魂　長新太の世界」『ふしぎな長新太展』ふくやま美術館、2002
*注2．インタビュー形式で綴られているが、実際には長の自問自答による文章。独自の絵本観を知ることができる資料。

質問 51

昔話絵本がたくさん出ています。選び方を教えてください。

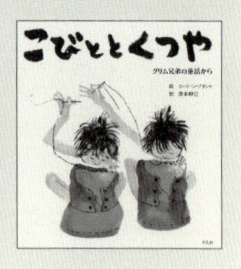

1 昔話の絵本化で大切なこと

　昔話は地域で語り伝えられてきたお話ですが、近代に入り、グリムの昔話のように採話されたお話集として広まりました。現代の子どもたちは、本のなかの昔話を語ってもらったり、絵本で読んでもらったりしています。語りと絵本とでは、文章もお話の楽しみ方もちがいます。昔話の絵本化では次の5つの観点が大切です。1. 類話のなかから絵本化する元のお話を選ぶ。2. 絵と文の役割をふまえ文章を書き直す。3. 元の昔話の語りのリズムや描写の特徴を表現する。4. 地域や民族や時代などの文化的背景を表現する。5. 絵本の構成を活かした絵画表現の魅力を発揮する。絵本化の実際を見て、昔話の絵本表現のあり方を考えてみます。

2 「こびととくつや」と「こびとのくつや」

　グリムの昔話の39番、*Die Wichtelmänner*は、直訳では「小人たち」という意味ですが、「こびととくつや」や「こびとのくつや」の題名で絵本化されています。日本でもおなじみのお話ですが、「こびとの……」と題された絵本が「こびとと……」よりもはるかに多くなっていて、読み物の「グリム昔話集」のほとんどが、「小人の靴屋」と訳されていないこと[*1]と対照的です。貧しい靴屋の苦境を救う小人は昔話に登場する援助者といえます。その役割や存在を正しく捉えていないと、昔話の本来から離れた「かわいい小人の靴屋さん」のイメージで描かれ、キューピッドのような赤ちゃん体型の小人や、裸ではなくタイツやボディスーツを着た小人が登場します。元の昔話の本質をどう捉えるかは、絵本化の出発点としてとても重要です。

　また、昔話の語りのリズムを絵でも表現することが大切です。小人の助け

で靴が倍々に増えていきますが、ブラントの絵本*2では、靴とお金が倍々になる経過を美しい絵解きで描くとともに、贈り物の衣類の品々も、耳で聞いて絵をたどることができるように、一つ一つていねいに描かれています。靴が一まとめにされてよく見えない絵では、お話のリズムを欠き、お話の魅力が伝わりません。多数の同じ題名の絵本が出ていますので見比べてください。

3 語りのリズムと描写の特徴

昔話の語りは、単純でわかりやすいのが特徴です。くりかえしのリズムを活かしたよくわかる文章になっているか、声に出して確かめてください。

対比が極端なことや具体的な描写がないことも昔話の特徴です。世界一美しいお姫さまの姿は、画家が昔話を解釈して描きますが、一目でお姫さまとわかる象徴的な表現が求められます。食べられたり殺されたりする場面もありますが、「食べられてしまいました」の1行だけで、血が流れたり傷ついたりする描写はありません。食べられた赤ずきんは、「オオカミさんのお腹って暗かったわ」と言って元気にとびだしてきます。事が終わると元に戻る昔話の世界を描くには、リアルな絵や細かな日常的な表現はそぐわないといえます。

4 地域や時代を絵で表現する

「トロル」や「とっけび」の出てくる外国のお話は、言葉を聞いても、その姿を思い描くことができません。トロルが絵に描かれることで、お話を理解して楽しめるようになります。『やまなしもぎ』*3は、「いげっちゃがさがさ、いぐなっちゃがさがさ」「げろり」「ざらんざらん」という方言や擬音が、奥山の沼の風景の絵と一体となって、岩手県花巻地方*4の風土を伝えています。地域や習俗などの文化的背景がしっかりと描かれていることが大切です。

5 絵本ならではの魅力

昔話絵本は、作家の解釈や表現力で、お話や登場人物の新たな魅力をひきだす可能性をもつ半面、元のお話を壊してしまうこともあります。昔話の絵本化に大切な5点は、昔話絵本を選ぶ5つの視点ともいえます。　　（川内五十子）

*注1．まほうをつかう一寸法師（金田鬼一）、こびとと靴屋（小澤俊夫）、小人たち（野村泫）など。
*注2．『こびととくつや』カトリーン・ブラント絵、藤本朝巳訳、平凡社、2002
*注3．平野直再話、太田大八画、福音館書店、1977
*注4．こどもの本WAVE編『楽しく創った!! 太田大八とえほんの仲間たち』メディアリンクス・ジャパン、2009

質問 52

しかけ絵本ならではの魅力はどこにありますか？

1 しかけ絵本の人気は途絶えたことがない

　読者がページをめくったり、引っ張ったり、ポップ・アップさせたりなどすると、場面が瞬時に変化し、しかけのスリルを楽しめる本を「しかけ絵本」といいます。人気があるのですが、おもしろい精巧なしかけほど壊れやすく、破損しやすいという欠点があったため、「まともな絵本」とは考えられてきませんでした。しかし、現在では、ロングセラーも出ており、しかけのクリエイティブな発想を評価するようになってきています。

　読者自身がしかけを動かすことで、絵本の世界に入りやすく、読んでもらうという受け身の本の読み方とはちがった本との関わりができます。大人の力を借りなくとも楽しむことができるので、しかけ絵本のあるところには、子どもが寄ってきます。特に、あまり本に興味をもたない子どもも誘い込まれてくるのは、しかけ絵本ならではの魅力です。

2 『はらぺこあおむし』と『コロちゃんはどこ？』——単純なしかけがあればこそ

　エリック・カール『はらぺこあおむし』(もりひさし訳、偕成社、1976)は、あおむしが食べ物をどのページでも食べていく物語で、食べたあとが丸い穴にカットされています。その穴に指を入れて、読者があおむしとともにむしゃむしゃ食べながらページをめくっていくと、最後にすばらしい結末が用意されています。そのために、おさえつけられて心のなかに溜まっていたものが解放され、うれしい気持ちになることができます《☞49》。

　エリック・ヒル『コロちゃんはどこ？』(まつかわまゆみ訳、評論社、1983)は、母犬が子犬の「コロちゃん」を探して、家のなかを探してまわって、ドアやピアノのふたなどのしかけをめくると、意外な動物がかくれており、最後にコロちゃ

んが見つかるまでの物語です。指でしかけがめくれるようになった幼児に刊行以来ずっと長く愛されている絵本です。

3 ブルーノ・ムナリのしかけ絵本

　イタリアのデザイナーとして著名なムナリは、1945年、息子のためにしかけ絵本を10冊つくり、9冊を出版（「ブルーノ・ムナーリ1945」シリーズ、谷川俊太郎訳、フレーベル館、2011〜12）しました。どれも物語の構造としかけがうまくマッチしており、ユーモアもあって、結末が見事に決まっています。そのなかの『たんじょうびのおくりもの』では、父親が家にたどりつくまで乗り物がページごとに変化していくのを推測する楽しみが加わります。

　文字なし絵本の『きりのなかのサーカス』（フレーベル館、2009）は、薄いトレーシングペーパーをめくる度に、見えていなかった風景が見えてくるしかけです。いずれも、絵本がもっている「めくる」おもしろさを最大限まで引き出し、いろんな形にカットしやすいなどの紙の特性を活かした造形としてすぐれたものです。ムナリには、展覧会の図録や『木をかこう』（須賀敦子訳、至光社、1982）などもあり、幼児からアートの専門家まで幅広い読者がいます。

4 多様なしかけが楽しめる『おばけやしき』

　しかけの醍醐味を存分に楽しめる絵本に、ジャン・ピエンコフスキー『おばけやしき』（でんでんむし訳、大日本絵画、1980）があります。それまでにしかけ絵本が開発してきたあらゆるしかけを総動員して創った手の込んだ作品です。おばけ屋敷のなかに入って出てくるまでの「こわい」場面の数々は、細部に発見があり、めくる、引っ張る、ポップアップする、紙のこすれる音がするなどしかけが多様多彩であり、前ページとのつながりが仕組まれていて、何度見てもその度に新しい発見があります。

5 しかけの奇抜さでなく、絵本としておもしろいものを

　しかけ絵本の多くは、当然のことですが、「しかけ」を売り物にしています。しかし、どれだけしかけそのものが奇抜で目新しいものであったとしても、それだけではすぐに飽きられてしまいます。ロングセラーのしかけ絵本は、しかけをめくることが楽しいだけではなく、ページを開けることで、どんどん絵本の世界へ入っていくことができる構造になっています。結末がしっかり決まっていることも読後の満足感につながります。

（三宅興子）

質問53

「ちいさいモモちゃん」の絵本シリーズの絵が、私が子どものときとちがうのですが……

1 「ちいさいモモちゃん」の絵本シリーズについて

「ちいさいモモちゃんえほん」シリーズ（講談社）は、松谷みよ子の「モモちゃんとアカネちゃんの本」シリーズの『ちいさいモモちゃん』（講談社、1964）、『モモちゃんとプー』（講談社、1970）からの2編ずつに、雑誌で発表された8編を加えた計12編を絵本化したものです。

1971年からの刊行当初は『かばくん』(岸田衿子作、福音館書店、1962)で親しまれている中谷千代子の絵でしたが、1995年からの再版時に『となりのせきのますだくん』(ポプラ社、1991)でおなじみの武田美穂の絵に変わりました。

現在、中谷の絵では、『おばけとモモちゃん』『あめこんこん』『ルウのおうち』の3作品が「復刻版ちいさいモモちゃん」（講談社、2003）シリーズとして出版されています。そして、武田の絵では、『おばけとモモちゃん』『あめこんこん』『うみとモモちゃん』の3作品が、「新装版ちいさいモモちゃん絵本」シリーズ（講談社、2009）として復刊されています。

2 絵本化による「ちいさいモモちゃん」の作品世界のちがい

2つの作品から得られる感覚は、同じ文章とは思えないほどちがうものです。中谷版のモモちゃんは、思慮深く、繊細な印象で、ページごとに異なる1色の背景のなかに浮かび上がるモモちゃんと、静かに1対1で向き合っているような感覚を引き出されます。一方、武田版のモモちゃんは、好奇心の強さが体から満ちあふれているような快活な女の子で、モモちゃんと一緒に作品世界のなかを跳ね回っているように感じられます。中谷版を「静」とするなら、武田版は「動」といえます。

どちらも「ちいさいモモちゃん」のおはなしの世界観をそれぞれに受け止め、

自身の表現方法で見事に表しています。中谷版に親しんできた方は、武田版を受け入れにくいかもしれません。しかし、作品世界のちがう一面を感じ取ることで、また新たにその世界を楽しむこともできるでしょう。

3 再度の絵本化によって生まれ変わった絵本

最初の出版から画家が変わったものとしてほかに、『ねずみのおいしゃさま』(中川正文作、福音館書店、1977)[*1]があげられます。月刊絵本が単行本化される際、『ぐりとぐら』でなじみ深い山脇百合子の絵になりました。山脇版では、この作品のもつユーモアや、春へ向かっていく明るさが引き出されています。

また、『おしゃべりなたまごやき』(寺村輝夫作、長新太絵、福音館書店、1972)[*2]や『スーホの白い馬』[*3](大塚勇三再話、赤羽末吉画、1967)、『ありとすいか』(たむらしげる作、リブロポート、1984)[*4]などは、ペーパーバックから単行本化される際に同じ画家によって大幅に描きかえられ、新たな作品に生まれ変わっています。

4 原作のある作品の絵本化をどう受け止めるか

「ちいさいモモちゃん」といえば、原作での菊池貞雄の挿絵の印象が強い、という方もいるでしょう。

原作のある作品の絵本化の場合、原作とのイメージのちがいが問題にされることがあります。視覚化により、鮮やかな世界が広がることもあれば、解釈のちがいに驚かされることもあるかもしれません。しかし、アンデルセン、グリム、新美南吉、宮沢賢治の作品などは、多様な絵本化により、幅広い世代に長く親しまれ続けているともいえます。

絵本化では、単に絵がつくだけでなく、その作品を画家がどう解釈したかが現れます。物語から読者がさまざまな印象をもつように、絵本化によって画家の多様な捉え方を感じ取るのも、絵本を手にする楽しみの一つといえるのではないでしょうか。

(鈴木穂波)

* 注1. 旧版は、永井保の絵による「こどものとも」11号、1957年2月号
* 注2. 旧版は、「こどものとも」35号、1959年2月号
* 注3. 旧版は、『スーホのしろいうま』「こどものとも」67号、1961年10月号
* 注4. 2002年ポプラ社より復刊。旧版は、福音館書店、1976年

質問 54

「ゾロリ」ばかりを読んでほかの読物を読んでくれません。どうすればいいでしょうか?

1 ゾロリシリーズはおもしろい

「かいけつゾロリ」シリーズ(以下、「ゾロリ」とする)は、原ゆたかによる1987年11月から始まるシリーズ(ポプラ社)で、2012年に50巻になりました。小学校低学年がおもな読者対象ですが、幼児から小学校高学年まで幅広く読まれています。

ゾロリというドジで人情にあついキツネが、かいけつゾロリに変身し、イシシとノシシというゾロリを決して裏切らない子分のイノシシとともに、宝探しやお姫様救出に関わり、結局は困っている人を助けてしまうというパターンのストーリーです。迷路やクイズなどの遊びが、表紙裏や見返し、本文すべてにわたってしかけられており、ゲームブックとしての楽しさもあります。

2 ゾロリの文体

「ゾロリ」の文体は、コマ割り、線描の挿絵、吹き出しの会話と地の文で構成されており、きわめてマンガに近い文体だということができます。1ページのコマ数が少ないため、通常のマンガ以上に読みやすくなっています。全巻、同じような文体を使って読者を飽きさせず、ストレスをかけないよさがあるのです。

3 魅力的なキャラクター

ゾロリがお気に入りの子どもに、より複雑なマンガや情景描写や心理描写の含まれる読物をすすめてみたい気になるのは、ゾロリのほかにも広い本の世界があることを知ってほしいからだと思います。

そこで、「ゾロリ」からつながる本を考えてみると、ゾロリと同じキツネが

主人公の話として、変身の天才で千年以上も生きてきたキツネが竜やサンタなどに化ける「千年ぎつね」シリーズ*¹や、鍵なら何でも開けられる鍵屋が、宝箱や金庫を開けて事件を解決する「キツネのかぎや」シリーズ*²などがあります。際立った動物のキャラクターまで範囲を広げれば、オオカミとヤギのやりとりがハラハラさせる『あらしのよるに』*³や、ベッドがトラに変身して妹を襲おうとする『トラベッド』*⁴や、ネズミが活躍する「チュウチュウ通り」シリーズ*⁵などがあげられます。

　また、「ゾロリ」にはお化けや妖怪も多く登場するため、1編1編が短い「怪談レストラン」*⁶や、オバケ専門のお医者さんの助手を務める少年の物語「内科・オバケ科　ホオズキ医院」シリーズ*⁷なども楽しめるでしょう。

4　謎解きの要素

　「ゾロリ」には、謎解きの要素もあります。そこで、ドジな怪盗が活躍する「かいとうドチドチ」シリーズ*⁸や、身の回りで起こった事件を子どもたちが解決する「めいたんていネート」シリーズ*⁹や「ラッセとマヤのたんていじむしょ」*¹⁰なども候補としてあげられます。

5　ユーモアのセンスを活かして

　加えて「ゾロリ」にはシャレやギャグのみでなく、失敗やどんでん返しなど、ストーリーにも笑いの要素があります。『はれときどきブタ』*¹¹は、しゃれが多用され、ドジな主人公にあり得ない出来事が次々と起こります。『音楽室の日曜日』*¹²から始まる「学校の日曜日シリーズ」は、音楽室では、ベートーベンの絵やメトロノームなどが温泉に行き、図書室では、本のなかの登場人物がクリーニング屋さんに行きます。

　このように、本をすすめる立場の大人は、読者が「ゾロリ」のどこにおもしろさがあるのかを知った上で、年齢や読書力を考えながら、タイミングを見て本を推薦してはどうでしょうか。

（土居安子）

*注1．斉藤洋著、佼成出版社、2001　　*注2．三田村信行著、あかね書房、2002〜2006
*注3．木村裕一作、あべ弘士絵、講談社、1994　　*注4．角野栄子作、スズキコージ絵、福音館書店、1994　　*注5．エミリー・ロッダ作、たしろちさと絵、さくまゆみこ訳、あすなろ書房、2009年〜　　*注6．童心社、1996〜2009　　*注7．富安陽子著、ポプラ社、2006〜2013
*注8．柏葉幸子著、日本標準、2007〜2009　　*注9．マージョリー・W・シャーマット作、マーク・シマント絵、神宮輝夫訳、大日本図書、2002（先行シリーズ6冊、光吉夏弥訳、1982〜1983）
*注10．マッティン・ビードマルク作、枇谷玲子訳、主婦の友社、2009
*注11．矢玉四郎作・絵、岩崎書店、1980　　*注12．村上しいこ作、講談社、2010〜2012

質問 55

富安陽子について調べたいのですが、どうすればいいですか？著作目録もほしいです。

1　著作目録を手に入れる

　富安陽子は、『やまんば山のモッコたち』*1（1986）、『クヌギ林のザワザワ荘』*2（1990）、「小さなスズナ姫シリーズ」*3（1996～）、「シノダ！シリーズ」*4（2003～）、『盆まねき』*5（2011）など、多くのファンタジーを発表し続けている作家です。

　このように活躍中の作家の作品を網羅した著作目録を入手することは、なかなか困難です。自分で情報を集めて作成する必要がありますが、目的を考えて、どのレベルの著作目録をつくるかを選びましょう。単行本は、国立国会図書館サーチや国際児童文学館所蔵検索などで検索してリストアップすることができます。しかし、単行本に収録された短篇作品や雑誌に掲載された作品をすべて探し出すことは難しく、国立国会図書館サーチでも作品を検索することはできますが、すべてがデータ化されているわけではありません。

2　児童文学作家について調べる

　日本の過去の児童文学作家や現代の作家でも評価が確定した作家の場合は、『日本児童文学大事典』*6などの事典で調べると、まとまった情報が得られます。けれども、現在活躍中の児童文学作家の場合は、事典に載っていることが少なく、インターネットの方が新しい情報を入手できますが、情報の検証が必要です。また、自分のホームページをもっている作家もいますが、富安陽子のホームページは作成されていません（2013年5月現在）。

3　作家論・作品論・インタビューなどを探す

　さらにくわしく調べたい場合、CiNii Articles*7で、作家・作品についての論文・

エッセイ・書評や作家のインタビューなどのデータを検索できます。

CiNiiで検索して見つかったおもな資料を紹介しますと、雑誌「日本児童文学」の48巻2号（2002年3月号）では「高楼方子＆富安陽子　『児童文学』は、いま」という特集が組まれており、「高楼方子と富安陽子の仕事」（奥山ゆかり）や「富安陽子讃」（斎藤惇夫）などが収められています。

さらに、雑誌「子どもと読書」の340号（2003年7/8月号）にも特集「富安陽子の作品世界」があり、富安自身がお話を書くのはどういうことかを記した「不思議への入り口」などが収録されています。「児童文芸」50巻4号（2004年8月）にも「物語が生まれる場所　富安陽子『ほこらの神さま』に描かれた秘密基地」（酒井晶代）が掲載されています。

インタビューとしては、「特別インタビュー　ファンタジー作家という仕事」*8があり、「日本児童文学」の37巻7号（1991年7月号）には、富安が『クヌギ林のザワザワ荘』で日本児童文学者協会新人賞を受賞したときの受賞の言葉と選考委員の評が掲載されています。

このほか、CiNii検索では出てきませんが、『少年少女の名作案内　日本のファンタジー編』*9に「クヌギ林のザワザワ荘」のあらすじ・作品の背景・作家の解説などが収められています。また、講演録も公開されています*10。

また、日常生活を綴った楽しいエッセイ『さいでっか見聞録』*11もあり、人となりを知ることができます。

4　さらなる批評・研究を期待して

富安はかつて人々とともに「生きて」いた妖怪や精霊を現代によみがえらせ、創り上げた物語世界では人間と動物、やまんばやぼっこたちが生き生きと交流しています。まだ作家論や作品論は多くはありませんが、今後さまざまな角度から批評・研究がなされて、新たな魅力や特徴が明らかになることを期待しています。

（小松聡子）

*注1．福音館書店　*注2．あかね書房　*注3．偕成社　*注4．偕成社　*注5．偕成社
*注6．全3巻、大阪国際児童文学館編、大日本図書、1993
*注7．学協会刊行物・大学研究紀要・国立国会図書館の雑誌記事索引データベースなど、学術論文情報を検索の対象とする論文データベース・サービスで、国立情報学研究所が提供している。
*注8．「児童文芸」49巻6号、2003年12月　*注9．佐藤宗子・藤田のぼる編著、自由国民社、2010　*注10．梅花女子大学・大学院児童文学会の『講演集　児童文学とわたしⅢ』（2012年）に「物語が生まれるとき　不思議への入り口」が収録されている。　*注11．偕成社、2007

質問 56

リンドグレーンについて調べたいです。

1 『長靴下のピッピ』の作家リンドグレーン

　アストリッド・リンドグレーン(1907-2002)は、スウェーデンの作家です。2002年スウェーデン政府は生誕百年を記念して、彼女の名前を冠した「アストリッド・リンドグレーン記念文学賞」[*1]を創設しています。
　20世紀を代表する世界的に有名な児童文学作家ですので、膨大な量の情報があります。どのように取りかかり、自分に必要な情報を取り出すのか、作家について調べる手順をふんで説明してみます。

2 どれだけ作品があるのか

　作家を調べるにあたって、まず作品のリストづくりから始めます。リンドグレーンのように作家歴が長く、多様な作品を残している作家は大変ですが、作品の全体像をつかむことが第一歩です。外国語で書いている作家は、原著の題名や出版年をチェックするとよい[*2]のですが、ここでは日本語に翻訳されている作品を対象にします。「リンドグレーン作品集」(23巻、岩波書店、1968〜2008)[*3]をはじめとして、邦訳されたタイトル約80巻を並べてみると、主人公の名前のついたわくわくする物語のシリーズで始まり、次に子ども時代の経験をふまえた日常の物語シリーズになり、幼年文学や絵本も刊行しながら、ファンタジー作品へと変容していくさまが浮かび上がります。

冒険的な物語：「長くつ下のピッピ」3巻、「やねの上のカールソン」3巻
　　　　　　　「名探偵カッレくん」3巻、「さすらいの孤児ラスムス」2巻など
日常生活：「やかまし村の子どもたち」3巻、「おもしろ荘の子どもたち」3巻
　　　　　「ちいさいロッタちゃん」4巻、「エーミルはいたずらっ子」6巻など
ファンタジー：『ミオよ、わたしのミオ』『はるかな国の兄弟』『山賊の娘ローニャ』など

その他：絵本『赤い目のドラゴン』『ぼくねむくないよ』など

3 どんな生涯をおくった作家なのか、特に子ども時代について

　作品のおおよそをつかんだ上で、作者についての参考文献を調べてみました。まず、幼少期の伝記として『遊んで遊んで　リンドグレーンの子ども時代』[*4]があります。「やかまし村」や「おもしろ荘」のシリーズのもとになっている農園で育ったリンドグレーンの子ども時代が、イラスト入りで語られています。生家のあるスウェーデン南東部のスモーランド地方ヴィンメルビューには、「アストリッド・リンドグレーン・ワールド」というテーマ・パークができていて、一昔前の伝統的な暮らしや舞踊などが楽しめるようです。

　『アストリッド・リンドグレーン』[*5]は、ストックホルム在住の三瓶恵子が関係者のインタビューなどを交えて書いた評伝です。70歳ごろから税金問題の発言がきっかけとなってオピニオンリーダーとなった経緯がくわしく述べられています。『愛蔵版アルバム　アストリッド・リンドグレーン』[*6]は、生誕百年記念に出版されたもので、「20世紀をさっそうとみごとに生きた作家」という帯のフレーズそのままの姿にふれることができます。

4 なぜ、世界的に有名になったのでしょうか

　リンドグレーンが20世紀を代表する作家であるといわれる一番の理由は、生き生きした語りを通して「普遍的な子ども」を描いているところにあります。ピッピやエーミルのいたずらや活躍は、大人の価値観をひっくり返し、読者の共感をえます。古い伝統に縛られず、自由に元気に自分らしく生きる子どもたちの姿は、21世紀になっても不滅です。19歳でシングルマザーになって働きながら子育てをしたリンドグレーンの自然体の生き方は、多くの女性の先駆者としても共感をよんでいます。

　なお、外国の作家について調べるのには『世界児童・青少年文学情報大事典』[*7]や Something about the Author [*8]などの事典が参考になります。　　（三宅興子）

* 注1．2005年、絵本作家荒井良二が日本人初受賞
* 注2．翻訳時にタイトル名が原題とちがっていることが多い。原著の出版年も内容と関わる。
* 注3．岩波書店、講談社、徳間書店、偕成社、ポプラ社、金の星社などから刊行されている。日本語による詳細な著作目録を見つけることができなかった。
* 注4．クリスティーナ・ビョルク作、エヴァ・エリクソン絵、石井登志子訳、岩波書店、2007
* 注5．岩波書店、1999　　* 注6．ヤコブ・フォシェル監修、石井登志子訳、岩波書店、2007
* 注7．勉誠出版、2000〜2004　　* 注8．Gale, 1971〜

質問 57

新しい冒険物語を紹介してください。

1 冒険物語のおもしろさ

　私たちは、冒険物語を読むことによってハラハラドキドキ感を体験することができ、冒険が終わったときには達成感を味わい、その冒険の象徴する意味から生きることへの示唆を読みとります。古典的な冒険物語には『ロビンソン漂流記』や『宝島』など多くの作品があります[*1]が、これらの作品の多くはイギリスで書かれています。イギリス人にとって、船に乗れば未知の世界が広がっていたからこそ生まれた作品だということができます。

　ところが、現代は未知の大陸や海洋はなく、冒険を体験するのが難しい時代だということができます《☞64》。2000年以降に出版されたフィクションのなかで冒険が描かれている作品を探すと[*2]、ファンタジー、SF作品が圧倒的に多いのが特徴です。そこで、本稿では「冒険物語」を広義に捉え、ファンタジー作品を含めた冒険物語を紹介します。これらの作品は、「冒険」「探検」「旅」「航海」「ファンタジー」「家出」などのキーワードを参考にインターネットやブックリストで探すことができます。

2 過去の時代を舞台にした冒険

　時代の過酷な状況が冒険を生みだしている作品があります。これらの作品には18世紀のウィーンを舞台にヴァイオリニストの父の死の謎を追う『消えたヴァイオリン』[*3]や、友をナチスから逃れさせるためにスケートで凍った川を滑りぬく少年の物語『ピートのスケートレース』[*4]などがあります。また、『クロニクル千古の闇』全6巻[*5]は、約6000年前の北ヨーロッパを舞台に設定して、オオカミ族の少年トラクが、父の死をきっかけに闇に追われ、闇とたたかう旅を続けます。

3 異世界・宇宙の冒険

　異世界でのさまざまな困難な状況を解決するために、主人公は冒険の旅に出ます。「守り人」シリーズ*6は、父と故郷を失った女用心棒バルサがさまざまな国を旅し、人や国を救おうとします。『ローワンと魔法の地図』*7では、弱虫だとからかわれているローワンが、村に水をもたらすために6人の勇者とともに旅に出ます。また、「ライラの冒険シリーズ」*8では、パラレルワールドに住む11歳のライラと人間世界に住む12歳のウィルが出会い、二つの世界を同時に救おうとする壮大な冒険ファンタジーです。『パワー』*9は、奴隷の少年が姉を殺されたことから館を逃げ出し、旅をしながら自分の能力に目覚めていきます。

　宇宙を舞台にした冒険には、環境や政治の陰謀、科学の発展とそれによる社会の崩壊の危険が描かれています。『「希望」という名の船にのって』*10は、ボロボロ病から逃れるために宇宙船に乗った41名が遭難する物語で、パトリック・ネス「混沌の叫び」シリーズ*11は、地球以外の星に移住した人々の男女間や民族間の争いを孤児の少年と少女の視点から描いています。

4 現代を舞台にした冒険

　現代社会を反映した冒険では、「家出」がテーマの一つになっています。家出した少女が「いえででんしゃ」に乗る『いえででんしゃ』*12や、孤児院を抜け出した3人の子どもが川を下り、工場の廃屋で不思議な少女と老人に出会う『ヘヴン・アイズ』*13などがあります。

　現代の冒険物語の特徴は、多様な民族・文化や価値観が存在する世界が描かれていることです。一方で、ゲーム感覚で読める作品のなかには、敵を倒し、キャラクターが宝を得るだけの冒険物語も多く出版されています。非日常を楽しむと同時に、冒険の過程でいかに主人公が葛藤し、冒険を達成するかという点に注目して読み応えのある作品を見つけていきましょう。　　（土居安子）

*注1．三宅興子「冒険物語」『児童文学はじめの一歩』世界思想社、1983にくわしい　*注2．本稿では、動物を主人公にした動物冒険物語にはふれないこととする　*注3．スザンヌ・ダンラップ著、西本かおる訳、小学館、2010　*注4．ルイーズ・ボーデン作、ふなとよし子訳、福音館書店、2011　*注5．ミシェル・ペイヴァー作、さくまゆみこ訳、評論社、2005〜2010　*注6．上橋菜穂子著、偕成社、1996〜2011　*注7．エミリー・ロッダ作、さくまゆみこ訳、あすなろ書房、2000　*注8．フィリップ・プルマン著、大久保寛訳、新潮社、1999〜2002　*注9．ル＝グウィン著、谷垣暁美訳、河出書房新社、2008　*注10．森ドニ著、ゴブリン書房、2010　*注11．金原瑞人訳、樋渡正人訳、東京創元社、2012〜　*注12．あさのあつこ作、新日本出版社、2000　*注13．デイヴィッド・アーモンド著、金原瑞人訳、河出書房新社、2003

質問 58

子どもの本には、どうして擬人化された動物の登場する本が多いのですか？

1 子どもの本と動物

　動物が人間と同じように笑ったり、さびしがったりすると思えるときがあります。そのため、ポターが「ピーターラビット」のシリーズ（全24巻、石井桃子他訳、福音館書店）で、住んでいる村のウサギやリスやアヒルが主人公になって活躍する物語をつくっても、自然に受け止めることができるのです。
　しかし、生活と密着したものだけでなく、キャラクターとしてライオンやオオカミ、クマなどが登場する物語も数多く出ているという実態もあります。

2 「擬人化」とイソップ寓話、動物昔話

　「擬人化」とは、人間でないものを人間になぞらえて表現することをいいます。花などの植物やスプーンやフライパンなどの台所用具、カミナリや北風も「擬人化」されていますが、数としてもっとも多いのは動物です。
　「イソップ寓話」には、「アリとキリギリス」「ウサギとカメ」「都会のネズミと田舎のネズミ」など、多くの動物が一つの役割を与えられて登場してきます。寓話は、教訓を与え、諷刺することが目的ですので、人生訓のつまったわかりやすい物語として、年齢を問わず世界中で伝えられてきました。
　また、昔話にも多くの動物が登場します。昔話が語られた時代には、人間は動物とともに自然のなかで暮らしていました。「三びきのやぎのがらがらどん」では、自然の脅威のなかで生き延びていく姿が、「三びきのこぶた」では、力のないものが知恵を働かせて生き延びていく姿が物語になっています《☞87》。
　寓話では、動物は一つの役割を表現しており、アリは働き者、キツネはずる賢いと固定したイメージで語られています。しかし、昔話は動物と共生していた昔の暮らしから生まれていますので、動物は命のかよったものとして登

場してきます。つまり、動物が記号のように使われるのは寓話で、人間と同じように考えてつくられたのが昔話です。これらの豊かな擬人化の物語を受け継ぎながら、個人の作家が創作する物語が出てくるのです。

3 幼年文学のなかの「ものを言う動物」

　幼年文学の多くの作品は動物の物語です。幼児は動物に置き換えるとわかりやすく、アニミズムの世界にいる、という理由が考えられてきました。確かに、人間にすると男女、年齢、人種などを書きこむ必要があるので、物語は複雑になりがちです。また、幼児は動物のもつ感覚に近いものをもっています。しかし、それだけでは、説明のつかない絵本や物語があります。

　幼児が好む絵本や物語に、リス、ウサギ、ネコ、ネズミ、モグラといった小動物が多数登場するものがあります。小さい、丸い、やわらかい、澄んだ目などの特徴が共通しており、毛皮のふわふわ感があり、「かわいい」といいたくなる姿をしています。「ぬいぐるみ」が大活躍しているのも同じ理由です。これらは幼児が見下ろすことができ、安心感を与えます。大きいクマはだっこされるあたたかい感じや毛皮のもつやわらかさで人気者です。また、ゾウやライオンの人気は、大きくなりたい幼児のあこがれにつながっています。

4 人間と同じ世界に住む――ファンタジーのなかで

　小沢正は、宮沢賢治を「擬人法の世界的第一人者」(「擬人化か擬猫化か」「月刊MOE」1984年6月号)として、賢治童話では、動物を人間化しているのではなく、作者が動物化していると論じています。人間と動物が隔てなく同じ自然のなかで暮らしていた昔話発生の時代と共通したところがあり、動物になぞらえているのではなく、動物そのままだというのです。長年読み続けられている長編ファンタジーでも、このことは共通しているといえます《☞63》。

5 動物物語への共感

　動物が擬人化されている物語をいろいろとりあげてみて、人間が動物になることで、複雑な世界の本質的なことをわかりやすく描けていることに気が付きました。読者が、「ものを言う動物」を違和感なく受け入れられる作品と出会ったとき、その物語がリアリティーのある、心に残るものになるのです。　　（三宅興子）

[参考文献] 日本児童文学者協会編「特集"擬人化"について考える」「日本児童文学」40巻6号、1994年6月号

質問 59

『飛ぶ教室』が大好きです。同じような作品は現在でも読めますか?

1 『飛ぶ教室』の魅力

『飛ぶ教室』は、ドイツのエーリッヒ・ケストナーの作品で、ドイツでは1933年に出版され、日本では1950年*1に翻訳されました。寄宿舎のある男子校の高等科1年の少年5人が、「飛ぶ教室」というクリスマス劇をつくる過程を描きながら、ライバル校との争いや教師や学校の外の大人との関わりが描かれています。さまざまな家庭環境の子どもたちが、お互いの個性を尊重し合いながらも友情を深め、担任の正義先生と学校のすぐ外に禁煙車の車両を買って住んでいる禁煙さんとの対話を通して「正義とは何か」「友情とは何か」を考える作品です。鳥越信は、正義先生と禁煙さんを「理想の教師像」*2と呼び、「飛ぶ教室」*3という雑誌が現在も刊行されていることからもわかるように、児童文学、特に学校物語の理想的作品として高く評価されてきました。

2 正義や友情が描かれた1945年以前の作品

現在でも出版されている学校物語の古典としては、友だちの絵の具を盗んでしまった僕とそのことを咎めない先生との交流を描いた大正期の「一房の葡萄」(「赤い鳥」1920年8月)や、同じく大正期から全訳されている『クオレ 愛の学校』(1912)があります。後者はエンリコ少年の学校生活の日記で、正義や愛について書かれています。

3 多様な教師像・子ども像が描かれる1960年以降の作品

1960年以降の児童文学作品は、教師の権威に疑問を投げかけ、子どもの自主性を尊重する作品が出版されました。そのなかで、子どもたちが先生の力

を借りずに自分たちで宿題とは何かを考える『宿題ひきうけ株式会社』[*4]（1966）や、ショウジョウバエを飼っている少年と新任先生との交流を描き、先生も揺れる心をもち、成長する存在であることを描いた『兎の眼』[*5]（1974）は、今も出版され続けています。「ズッコケ三人組」シリーズ全50巻[*6]は、優等生とはいえない個性的な3人組の少年の友情が描かれています。また、後藤竜二は「1年1組シリーズ」[*7]や「12歳たちの伝説」[*8]など、現代の子どもの心理を捉えた数多くの学校物語を書いてきました。富安陽子は「菜の子先生」[*9]シリーズで、白衣を着て気まぐれで神出鬼没の菜の子先生が、悩みのある子どもを異世界へ案内して自分で解決できるよう導く物語を描いています。岡田淳も、『二分間の冒険』[*10]など、学校を舞台にファンタジーの要素を含みながら生きることや友情がテーマになった作品を書いています。

4 『飛ぶ教室』の枠からはずれた学校物語

一方で学校を舞台にした物語は、『飛ぶ教室』の枠では収まりきれない作品も出版されています。1930年代に書かれた『飛ぶ教室』では学校制度や教師に対する徹底的な不信は描かれていませんが、それ以降の学校物語では、学校のもつ権威主義やいじめが描かれた作品もあります。草野たき、あさのあつこ、梨屋アリエの作品は、クラスの少女どうしの友情やいじめをリアルにすくい取って描きだし、今の日本の読者の共感を得ています。

海外の作品では、いじめた少年が今度はいじめられる側になる苦悩を描く『雲じゃらしの時間』[*11]や、権威をふりかざす傍若無人の校長先生をブラックユーモアで徹底的にやっつける少女マチルダの『マチルダは小さな大天才』[*12]、男子校内で行われるチョコレート販売を副学院長が牛耳っていて正義のためにたたかった生徒が敗北を喫す『チョコレート戦争』[*13]などがあります。また、学校にマスコミが介入して教師と生徒の間に深い溝ができてしまう『星条旗よ永遠なれ』[*14]のように、学校と社会との関係を描いた作品も出版されています。これらの学校物語と『飛ぶ教室』とのちがいを楽しむこともおすすめです。

（土居安子）

*注1. 高橋健二訳、実業之日本社、1950　*注2. 『児童文学の大人たち』文渓堂、1995　*注3. 光村図書出版、1981〜1995、2005年復刊し刊行中。　*注4. 古田足日、理論社　*注5. 灰谷健次郎、理論社　*注6. 那須正幹、ポプラ社、1978〜2004　*注7. ポプラ社、1984〜2009　*注8. 新日本出版社、2000〜2004　*注9. 福音館書店、2003〜2011　*注10. 偕成社、1985　*注11. マロリー・ブラックマン作、千葉茂樹訳、あすなろ書房、2010　*注12. ロアルド・ダール作、宮下嶺夫訳、評論社、2005　*注13. ロバート・コーミア著、坂崎麻子訳、集英社、1987　*注14. アヴィ作、唐沢則幸訳、くもん出版、1996

質問60 『若草物語』が大好きです。同じような本は現在でもありますか?

1 『若草物語』と「家庭物語」というジャンル

　アメリカの女性作家ルイザ・メイ・オルコットが1868年[*1]に出版した『若草物語』は、登場する4人姉妹の個性を生き生きと描いて、今も人気があります。一見ありふれた家庭内の出来事を書き連ねただけのようなストーリー展開ですが、読み進むにつれて読者は、そこに描かれた家庭のあたたかさや家族の絆に胸を打たれることになるのです。こういう形で家庭のあり方を問うた作品はそれ以前にはあまり例がなく、『若草物語』は今日、「家庭物語」というジャンルの先駆的かつ代表的作品といわれています。

2 『若草物語』が描いた二つの家庭

　『若草物語』には二つの家庭が描かれます。4人姉妹のマーチ家は、貧しいながらも日々笑い声が絶えません。年齢の近い女の子が4人もいればしばしばけんかも起こりますが、姉妹はそれぞれに深い気持ちで互いを思いやっています。
　一方、その隣に大邸宅を構えるローレンス家には、両親を亡くしたローリー少年が気難しい祖父と2人で住んでいます。大勢の召使いに囲まれた何不自由ない毎日ですが、彼はいつもさびしくて、楽しそうなマーチ家の様子をのぞき見ずにはいられません。この気弱なローリーとマーチ家のおてんば娘ジョーとの友情は、強く読者の印象に残ることでしょう。マーチ家のぬくもりは、ジョーを通してローリーにも伝わっていくのです。

3 楽しいながらも緊張感のある家庭

　けれどもそのマーチ家も、いわゆる〈普通の家族〉とは少しちがっています。

時は南北戦争の最中、一家は父マーチ氏を従軍牧師として戦地に送り出し、長い間母と娘たちだけで暮らしているからです。父親の不在は、当然、物心両面にわたって、留守を守る一家の暮らしを圧迫しますが、その緊張感ゆえに母娘の絆はなおいっそう強まっていきます。戦地の父に思いを馳せつつ、娘たちは母の的確な指導の下、それぞれ自分の欠点を直そうと、日々努力を続けるのです。そこへ、一番年上のメグの恋愛、作家を目指すジョーの心の葛藤など、今にも通じる思春期の話題を絡めて描いたところに、この作品の大きな魅力があるといえるでしょう。

4 「家庭物語」のその後

『若草物語』以降、家庭物語は北米を中心に発展し、『赤毛のアン』(1908年)[2]や『大草原の小さな家』で有名な「小さな家」シリーズ(1932-71年)[3]など、今も読まれ続けているすぐれた作品が多数生まれました。しかし、20世紀後半になると、さまざまな社会状況の変化を反映して「家庭物語」も大きく様変わりします。女性の就労が当たり前のものとなり、離婚率の上昇に伴って一人親家庭や再婚家庭が増え、少子化が進んで一家族の成員数が急速に減少していく現実を前に、物語の世界もテーマの見直しを余儀なくされたのです。

5 『若草物語』の流れを汲む作品を探す

したがって、現代の児童文学界に『若草物語』と似た作品を探すのは容易ではありませんが、ここでは同じく4人姉妹を主人公にした「ヒルクレストの娘たち」シリーズ(1986-94年)[4]をあげておきましょう。両親を亡くした姉妹たちが、後見人の家族に見守られながら成長していく物語です。そして、この物語から逆に『若草物語』をふり返れば、マーチ家が一時的に母子家庭であったことや、隣のローレンス家との間に血縁を超えた信頼関係のあったことが再確認されます。そうして見れば、再婚家庭を描いた『のっぽのサラ』(1985年)[5]などにも、『若草物語』との共通点があることに気づかされます。　　（横川寿美子）

* 注1．1868年に第1部が、1869年に第2部が出版された。
* 注2．L・M・モンゴメリ作、翻訳は松本侑子訳、掛川恭子訳など多数。
* 注3．ローラ・インガルス・ワイルダー作、恩地三保子訳、福音館書店、1972
* 注4．R・E・ハリス作、脇明子訳、岩波書店、1990〜1995
* 注5．パトリシア・マクラクラン作、金原瑞人訳、徳間書店、2003

質問61 江戸時代の子どもが活躍する子どもの本はありませんか?

1 過去を舞台とした子どもの本にもいろいろあります

過去を舞台にした話は、大別すると、時代背景をふまえてはいても人物やできごとを自由な設定で描く「時代小説」と、歴史上の人物や飢饉などの史実に基づく「歴史小説」とがあります。また、江戸時代を舞台にした本には、当時流行した「八犬伝」などの古典や講談を現代の子どもに読みやすくアレンジしたものや、絵で江戸の風俗や暮らしが読みとれる落語絵本などがあります。中学年ぐらいになると、歴史や時代の流れという感覚がわかって、主人公といっしょに当時の生活を味わったり、歴史的事件を当事者の目で眺めたりする興味もわいてくるので、いっそうおもしろさが増します。

2 江戸時代の子どもが活躍する「時代小説」

那須正幹「お江戸の百太郎」シリーズ[1]は、江戸に住む岡っ引きの息子百太郎が誘拐事件を解決したり、にせの幽霊を捕まえたりする捕物帖ですが、寺子屋など当時の暮らしや町の様子もていねいに説明されているので、江戸時代の生活に興味がわくことでしょう。やや複雑な謎解きの姉妹編「銀太捕物帳」シリーズ[2]もあります。また、芭蕉と奥の細道を旅する創作講談「昔屋話吉」シリーズ[3]や江戸の庶民の子どもたちの人生選択を描く『建具職人の千太郎』[4]、寺子屋の子どもたちがさまざまな事件に遭遇する「なにわ春風堂」シリーズ[5]、宮大工見習いの少年とお寺を守る鬼との出会いを描いた『すみ鬼にげた』[6]などもあります。

3 史実を背景にした物語では

史実に基づいた物語では、那須田淳『おれふぁんと』[7]があります。長崎か

ら江戸に象がのぼる途中の東海道の宿場町で、少年飛脚万五郎が、安南（ベトナム）から来た象使いの少年を助けようと、象をこっそり連れ出します。歴史小説を多く書いたかつおきん『天保の人びと』*8は、飢饉にあった加賀の村で、子どもたちも領主の暴政への抵抗に加わります。遠藤寛子『算法少女』*9は、和算（当時の算数）に魅せられる少女あきの様子や、大名や武士、医師、町の人々などの和算に対する思いが興味深く語られています。

吉橋通夫『なまくら』*10は、江戸から明治への変動期に、社会に出たばかりの下積みの少年たちが、周囲の大人や少女たちに支えられ、つらさに耐えて大人になろうとする高学年向けの短篇連作集です。

4 同じ時代を描いた外国の本

鎖国が215年続いた江戸時代は、ヨーロッパやアメリカでは市民革命や産業革命を経て近代社会に向かう大変動の時期でした。ジュリア・ゴールディング「キャット・ロイヤルシリーズ」*11は、18世紀末の激動の歴史を背景に孤児の少女が、ロンドン、フランス革命下のパリ、アメリカと大奮闘する痛快読物です。レオン・ガーフィールド『見習い物語』*12は、18世紀ロンドンで徒弟として修行をする少年少女の短編集で、『なまくら』と通じるものがあります。また、『天保の人びと』に描かれるような飢饉は、アイルランドでも起こっており、パトリシア・ライリー・ギフ『ノリー・ライアンの歌』*13は、19世紀半ばのアイルランドのじゃがいも飢饉に耐えてアメリカに移住する少女ノリーの生き方と新しい世界への希望が描かれています。

5 過去が舞台の子どもの本のおもしろさ

江戸時代は身分制度があり、自由な移動が許されていませんでしたが、一方で戦争のない平穏な時代だったということもできます。過去の物語を読むことで、現在と異なる生活や社会背景のなかで子どもが活躍する様子を想像して楽しめますし、同時に、飢饉、差別、家族、自立などの問題は今日とつながっており、現在を考える眼、未来を見通す眼を養うことができます。　　（丸尾美保）

*注1．岩崎書店、1986〜94　*注2．岩崎書店、1999〜2007
*注3．杉山亮作、フレーベル館、1997〜1999　*注4．岩崎京子作、くもん出版、2009
*注5．誉田龍一作、くもん出版、2008　*注6．岩城範枝作、福音館書店、2009
*注7．講談社、1994　*注8．偕成社文庫、2000　*注9．ちくま学芸文庫、2006
*注10．講談社、2005　*注11．雨海弘美訳、静山社、2011〜　*注12．斉藤健一訳、上下巻、岩波少年文庫、2002　*注13．もりうちすみこ訳、さ・え・ら書房、2003

質問 62

ホームズを読みつくしたのですが、ほかにおもしろい推理ものがありますか？

1 ホームズから始めて

　シャーロック・ホームズもの（長編4作短編56作）で、推理小説を読み始めたのはとてもラッキーでした。エドガー・アラン・ポー（「モルグ街の殺人」1841など）という先輩がいますが、アーサー・コナン・ドイルのホームズ探偵の物語は、それ以後の推理小説に大きい影響を与え、おもしろさの物差しのような役割を果たしているからです。また、「ホームズ」ものの愛読者は、シャーロキアンといわれ、作品の細部に注目してそこを掘り下げたり、作中の情報から架空のホームズの伝記[*1]を書いたりして、読後もおおいに楽しんでいます。何回読み返しても、いろいろな発見のあるシリーズなのです。

　その楽しみを新たな創作に発展させたのが、「ホームズ」もののパスティーシュ[*2]です。「ホームズ少年探偵団」全4巻（ロバート・ニューマン作、神鳥統夫訳、講談社青い鳥文庫、1998）や「ベイカー少年探偵団」6巻（アンソニー・リード作、池央耿訳、評論社、2007～09）は、そのほんの一部にすぎません。

2 「推理もの」といっても、いろいろあります

　名探偵や怪盗の活躍するシリーズとしては、ホームズ以外にも、長年多くの子ども読者を楽しませてきたルブラン「アルセーヌ・ルパン全集」全30巻（偕成社）や、江戸川乱歩の怪人二十面相と名探偵明智小五郎が活躍する「少年探偵団」シリーズ全26巻（ポプラ文庫）、「少年探偵ブラウン」5巻（偕成社文庫）や「少女探偵ナンシー・ドルー」4巻（金の星社）などがあります。最初の1、2冊を読んで、おもしろかったら、後の巻に進むとよいでしょう。

　そのほかにも、スパイや警察官、弁護士や検事が主人公として活躍するもの、ホラーの要素が入ったもの、捕物帳などの「時代ミステリー」、あちこちを旅

して事件に出会う「トラベル・ミステリー」など、ミステリーは日々新しいトリックやアイデアが工夫されて、進化し続けています。

3 人気のあるシリーズ

　ミステリーを読み始めるのは、小学校中学年ぐらいからでしょうか。学校を舞台にした「IQ探偵」シリーズ(深沢美潮作、ポプラカラフル文庫、「IQ探偵ムー」と「IQ探偵タクト」シリーズ)や「パソコン通信探偵団事件ノート」シリーズ(松原秀行、講談社青い鳥文庫、別名「パスワードシリーズ」)などは、現在刊行中の人気シリーズで、それぞれ愛読者がいます。後者は、小学生の主人公たちが読者の成長に合わせるように20巻目から中学生になっています。

4 大人向きと考えられているものに挑戦してみましょう

　はやみねかおるの「名探偵夢水清志郎事件ノート」(講談社青い鳥文庫)も子どもに人気のシリーズですが、その第1巻『そして五人がいなくなる』(1994)は、題名からイギリスの「ミステリーの女王」と呼ばれているアガサ・クリスティーの『そして誰もいなくなった』(早川文庫など)を連想します。クリスティーは大人向きの作家ですが、手を伸ばして読んでみると、同じような題名でも、まったくちがったおもしろさがあることに気付きます。

　赤川次郎の「三毛猫ホームズ」シリーズ(長編だけでも30巻以上ある。角川文庫)は読みやすく幅広い読者がいます。辻真先の「迷犬ルパン」シリーズ(光文社文庫)は、「三毛猫ホームズ」シリーズのパロディともいえるユーモアミステリーです。このように、ミステリーはうまくはまると、連鎖的に、ちがったおもしろさをもつ作品へとつながっていきます。

5 ミステリーは、一生楽しめる分野です

　読書好きになると、一生本が読めるので楽しいのですが、なかでもミステリー好きになって、何かテーマ(たとえば、「密室殺人」「暗号」など)をもつと、人とはちがった別の読み方も出てきて、ますます楽しみが深くなっていきます。(三宅興子)

　＊注1．W・S・ベアリング・グールド『シャーロック・ホームズ　ガス灯に浮かぶその生涯』小林司・東山あかね共訳、講談社、1977
　＊注2．先行作品を模倣したり、寄せ集めたりしてできた作品のことをいう。

質問63

ファンタジーが好きです。いろいろなファンタジーを紹介してください。

1 ファンタジーの作品を紹介する難しさ

　ファンタジーは、短編から長編のシリーズまで、読みやすい幼児の絵本から難解な作品まで、日本のもの、外国のもの、詩に近いものから日常の物語に近いものまで、古典から新刊まで、各種各様取りそろえることのできる長い歴史のあるジャンルです。いくつか作品をあげていきますので、未読であれば読んでみてください。ファンタジーを考える「ものさし」のように機能すると思います。ファンタジーのなかでも、好みの分野がわからないと、おすすめ本を決めることが難しいのです。

2 ファンタジーの系譜をたどりながら――魔法が身近に

　ファンタジーの歴史は、伝承文学復権の歴史ともいえます。H・C・アンデルセンは、昔話や伝説の枠組みを使って「童話」という形式をつくり上げました。「童話」は、現代も新しい作品が刊行されています。小説の時代になって長編になり、『水の子』(キングズレー、1863)や『北風のうしろの国』(マクドナルド、1871)など、世界観を語ることのできる文学としてファンタジーが出現してきます。『ふしぎの国のアリス』(キャロル、1865)、『たのしい川べ』(グレアム、1908)、『ピーター・パンとウエンディ』(バリー、1911)は、身近な子どもとの交流をもとに成立しました。その後、『砂の妖精』(ネズビット、1902)など、日常を舞台にして魔法が行われる「エブリデイ・マジック」と呼ばれる作品も登場してきます。

3 トールキン『指輪物語』の登場――別世界の構築

　子どものころから昔話や神話をもとに作品をつくっていたトールキンが、その物語の一部を子どもに語った『ホビットの冒険』(1937)とその続編『指輪

物語』3巻（1954-55）を出版すると、「別世界をつくる」という文学の新しい形式として注目を浴びました。そして「ナルニア国物語」シリーズ（7巻、C・S・ルイス、1950-56）、「ゲド戦記」（6巻、ル＝グウィン、1968-2001）、「ライラの冒険」シリーズ（3巻、プルマン、1995-2000）へと続いていきます。1960年あたりから日本でも、佐藤さとる、いぬいとみこ、天沢退二郎、浜たかやなどの作品が多数生み出されてきます。

4 ファンタジーを遊ぶ時代へ──「魔法使いの弟子たち」の活躍

　50〜70年代にかけて、世界的に広がりをみせたファンタジーブームは、それらの作品を子ども時代に愛読した多数の「魔法使いの弟子たち」を生み出していきます。宮崎アニメの原作『魔法使いハウルと火の悪魔』（1986）を書いたウィン・ジョーンズは、既成の作品をずらす、パロディ化する、ひっくり返すなどして、あらたな作品に再生しています。別の系列の弟子ともいえるのは、RPG（ロールプレイングゲーム）や、「ドラゴンクエスト」など、コンピュータ・ゲームのクリエーターたちです。それがまた、活字の世界にも入ってきて「ネオ・ファンタジー」と呼ばれる大量の作品を生み出しています（例：「アルテミス・ファウル」*1「バーティミアス」シリーズ*2 など）。

5 先史や古代史を舞台にして

　人類の黎明期や古代史を舞台とすると、人間の本質や社会構造を目に見えるように描けます（「クロニクル千古の闇」6巻、ミシェル・ペイヴァー、2004-09、「最果てのサーガ」3巻、リリアナ・ボドック、2000-04など）。日本でも、荻原規子、伊藤遊などの古代史ファンタジーや「守り人」シリーズ（5巻、上橋菜穂子、1996-2007）の異世界物語があり、ファンタジーの進化系といえます。

6 ファンタジーと出会うためのブック・リスト

　『次の一冊が決まらない人のためのファンタジー・ブックガイド』（ブックマン社、2005）には、ミステリーのファンタジー作品も含んでおり、読み応えがあります。また、多少マニア向きの『ファンタジー・ブックガイド』（石堂藍著、国書刊行会、2003）には、メルヘンの章もあり、思わぬ発見があります。『少年少女の名作案内　日本の文学ファンタジー編』（佐藤宗子・藤田のぼる編著、自由国民社、2010）は、幼年文学も含めてリスト・アップしており、日本のファンタジー入門書になっています。

（三宅興子）

*注1．オーエン・コルファー著、角川書店、2001-2012
*注2．ジョナサン・ストラウド作、理論社、2003-2010

質問64 「冒険」をテーマにしたノンフィクション作品を紹介してください。

1 ノンフィクションのおもしろさ

「事実は小説より奇なり」といわれるように、ノンフィクションには「こんなことが本当にあったんだ」という事実に基づいたおもしろさがあります。そこで、その事実をどのように正確かつ興味深く描写し、そこから読者に何を伝えるかが重要になります。そのなかでも、「冒険」をテーマにした本は、非日常の出来事が書かれており、読者をひきつけます。

2 探検の時代

未知の世界を旅するという18世紀の「冒険」をまとめた本に『探検と冒険の物語』[*1]があります。種の起源を発表したダーウィン、ダーウィンと同時期に同じ発想をしていたウォレス、コロンブスやマゼランやクック、南極を冒険したアムンゼンやスコットなどがコンパクトに紹介されており、時代性や「発見」ということの意味、世界に対して人々が目を見開かれていった様子が探検家たちの生き様から見えてきます。これらの冒険を扱った単独の本には、『ダーウィン先生地球航海記1〜5』[*2]やダーウィンの生涯を描いた絵本『生命の樹』[*3]などがあります。

この時期の日本の探検を紹介した本には、江戸時代にカラフトと大陸へ行き、北方の民族と交流した間宮林蔵の探検を紹介した絵本『まぼろしのデレン』[*4]や、明治時代に自転車で世界一周無銭旅行をした中村春吉の伝記『わがはいは中村春吉である。』[*5]などがあります。

3 極地の時代

20世紀になると、海外では、1916年、南極を横断しようとしたシャクルト

ン隊28名が南極の海に取り残されて生き残った記録『エンデュアランス号大漂流』*6があります。また、日本の冒険家としては、アラスカの自然の写真を多く撮影し、ヒグマに襲われて命を落とした星野道夫のフォトエッセイ集『アラスカの詩』全3巻*7が冒険の意味を考えさせてくれます。

4 宇宙の時代

　かつての冒険が、先住者の生活を脅かし、環境を破壊することに無自覚だったことがあったとすれば、現代の冒険は、「人類と自然の共存」という考えなしには成立しなくなりました。そんななかで、関野吉晴『グレートジャーニー 人類5万キロの旅』1〜15*8は、東アフリカで誕生した人類が南アメリカの最先端にたどりつくまでの道のりを、自動車や列車などの動力を一切使わず、自転車やボート、徒歩で逆ルートでたどった冒険の記録です。著者の自然に対する考えや、民族学的な視点が写真とともに綴られています。また、登山家、野口健の『あきらめないこと、それが冒険だ』*9は、著者の「落ちこぼれ」の少年時代から、世界7大陸最高峰の登頂という冒険に成功し、エベレストに日本人の多くのゴミを見つけ、エベレストや富士山の清掃活動を行うまでの半生が語られ、目的地への到達だけが冒険ではないということが書かれています。友だちの死をきっかけに、自分を過酷な状況のなかへ置いて自分自身を見つめた『なんにもないけどやってみた　プラ子のアフリカボランティア日記』*10も若者の「冒険」譚です。宇宙への冒険も、有人とは限らない時代になり、『小惑星探査機「はやぶさ」宇宙の旅』*11のように、地球からプロジェクトの人たちが「はやぶさ」の冒険を見守る作品も書かれています。ほかにもブックリスト*12に多くの本が紹介されています。

　最近の作品の中には、テレビドキュメンタリー番組さながらの臨場感を大切にするあまり、客観性に欠けると思われるノンフィクションも増えているように思えます。事実を積み重ねることによって、「現代の冒険とは何か」という読者の考えを揺さぶる作品を読みたいものです。

(土居安子)

＊注1．松島駿二郎著、岩波ジュニア新書、2010
＊注2．チャールズ・ダーウィン作、荒俣宏訳、平凡社、1995〜1996
＊注3．ピーター・シス文・絵、原田勝訳、徳間書店、2005
＊注4．関屋敏隆作、福音館書店、2005　＊注5．横田順彌作、くもん出版、2011
＊注6．エリザベス・コーディー・キメル著、千葉茂樹訳、あすなろ書房、2000
＊注7．新日本出版社、2010〜2011　＊注8．小峰書店、1995〜2004　＊注9．学習研究社、2006
＊注10．栗山さやか著、岩波ジュニア新書、2011　＊注11．佐藤真澄著、汐文社、2010
＊注12．日本子どもの本研究会ノンフィクション部会編『こどもにすすめたいノンフィクション1987〜1996』一声社、1998

質問65 中学生に将来の職業や仕事について考える本を紹介したいと思います。どんな本がありますか？

1 世の中にはどんな「仕事」があるかを探す本

2003年に『13歳のハローワーク』(村上龍著、幻冬舎)*1 が出て、大変話題になりました。13歳という年齢を焦点化した巧みさと、「好き」をキーワードに仕事を探すというコンセプトが新鮮だったためです。ところが、「好き」はそうそう簡単にはわからないし、「好きな仕事」以外はだめなのだろうかと思わせた面もありました。そのため、「自分探し」はやめよう、「好きな仕事」ではなく「できる仕事」を提案すべきだという声が出ました。

現在は多様な切り口の職業ガイドの本が出版されています。チャート式で探す『職業ガイドナビ』1〜3(ほるぷ出版、2010、2011)、1971年からのロングシリーズ『なるにはBOOKS』(ペリカン社)、職場でのインタビュー「教えて先輩！わたしの職業」(中経出版、2011)、一日のスケジュールや道具や制服までイラストでくわしく紹介する「おしごと図鑑」(フレーベル館、2001〜2006)、修行時代の説明もある『職人になるガイド』(山中伊知郎著、新講社、2010)など。ユニークなのは、「会社の仕事」(松井大助著、ペリカン社、2012)です。『売るしごと』『つくるしごと』『考えるしごと』など、営業、販売、生産、総務、人事、企画、管理職など、会社員の仕事の中身を具体的にわかるようにくわしく紹介しています。

2 「仕事」や「働くこと」について考える本

仕事が見つからない、突然解雇されるなど、雇用が安定しない時代が続いています。『14歳からの仕事道』(玄田有史著、イーストプレス、2011)の著者は、将来仕事をするとき、どんな問題が起こってくるか、その問題にどんなふうに対処したらよいのかを語り、「やりたい仕事」と「向いている仕事」は重ならない、自分の個性や適性は最初から決まっているのではなく、仕事を続けるな

かでわかってくるといっています。

　雇用されて働くときには、労働に関する法律の知識が必要です。『15歳のワークルール』(道幸哲也著、旬報社、2007)や『君たちが働き始める前に知っておいてほしいこと』(大内伸哉著、労働調査会出版局、2011)は、労働者の法的な位置づけ、労働時間や休暇や解雇要件など労働者を保護する諸権利をわかりやすく解説しています。『この世でいちばん大事な「カネ」の話』(西原理恵子著、イーストプレス、2012)は、仕事をすること・お金を得ること・生きることは、どれも切り離せない人生そのものであることを、体験を元にゆるぎない信念で力強く語っています。

3 建築に関わる「仕事」の本を探してみる

　仕事の本を探す例として、建築に関わる仕事の本を図書館で探してみます。職業ガイド本では、『建築にかかわる仕事』(ほるぷ出版、2000)、『建築の仕事につきたい』(広瀬みずき著、中経出版、2011)、『ワザあり！大工』(くさばよしみ著、フレーベル館、2002)など多数あります。これらの本は、職業の本が並ぶ棚ではなく、工業や技術分野の本の棚にあります。読み物や絵本の棚でも、建築の仕事の本が見つかります。他の仕事の場合も同様で、職業の本の棚を見るだけでは、求める分野の仕事の本はそろいません。キーワード検索やさらに連想検索をして、棚を回って探します。建築家が自身の仕事の考え方や建築現場を語る本もあります。『建築バカボンド』(岡村泰之著、イーストプレス、2012)や「くうねるところにすむところ」シリーズ(インデックス・コミュニケーションズ、平凡社、2005〜)などです。同シリーズは、『家ってなんだろう』『おひとりハウス』『町を生きる家』などがあり、家づくりや街づくりなど、さまざまな視点で建築について語っています。

　仕事の本ではありませんが、『地球生活記　世界ぐるりと家めぐり』(小松義夫著、福音館書店、1999)は世界各地の家を写真で紹介しています。家の建て方も住まい方も地域や民族でちがうおもしろさが実感できます。『東京スカイツリー』(鈴木のりたけ作、しごとば４、ブロンズ新社、2012)は、さまざまな工程と建設職人の仕事を細密な絵で再現していて、現場を見学しているような臨場感があります。

　仕事や職業の本を紹介するときは、なり方のマニュアル本だけでなく、仕事のインタビュー集や、その仕事が生活のなかでどのように活かされているかなど、多視点から興味や関心を広げられる本を幅広く用意するようにします。

(川内五十子)

＊注１．最新刊は『新　13歳のハローワーク』村上龍著、幻冬舎、2010

質問66 ダンゴムシをテーマにした科学絵本にはどのようなものがありますか?

1 科学絵本を通してふれる科学の楽しさ

日々の暮らしのなかで子どもが抱く「なぜ?」「どうして?」という疑問。そんなとき、図鑑は、豊富な情報量のなかから正確な情報を示してくれます。

それに対し、科学絵本は情報量に限度があり、またすぐに疑問を解決してくれるわけではありません。しかし、読者に寄り添って一緒に答えを探し出す道筋をたどり、そのテーマに関してもっと知りたいと思うような楽しさをもたらしてくれます。その楽しさは、科学への興味の入り口に子どもを迎え入れ、次の段階へとつなげていくものといえます。

2 科学絵本の絵とは

通常、科学絵本の絵は細かで写実的です。対象をじっくりと観察して細密に表現し、写真よりもリアルに感じられる絵まであります。反対に、大づかみに本質を捉えた絵も、科学的であるといえます。

『かわ』(福音館書店、1962)など数多くの科学絵本を生み出してきた加古里子は、科学絵本の絵は、「作品の意図している科学性を、いかに『的確に』そして『過不足無く』伝えるかによってきめなければなりません。単に正確で、細かくかくだけが『科学的』ではないのです。」と述べています[*1]。

3 幼い子どものための科学絵本

ダンゴムシは、もともと子どもたちにとって身近で人気のある生き物ですが、21世紀に入って、多くの科学絵本の主人公になりました。

『ぼく、だんごむし』(得田之久文、たかはしきよし絵、福音館書店、2005)は、だんご

むしの「ぼく」が、食べ物、生息する場所、脱皮や越冬などの生態を、まるで友だちに話すかのように語ります。絵のたかはしきよし、文の得田之久のどちらも、昆虫の生態を精密に描いた写実的な科学絵本を数多く手がけていますが、本作では貼り絵という個性的な表現を用いています。2人の作家の長年にわたる自然観察の蓄積と緻密な写実力に基づいたこの作品は、幼い子どもが小さな生き物の生命力を感じ、その生態への興味をかりたてられる、いわば物語絵本のようにつくられた「科学絵本」になっています。

4 写真による科学絵本

次に、写真による2冊のダンゴムシの科学絵本を紹介します。

皆越ようせいは、自然とのふれあいに重点を置いた幼年向け、科学的な深い興味に応える小学生向けなど、対象によって語り口や視点の異なるダンゴムシがテーマの写真絵本を数々手がけています。そのなかで、『だんごむしみつけたよ』(ふしぎいっぱい写真絵本11、ポプラ社、2002)は、だんごむしが「ぼくをさがしてみて」と語りかけるという語り口と、全体像と細部を捉えた写真による構成で、観察することのおもしろさに読者を引き込みます。

同じ写真絵本でも、今森光彦の『ダンゴムシ』(やあ！出会えたね①、アリス館、2002)では、語り口も写真の印象も異なります。ダンゴムシに魅了され観察し続ける作者自身の語り、接写による写真はダンゴムシの姿に深く迫っていきます。読者はダンゴムシの存在感と造形美に心奪われ、この小さな生き物を通して、広い宇宙のなかにいる自分というものにまで思いを巡らせたくなります。小学校高学年や中学生の子どもたちにすすめたい一冊です。

5 子どもの興味・関心や成長に合わせて

科学絵本は、科学的に正しく、子どもにとってわかりやすく描かれることが必要ですが、一冊の流れのなかで、いかに読者が心を揺り動かされ、驚き、知る喜びを感じることができるかということも大切です。

この3冊の絵本は、表現方法もちがえば、つくり手側の視点も読者対象も異なります。しかし、いずれもダンゴムシの生態を明確に伝えようとする姿勢や、その存在を愛おしむ作者のまなざしが感じられます。それぞれの子どもの興味や成長に合わせた科学絵本を手渡していきたいものです。(鈴木穂波)

＊注1．加古里子『加古里子　絵本への道』福音館書店、1999

質問67

図鑑がいろいろ出ています。
図鑑はどう選んだらいいですか?

1 図鑑が子どもを夢中にさせるのはなぜ?

　絵本や読み物ではなく、科学の本ばかり手に取る子どもがいます。なかでも図鑑がお気に入りで、夢中になって見入ったり、シリーズを何冊も借りていったりします。彼らをひきつける図鑑のおもしろさはどこにあるのでしょう。

　図鑑を開くと自分の大好きなものが並んでいます。絵や写真がどのページにもあり、情報のジャングルを冒険するようなわくわく感や奥深さがあります。図鑑は、文章の難しさが気にならず、年齢にさほど関係なく楽しめます。眺めながら、知らないことをたくさん発見し、もっとたくさん、もっとくわしくと、自然に知識欲が高まります。また、世の中の森羅万象を扱っているので、どの子も関心のある分野を見つけることができます。

2 図鑑は年齢にこだわらないで選ぶ

　図鑑はさまざまな物や事柄を、簡潔な文と図や写真を使った全体像や分解図で説明する本です。図版も記述も、事実に基づいた、学術的に検証された情報であることが求められます。このことは、幼児向けのページ数の少ない、やさしい文章の図鑑でも同じです。また、科学情報は新発見や新学説がつぎつぎ生まれ、社会の制度や状況も年々変化します。選ぶときは、出版年や改訂されていることなどを確かめましょう。さらに、目次構成がわかりやすく索引が引きやすいなど、使い勝手のよいことも大切です。

　図鑑の魅力は、精密で美しい絵、わかりやすい図解、肉眼では見ることのできないミクロやマクロや瞬間の写真など、目を楽しませる視覚情報です。「ビジュアル博物館」[*1]というシリーズは、目を奪うほど美しい細密な絵が特徴です。漢字にルビもふられていませんが、イヌやネコや馬などの動物、楽器や

鉱物などの巻を子どもたちが熱心に借りていきます。図版が伝える情報を子どもたちは大まかにつかんで楽しんでいるようです。

　正確な情報と魅力的な図版が図鑑選びのポイントですが、興味と関心があれば年齢にこだわる必要はなさそうです。虫博士、乗り物博士には、本格的な大人向けの図鑑を選んだ方がよいかもしれません。

3 シリーズの図鑑の新しい流れ

　シリーズの図鑑は、「ニューワイド学研の図鑑」(24巻)と「小学館の図鑑NEO」(17巻)「ポプラディア情報館」(50巻)などがあります。目次、索引、凡例を備え、子どもたちが読んで楽しむ豆知識やコラムなどのトピック欄があります。学校図書館でもよく使われている基本的な図鑑ですが、2010年前後から、新しい切り口で構成した図鑑が出てきています。『いちばんの図鑑』『一生の図鑑』[2]、『くらべる図鑑』[3]、『日本はじめて図鑑』[4]、『できかた図鑑』[5]などです。これらは分野横断型の図鑑で、子どもが興味関心をもつ切り口で楽しめますが、各分野の図鑑を調べて「いちばん」を探すとか、「はじめて」という視点で分野ちがいのものも調べてみるとかという課題を先取りして情報を提供しているともいえます。

4 好きなものをとことん楽しむ図鑑

　1冊ずつの図鑑では、日本各地の川の流域ごとに石ころを並べた『川原の石ころ図鑑』(渡部一夫著、ポプラ社、2002)、鉱物が宝石であることを思い出させる『こども鉱物図鑑』(八川シズエ著、中央アート出版社、2007)、鳥のパーツにこだわった『いろいろたまご図鑑』(ポプラ社、2005)、『野鳥の羽ハンドブック』(高田勝・叶内拓哉著、文一総合出版、2008)、『日本の鳥の巣図鑑全259』(鈴木まもる著、偕成社、2011)、写真集のような図鑑のような福音館書店の写真記シリーズ『昆虫記』(今森光彦著、1998)、『海中記』(小林安雅著、1995)など、テーマは多彩で切り口も内容もユニークです。これらの本は、どれも子どもから大人まで楽しめます。

（川内五十子）

＊注1. 同朋舎刊行、2004年から「『知』のビジュアル百科」としてあすなろ書房から刊行
＊注2. 「学研のニューワイドｉ（アイ）」シリーズの第1巻と第2巻
＊注3. 「小学館の図鑑NEO＋（プラス）」シリーズ第1巻
＊注4. ポプラ社「もっと知りたい図鑑」シリーズの1冊
＊注5. ＰＨＰ研究所、2011

書影　書誌一覧

第3章 ✣ 本をえらぶ

質問48　『もこもこもこ』　谷川俊太郎作　元永定正絵　文研出版　1977年
質問49　『はらぺこあおむし』　エリック・カール作　もりひさし訳　偕成社　1976年
質問50　『ありがとうチョーさん長新太展ナノヨ』　松本猛企画編集　朝日新聞社　2007年改訂版
質問51　『こびととくつや』　カトリーン・ブラント絵　藤本朝巳訳　平凡社　2002年
質問52　『たんじょうびのおくりもの』　ブルーノ・ムナーリ作　谷川俊太郎訳　フレーベル館　2011年
質問53　左『ちいさいモモちゃん　あめこんこん』　松谷みよ子文　中谷千代子絵　講談社　1971年
　　　　右『あめこんこん』　松谷みよ子文　武田美穂絵　講談社　1995年
質問54　『かいけつゾロリ　はなよめとゾロリじょう』　原ゆたか作・絵　ポプラ社　2011年
質問55　『クヌギ林のザワザワ荘』　富安陽子作　安永麻紀絵　あかね書房　1990年
質問56　『アストリッド・リンドグレーン』　ヤコブ・フォシェッル監修　石井登志子訳　岩波書店　2007年
質問57　『黄金の羅針盤』　フィリップ・プルマン著　大久保寛訳　新潮社　1999年
質問58　『ピーターラビットのおはなし』　ビアトリクス・ポター作・絵　いしいももこ訳　福音館書店　1971年
質問59　『飛ぶ教室』　エーリヒ・ケストナー作　池田香代子訳　ヴァルター・トリアーさし絵　岩波書店　2006年
質問60　Alcott, Louisa May. *Little Women*. Penguin Books, 1989
質問61　『お江戸の百太郎』　那須正幹作　長野ヒデ子画　岩崎書店　1986年
質問62　『ベイカー少年探偵団』1 消えた名探偵　アンソニー・リード著　池央耿訳　評論社　2007年
質問63　『ホビットの冒険』上・下　J.R.R.トールキン作　瀬田貞二訳　寺島竜一さし絵　岩波書店　1979年
質問64　『生命の樹　チャールズ・ダーウィンの生涯』　ピーター・シス文・絵　原田勝訳　徳間書店　2005年
質問65　『新 13歳のハローワーク』　村上龍著　はまのゆか絵　幻冬舎　2010年
質問66　『ダンゴムシ』　今森光彦文・写真　アリス館　2002年
質問67　『日本の鳥の巣図鑑全259』　鈴木まもる作・絵　偕成社　2011年

［各書影は大阪府立中央図書館国際児童文学館蔵書より］

4 出版をめぐって

質問 68

日本で最初に出版された「白雪姫」は、どんな話ですか？

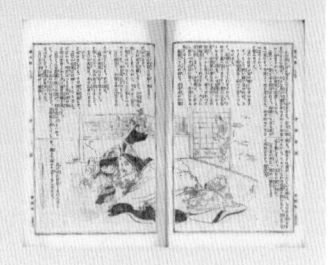

1 「白雪姫」とは

「白雪姫」はドイツの昔話で、グリム兄弟の童話集に収録されて有名になりました。『グリム童話集』は初版(1812年)から第7版(1857年)まであり、内容は少しずつちがうのですが、現在『グリム童話集』といえば普通第7版を指します。まずは、その第7版の「白雪姫」を簡単に見ておきましょう。

白雪姫は彼女の美貌をねたむ継母(王妃)に、何度も命を脅かされます。王妃は最初、家来の猟師に姫を殺させようとして失敗。その後、自ら手を下そうと、変装して姫が隠れ住む7人の小人の家を3度訪れます。そして、2度まではやはり失敗しますが、3度目に姫をだまして毒リンゴを食べさせ、目的を遂げるのです。しかし、死んでも美しい姫は通りかかった王子の心を捉え、王子は姫の亡骸を持ち帰ろうとします。その道中で棺が揺れて姫の口から毒リンゴが吐き出され、姫は蘇生して王子と結婚。その結婚式で、王妃は熱く焼かれた鉄の靴をはかされ、死ぬまで踊り続けたのでした。

2 本邦初訳の、原作に忠実な「白雪姫」

『日本におけるグリム童話翻訳書誌』[*1]等の参考図書にくわしく記されていますが、本邦初訳の「白雪姫」は中川霞城の「雪姫の話」で、明治23年(1890)の雑誌「小國民」に連載されました。訳文は、たとえば「雪姫さんは、夫れから、森の中に獨り泣いてゐました。(中略)たれも、助けてくれる人もありません」[*2]という文章からもわかるように、平易な口語体でした。

物語の内容は、グリムの第7版をほぼ忠実に再現しており、今日あまりにも残酷だとして、多くの童話集や絵本から削除されている王妃の最期に関する記述も、ここではそのまま訳されています。また、挿絵は全6回の連載中

150

1点しか掲載されませんでしたが、膝丈のワンピースを着た姫が小人たちの食事の世話をしているイラストは、家具も食器も西洋風に描かれ、原作の雰囲気をできるだけ伝えようとしたと思われます。

3 明治期の"翻案"「白雪姫」

しかし、この「雪姫の話」とはちがって、明治期の翻訳のなかには大幅な改変が見られるものもあります。たとえば、巖谷小波訳の「小雪姫」*3は、姫が小人たちと暮らし始めた時点で物語が終わってしまう上、挿絵では、「月の前」という名の継母も、姫自身も、垂髪に打ち掛け姿の日本女性として描かれているのです。ここまでくると、もはや「翻訳」ではなく「翻案」ですが、このような改変は当時はそれほど珍しくありませんでした。「白雪姫」に限らず、西洋の文芸をそのまま紹介すると、日本以外の文化をほとんど知らない当時の読者には、よく理解できない可能性があったからです。

4 「白雪姫」とディズニー・アニメ

さて、ここまで読んでくださった皆さんのなかには、ここに述べられた話は自分の知っている「白雪姫」とはちがう、とおっしゃる方があるかもしれません。すなわち、姫は王子のキスで目覚め、王妃は雷に打たれて死んだのではなかったか、と。じつは、それはディズニー・アニメ「白雪姫と七人のこびと」（1937年）の筋書きなのですが、このアニメを元にした絵本が大量に出回ったために、今ではグリムの原作よりこのストーリーの方がよく知られているのです。今日、日本人が文も絵も手がけた絵本にも、ディズニーの影響を受けたロマンティックな改変が見られることが指摘されています*4。

ディズニー・アニメは、母と娘の葛藤の物語であったグリムの「白雪姫」を、姫と王子のラブ・ロマンスへと改変しましたが、その背景にも、アニメ制作当時のアメリカの世相や文化状況が大きく関係しています。物語を原作のまま伝えるか、時代や状況に合わせて書き換えるか、についてはさまざまな議論がありますが、少なくとも読者が大人である場合、まずはとにかく原作をよく知るところから始めたいものです。

（横川寿美子）

*注1. 川戸道昭他編、ナダ出版センター、2000
*注2. 「小國民」1巻11号、1890年3月、學齢館
*注3. 「少年世界」2巻8号、1896年4月、博文館
*注4. 野口芳子「改変された日本の『白雪姫』」川戸道昭他編『日本におけるグリム童話翻訳書誌』ナダ出版センター、2000

質問 69

『不思議の国のアリス』には
さまざまな装丁や挿絵の本があります。
ほかにもこんな例がありますか？

1 アリスにおけるいろいろな挿絵

　一つの物語に複数の画家が挿絵を描いている場合があります。ルイス・キャロル（Lewis Carroll, 1832-1898）『不思議の国のアリス』の初版（1865）では、ジョン・テニエル（John Tenniel, 1820-1914）が物語の本質を捉えた挿絵を描き、物語と挿絵（左図）が一体化した作品が生まれました（初版前の私家版にはキャロル自身が絵をつけています）。その後現代に至るまで、アリスの世界を新たに描き出そうと、数々の画家が挑戦しています*1。20世紀初頭のマーガレット・タラント（Margaret Tarrant, 1888-1959）やアーサー・ラッカム（右図、Arthur Rackham, 1867-1939）、現代絵本作家アンソニー・ブラウン（Anthony Brown, 1946- ）など、同じテキストながら、大人の表情をしたヴィクトリア朝の少女から現代のティーンエイジャーを思わせるアリスまで、各々がまったくちがった世界をくり広げています。また、スロヴァキアのイラストレーターのドゥシャン・カーライ（Dusan Kallay, 1948- ）、日本の和田誠（1936- ）や宇野亜喜良（1934- ）の作品など、古典となったアリス物語が現代の作家たちの手によって新たな創作として生まれ変わっています。角川つばさ文庫のアニメーション的アリス像*2になると、まるで原書がちがう作品であるかのようです。

2 タイトルも表紙絵も変える──表紙・挿絵の重要性

　『ハリー・ポッターと賢者の石』*3は、イギリス版とアメリカ版（次ページ右上図）でタイトルや表紙絵がちがいます。イギリス版は *Harry Potter and the Philosopher's Stone*、アメリカ版は *Harry Potter and the Sorcerer's Stone* となっています。

イギリスではphilosopherという語で「魔法使い」という意味が伝わるのに対し、アメリカでは「哲学者」というイメージが大きいため、出版社からの強い要望で変更されました。また、イギリス版は、子ども版(左上図)と大人版(左下図)で物語は同じですが、表紙がちがいます。日本版の同書(右下図)も大人も読者対象とし、子どものハリーの姿をシルエットで入れ、抑えた色調で魔法学校とフクロウ、見守ったり見張ったりする人物を描き、舞台設定、人物設定を示し、謎解きを示唆するなど、作品内容を説明しています。

　翻訳版では、訳者によって作品世界の雰囲気がかなり変わりますが、表紙絵、装丁、挿絵によっても同様のことがいえます。版権の問題から、日本の画家が挿絵を描くこともよくあります。読者対象となる年齢層、文化による子ども観や児童文学観のちがいからも、絵は変わります。たとえば、『長くつ下のピッピ』では、原書のピッピ(イングリッド・ニイマン絵)は桜井誠絵の翻訳版[4]に比べて幼く、やんちゃで無鉄砲な雰囲気があふれているのに対し、桜井版では年齢もやや高く、分別のある少女に描かれており、ローレン・チャイルド絵の版[5]では、はちゃめちゃで奇想天外なピッピ像となっています。別の例として、デイヴィッド・アーモンド(David Almond, 1951-)の『肩胛骨は翼のなごり』[6]では、原書においても数種類の表紙絵がありますが、ほぼ力強い画風で青年が描かれている一方で、翻訳版は中性的で繊細なグラフィック画像が使われています。表紙絵、挿絵は画家の物語解釈を示すもので、子どもの本の魅力の大きな要素だといえます。

(福本由紀子)

* 注1．リチャード・ダルビー『子どもの本黄金時代の挿絵画家たち』吉田新一・宮坂希美江訳、西村書店、2006；
  舟崎克彦『不思議の国のアリス　ルイス・キャロルとふたりのアリス』笠井勝子監修、求龍堂、1991
* 注2．河合祥一郎訳、okama絵、アスキー・メディアワークス、2010
* 注3．J. K. ローリング作、松岡佑子訳、ダン・シュレンジャー画、静山社、1999
* 注4．アストリッド・リンドグレーン作、大塚勇三訳、岩波書店、1964
* 注5．菱木晃子訳、岩波書店、2007
* 注6．山田順子訳、東京創元社、2000

質問 70

『宝島』の翻訳リストはありますか？ 完訳、抄訳すべてのリストがほしいのですが……

1 完訳、抄訳とは

　完訳本とは原書を全文翻訳したもの、抄訳本とは原文の一部を省いて翻訳したもののことです。さらに「翻案」というものもあり、これは原書の大筋を用いるものの、細部を変えて作品をつくり直したもののことをいいます。

2 翻訳書の探し方

　翻訳書を網羅したい場合、出版されているすべての翻訳書の載ったリストはないということを念頭に置いてください。原著の出版年が古いほど、新訳が出たり、古い文献から新たに翻訳が見つかったりすることがあるからです。

　まずは、翻訳史の掲載されている事典や作品総覧等を見てみましょう。児童文学作品に関しては、『児童文学翻訳作品総覧』[*1]、『図説児童文学翻訳大事典』[*2]、『図説子どもの本・翻訳の歩み事典』[*3]、『翻訳図書目録』（日外アソシエーツ編）などがあります。これらは、基本的に明治から平成までの現在発見されている翻訳書を扱い、児童文学翻訳目録（書名・訳者・画家・原作者等）、時代や作品、原作者についての解説、翻訳の抜粋引用や挿絵、登場人物紹介、翻訳児童文学関連施設紹介など、翻訳児童文学についてのさまざまな情報を得ることができます。

　また、国立国会図書館（国際子ども図書館を含む）や大阪府立中央図書館国際児童文学館の所蔵リストを検索する方法もあります。けれども、これらのリストのなかにすべての翻訳作品があるとは限りません。国立国会図書館デジタルライブラリーは、収集・集積されている図書・雑誌のうち、インターネットで閲覧可能な電子化資料を公開しています。上記の事典や作品一覧とウェブ上の情報の両方に当たってみましょう。ネット検索時の注意として、外国人

の原作者やタイトルを入力する際に、いろいろな綴りを試してみなくてはなりません。たとえば、「宝島」の場合、原作者「スティーブンソン」だけでなく、「スティーヴンソン」「スティーブンスン」「スチブンソン」などを、タイトルも「宝島」だけでなく「たからじま」「宝嶋」「Treasure Island」など、いろいろな組み合わせで探る工夫をしましょう。

3 さまざまな翻訳版

　翻訳史や初期の翻訳書について研究する場合、その作品が単行本化される前から見ておく必要があります。『児童文学翻訳作品総覧』(2004年10月までのリストであり、これ以降の調査、また児童書として出版されたのではない『宝島』への調査も必要)によると、『宝島』の初訳(抄訳)は宮井安吉(訳者名は「卯の花庵主人」)による「新作たから島」で、雑誌「文芸倶楽部」(博文館)に、1895年1月から4月にかけて3回に分けて連載されています。この連載開始は、スティーブンソンが南太平洋のサモア島で急逝する1か月後のことでした。その次の翻訳版『宝嶋』は、冒険小説で知られる押川春浪訳により1914年5月と7月に前後2巻で新潮社より出され、最初の単行本となります。翻訳版三つめは相馬泰三訳「宝島」として、雑誌「童話」(コドモ社)に1922年1月から12月にかけての連載、と続いていきます。このように、初訳は大人向けの雑誌に掲載され、その後は子ども読者も視野に入れた出版となっていることがわかります。イギリスでは、最初少年向けとして連載されましたが、単行本となって大人読者に読まれたことでベストセラーとなりました。

　翻訳作品は、古典作品でも、タイトルが一般的なものに落ち着くまでには変遷があります。『宝島』では、上記に続き『黄金島』[*4]、『宝島探険物語』[*5]、『宝島講義』(全訳)[*6]等のタイトルが見られます。「宝島」の翻訳出版点数は多く、2004年まででざっと170点以上(戦前だけでも20点近く確認)あり、日本での人気が非常に高いことがわかります。

(福本由紀子)

* 注1. 主に国・地域別に編集、全8巻。川戸道昭・榊原貴教編、大空社・ナダ出版センター共同出版、2005〜6
* 注2. 1巻『図説日本の外国児童文学』2巻・3巻『原作者と作品』4巻『翻訳児童文学研究』児童文学翻訳大事典編集委員会編、大空社・ナダ出版センター共同出版、2007
* 注3. 子どもの本・翻訳の歩み研究会編、柏書房、2002
* 注4. 赤阪清七訳、イデア書院、1924
* 注5. 金の星社編、寺田良作絵、金の星社、1927
* 注6. 宮田峯一訳、健文社、1928

質問 71

中国の現代児童文学について、知りたいのですが……

1 「中国児童文学」というジャンル

「中国児童文学」を中国語で執筆された作品とすると、中国大陸だけでなく、台湾や香港といった地域のものが含まれ、マレーシアやシンガポール在住の華僑や華人が中国語で出版した子どもの読み物の総称として捉えることも可能です。しかし、中国語圏児童文学の全体像として捉える試みは、まだなされていないので、ここでは中国を中心に書いていきます。

中国児童文学に関する情報を発信しているところとして、日中児童文学美術センターと中国児童文学研究会があります。ともに中国児童文学の研究論考や翻訳作品を収録した冊子を発行し、イベントや研究会を開催している最新情報の発信源です。

2 中国の現代児童文学とは──1980年代まで

中国現代児童文学は、1950年代から日本語に翻訳されています。たとえば、小学5年生の女の子の生活を描いた『タオ・チーの夏休み日記』(1953)[1]には、北京に住むおてんばな女の子が登場します。また、願い事が叶う『宝のひょうたん』(1958)[2]には、願いが叶うひょうたんを手に入れ、魔法の力に頼って欲望のままに過ごす男の子が描かれています。これらの作品には、少年先鋒隊に所属する子どもたちの日常が描かれています。また、『宝のひょうたん』と同じ作者の『まぼろしの金持ち島』(1956)[3]には、ブルジョアの生活を選んだ兄と、労働者の道を選んだ弟の相反する運命が描かれています。

中国の現代文学のなかでも、特に1950年代から1980年代あたりの作品には、社会主義的な思想が込められており、児童文学にもそのメッセージ性がはっきりと表現されているものが多いといえます。

3 近年の作品

　中国では1976年に文化大革命が終了し、1980年代から新たな児童文学作家たちが登場しました。なかでも、「北の曹文軒、南の秦文君」と称されるように、北京で活動する曹文軒と、上海で活動する秦文君の2人の作品が高い評価を受けています。江蘇省の田舎にある草ぶき屋根の小学校を舞台に、自身の幼少期も交えて語った曹文軒の『サンサン』[*4]や、上海の子どもたちの生活を描いた双子の兄妹の物語『シャンハイ・ボーイ　チア・リ君』[*5]には、等身大の子どもが描かれ、中国の子どもの生活を垣間見ることができます。

　中国の児童文学作品を日本語で読むには、翻訳者の中由美子さんをキーワードとして探すとよいかもしれません。上海の名門中学に通う女生徒の事件を描いた『ある15歳の死』[*6]や、幼年文学の代表作とされる『すみれほいくえん』[*7]など、多くの作品の翻訳者として活躍しています。

　また、近年の中国では絵本の出版がさかんですが、日本語で手に取ることができるものとして、『ちいさなこまいぬ』[*8]、『チュンチエ　中国のおしょうがつ』[*9]や『パオアルのキツネたいじ』[*10]などがあります。台湾の作品には、『阿甲山の神木』[*11]や『カバランの少年』[*12]のほか、絵本には『パラパラ山のおばけ』[*13]などの作品が見られます。

4 今後、さかんになる

　中国や台湾で出版されている子ども向けの読み物のうち、日本に紹介されているものはごく一部です。中国でも「ハリー・ポッター」シリーズが人気を博しましたが、その後ファンタジー作品を執筆する作家が出てきました。また、沈石渓や格日勒其木格・黒鶴（コリロチムコ・ヘイホ）の動物物語や、韓寒のヤングアダルト作品などの力作も続々と出版されており、今後の中国の現代児童文学の動向からは目が離せません。

(浅野法子)

*注1．シエ・ピンシン（謝冰心）著、倉石武四郎訳、岩波少年文庫、1957　*注2．張天翼著、松枝茂夫・君島久子訳、岩波少年文庫、1958　*注3．張天翼著、伊藤敬一・代田智明訳、太平出版社、1977　*注4．曹文軒著、中由美子訳、てらいんく、2002　*注5．秦文君著、片桐園訳、岩崎書店、1996　*注6．陳丹燕著、中由美子訳、福武書店、1990　*注7．鄭春華著、中由美子訳、福音館書店、1992　*注8．キム・シオン作、長田弘訳、コンセル、2007　*注9．ユイ・リーチョン著、チュ・チョンリャン絵、中由美子訳、光村教育図書、2011　*注10．蒲松齢原作、心怡再話、蔡皋絵、中由美子訳、徳間書店、2012　*注11．鄭清文著、岡崎郁子訳、研文出版、1993　*注12．李潼著、中由美子訳、てらいんく、1998　*注13．ライマー作・絵、中由美子訳、岩崎書店、2006

質問72

『夏の庭』が海外でも出版されて賞をもらっていると聞いたのですが……

1 日本での出版

『夏の庭』[*1]は、夏休みに、人が死ぬのを見たいと思った小学6年生の3人の男子が、一人暮らしのおじいさんを見はることにし、おじいさんに見つかって、3人とおじいさんの交流が始まり、おじいさんが死を迎えるまでが描かれる作品です。

日本では児童文学者協会新人賞を受賞し、映画化されました。一方で、おじいさんが3人の少年に、戦争中に身重の女性を殺したことを「戦争だからな」と正当化した点について、子どもの本のなかで戦争責任をいかに語るべきかについて批判され、議論になりました[*2]。

2 『夏の庭』の海外での翻訳と受賞

『夏の庭』が海外で翻訳されているかどうかを調べるのに最適なサイトは国際子ども図書館の「外国語に翻訳された日本の児童書情報」です。また、1998年以前の情報なら、『海外で翻訳出版された日本の子どもの本1998』[*3]が冊子になっています。著者名を海外の書店や国立国会図書館のサイトでアルファベット入力することでも情報を得ることができます。国際子ども図書館で検索した結果では、チェコ、台湾、オランダ、フランス、セルビア、ブラジル、米国、スイス（ドイツ語）で訳されていることがわかりました。

一方、海外の賞について調べるには *Children's Book Award Handbook*[*4]や *Children's Book Awards International, 1990 through 2000*[*5]などの本が便利です。また、インターネットでは、「国際子ども図書館」や「やまねこ翻訳クラブ」に賞の最新情報が掲載されています。

『夏の庭』の受賞については、上記の本の索引でYumoto Kazumiを探すと、1996年に *The Friends*[*6]として出版され、翌年ボストン・グローブ・ホーンブッ

ク賞やもっともすぐれたアメリカ国内の翻訳作品に贈られる全米図書館協会のバチェルダー賞を受賞したことがわかります。また、アメリカで受賞したことがわかっていれば、アメリカ合衆国の代表的な書評誌 The Hornbook Magazine を見ることもできます。この雑誌には毎年総索引が付いていますので、訳された年の前後を見ると、受賞の言葉や受賞理由を探すことができます。

　The Friends の書評には、「死」という重要なテーマを扱っている点、3人の少年が、老人のことを心配し、深く結びついていく様子が異文化を感じさせる点が評価されていました*7。日本と海外の評価のちがいが興味深く、児童文学観、子ども観を見直すきっかけになります。

3 アジアに偏る日本の児童書の海外翻訳

　日本のアニメーションやマンガの海外輸出はさかんですが、日本の児童書が海外で紹介されている例は、日本での翻訳より圧倒的に少ないのが現状です。そのなかでも、ヨーロッパでよく知られている作品としては、安野光雅の『旅の絵本』、丸木俊の『ひろしまのピカ』などがあげられますが、韓国や中国などでは、日本で人気のある絵本がほぼ同時期に楽しめるほど多くの作品が翻訳・出版されており、林明子の『あさえとちいさいいもうと』は人気が高い作品です*8。宮沢賢治作品も海外で高く評価されており、韓国語、中国語、タイ語、英語、フランス語、ルーマニア語などに翻訳されています。

　また、マンガ、アニメーションの輸出とともに注目が集まっている作品もあります。たとえば、上橋菜穂子の「守り人」シリーズは英語、ドイツ語、フランス語、イタリア語等で訳されていますが、同著者の『獣の奏者』がアニメーション化された「獣の奏者エリン」（NHK著作制作）が英語、フランス語、ドイツ語で紹介されていることと関連していると思われます。日本で多くのアジアの国々の作品が翻訳されると同時に、より多くの国で日本の作品が翻訳されることを願っています。

（土居安子）

* 注1．湯本香樹実著、福武書店、1992、のち徳間書店、2001
* 注2．長崎源之助「児童文学の姿勢を問う」『日本児童文学』1993年8月号など
* 注3．社団法人日本国際児童図書評議会（JBBY）編・発行、1998
* 注4．Marks, Diana. Westport, Conn.：Libraries Unlimited, 2006
* 注5．Smith, Laura J. Jefferson, N.C.：McFarland & Co., 2003
* 注6．Hirano,Cathy翻訳、New York：Farrar, Straus and Giroux
* 注7．The Hornbook Magazine, Vol.72 Issue 6, 1996年11/12月号
* 注8．『中国語圏の絵本の現在　絵本は国境を越える』（2010年度国際交流事業報告集アジアの絵本シンポジウム）、財団法人大阪国際児童文学館、2011

質問73

昨年人気が高かった絵本を教えてください。

1 「人気が高い」とは？

「人気が高い」とは、どのような人たちの間での人気か、どんな地域や場所での人気かによって、あがってくる絵本は異なってきます。何を根拠に人気があると決めるのかなどは、かなり曖昧です。おそらく、この質問をした方は、新しい絵本の情報を得たいのだと解釈してお答えしていきましょう。

現在、子どもの本の情報誌は多数あります。地域の書店や図書館で手に入るお知らせチラシもあるでしょう。少し気をつけて見ていると、一般の新聞からも、毎週といってよいほど絵本情報を拾うことができます。まずは、自分のアンテナを張りめぐらすことが出発点です。

2 「人気の絵本」「話題の絵本」「注目の絵本」の主な情報源は？

想定する読者によって、「人気のある」とされる絵本は異なってきますが、以下の専門誌には、毎年の動向をまとめた号が発行されています。

イラストレーションやグッズに関心のある読者が多い「MOE」(白泉社)、絵本学会の機関誌「絵本ブックエンド」、児童文学作家が多く加入している日本児童文学者協会の機関誌「日本児童文学」、教員や学校司書を読者に想定した「学校図書館」(全国学校図書館協議会)、日本児童図書出版協会発行の「こどもの本」、文庫活動や読書ボランティアを続ける人たちの機関誌「子どもと読書」(親子読書地域文庫全国連絡会)、「子どもの本棚」(日本子どもの本研究会)、児童図書館員対象の「こどもの図書館」(児童図書館研究会)や「この本読んで！」(出版文化産業振興財団＝JPIC)などがあげられます。また、「NPO法人　図書館の学校」では、毎年、1年間に出版された子どもの本を紹介する講座を開き、『子どもの本○○年』というまとめ集を出版しています。同様の講座は、各地の図書館等で

も実施されています。そのほか、「みづゑ」「美術手帖」(ともに美術出版社)「イラストレーション」(玄光社)といった美術専門誌でも時々絵本の特集が組まれます。育児雑誌や保育雑誌にも絵本情報が満載です。

「売上げ」を人気の物差しとするなら、全国出版科学研究所の『出版指標・年報』には毎年15位までの結果が掲載されます。2012年版では『バムとケロのもりのこや』(島田ゆか作・絵、文溪堂、2011)が1位、『だるまさんが』(かがくいひろし作、ブロンズ新社、2008)、『はらぺこあおむし』(エリック・カール作・絵、偕成社、1976)などが続きました。背景には、物語内容以外の要素(キャラクターの流行、作家にまつわる話題性、マスコミの宣伝効果など)も関係していることを了解しておく必要があります。

インターネット上では、子どもの本の専門店「教文館」が発行する、新刊のメールマガジンがあり、その内容はホームページ上で読めます。絵本紹介サイト「絵本ナビ」も新刊紹介を行っています。そのほか、図書館や文庫などから「よく借りられた絵本」のリストが出されることもあり、これも人気の絵本を知る一つの手がかりです。ただ、小規模な限られた場の統計には、その絵本がどのように扱われたか、どのようなメンバー構成で楽しまれたかなど、その時その場の状況が関係するため、一般化できない場合もあります。

3 「人気が高かった」絵本の理由を考える

「人気が高い絵本」にはそれぞれに理由があり、それを考えることで人気と評価を結び付けることができます。地域や時代や社会との関係で人気があったという場合は、それらの関係性がなくなると人気も消えてしまいます。

一方、その絵本の人気が、文学の視点から、あるいは美術の視点から、科学の視点から、工学の視点からすぐれているなど、作品そのものがもつ要素に理由があったり、子どもの発達過程に見られる普遍的な興味に合致しているなどの理由であったりすれば、長く読まれる可能性があります。

現在は、絵本というジャンルそのものの人気が高く、読者対象も子どもだけに限定せず、さまざまな絵本がつくられ、すすめられています。人気は高くても、子どもに読んでよいのだろうかと迷う場合もあるでしょう。その絵本が「どこの」「だれに」「なぜ」支持されたかなどを客観的に判断しつつ、あなたの評価を重ねてください。「人気の高い絵本」に眼を向け、特にその理由を子ども対象に考えることは、自身の児童観を確認し、絵本観を深めていくことになります。

(永田桂子)

質問 74

1年間の子どもの本の出版点数はどれほどですか？ 最近10年間ぐらいで変化はありますか？

1　1年間の出版点数

『出版年鑑2012』(出版ニュース社)で過去10年間の児童書新刊出版点数をたどると、2002年は4,265点で、2005年に5,064点でピークになり、2011年には4,592点になっています。児童書に関してはこの10年で山なりのカーブを描いているということができます。子どもの本の書評誌「子どもと読書」[*1]の独自調査ではジャンル別にたどることができ、2005～2006年ごろに絵本がピークを迎えたことがわかります。

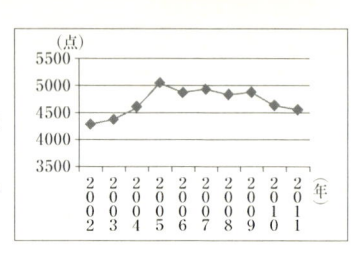

この数字をどう読むかは意見の分かれるところですが、少子化、子どもの読書離れが叫ばれているなか、10年前とほぼ同じ新刊出版点数であるというのは、かなり健闘していると考えることもできます。この原因の一つとして、2001年12月に子どもの読書活動の推進に関する法律が施行され、2005年7月には文字・活字文化振興法が施行されるなど、読書活動が国レベルで推進されたことがあげられます。それに伴い、公共図書館や学校図書館の充実のため地方交付税措置がなされました。2011年3月11日に起きた東日本大震災においては、児童書の寄贈が相次ぎ、子どもの本が見直されるきっかけにもなりました。震災で紙不足、インク不足が叫ばれつつも、出版が継続されたことが数字に反映しているといえます。

一方で、新刊書を多く出しながら、出版社が苦戦している状況が指摘されています。その象徴的な出来事としては、2010年に理論社が経営不振のため、民事再生法の適用を申請したことがあげられます。

児童書のジャンル別では、1999年に『ハリー・ポッターと賢者の石』(静山社)が出版されてから、ファンタジーブームが2007年ごろまで続きましたが、現

在は衰退し、幼年向き読物やヤングアダルト絵本が数多く出版されています。

2 雑誌文化の衰退

　一方で、雑誌文化については、大人向き子ども向きを合わせて衰退しているといわざるをえない状況にあります*2。

　児童雑誌としては、学習研究社の「科学」と「学習」が2010年に廃刊になり、小学館の学年雑誌も2012年現在で「小学一年生」「小学二年生」のみになりました。これは、子どもたちの興味関心が広がるなかで総合雑誌への魅力が減じたこと、また雑誌のもつ即時性という魅力がインターネットの普及によって減じてしまったことなどが理由としてあげられると思います。

　この傾向は、マンガ雑誌でも同様で、1995年に8億冊以上発行されていた児童マンガ雑誌が、2010年には約3億8千部に減少しました*3。雑誌で連載を読んで単行本を買うという読者が減り、アニメーションやドラマ化によって知った読者が直接単行本を買うという行動が増えました。続きを待つ、時間をかけて連載された長い物語を楽しむという読書行動が減っているということができます。そのようななかで、雑誌はなんとか衰退を止めようと、付録を増やしたり、豪華にしたりしている現状があります。

3 電子書籍の台頭

　日本では、2010年は「電子書籍元年」といわれました。ケータイ小説の流行、雑誌や小説などのインターネットによる配信開始、教科書の完全電子化、国立国会図書館での所蔵資料の電子化、市町村図書館でのデジタル書籍の貸出開始、電子書籍を読むための複数のタブレット販売など、デジタルで読書をするための環境が整いつつあります。子どもの本、絵本に関しても今後、電子化の波は避けられないでしょう。

　今後、電子書籍がより普及するなかで、「読む」という行為そのものの変化が予想されます。そのなかで、子どもの本はどうあり、どう読まれるべきかが問われます。

（土居安子）

＊注1．親子読書地域文庫連絡会編、岩崎書店　回答社245社、回答率68.3％
＊注2．一般的な雑誌については、星野渉「日本出版産業の構造変化　雑誌メディアの低迷とデジタル技術の影響」(「出版研究」39号、2008年、日本出版学会)にくわしい。
＊注3．篠田博之「変貌するマンガ市場はどこへ行く」「創」41巻5号、2011年4月、創出版

163

質問 75

大人の本はジャケ買いといわれていますが、子どももジャケットで買いますか?

1 子どももジャケットで選びます

　視覚的要素に強い反応を示す現代の子どもは、本の表紙を参考に本を選ぶことが圧倒的に多いといえます。表紙が表紙としての機能を果たしているかぎり、このことは問題視されるよりむしろ推奨されるべきですが、大人の本でも子どもの本でも、作品内容とかけ離れ、読み手をひきつけるためだけの表紙が付された本が多く出版されている現状を見ると、子どもたちに表紙をはじめとする装丁の意味についての理解を促す必要性を感じます。

2 本来、表紙は作品を物語る

　ジャケットとは、本のカバーのことで、ジャケ買い(ジャケット買いの略)とは、本のジャケットだけを見て購入する本を選ぶことを指します。
　表紙*1 は本来、読者を作品世界に誘うと同時に、作品全体を象徴する役割をもっています。表紙は、読む前には、タイトルと絵や写真、作者名によって作品世界のイメージを伝えると同時に物語世界の入口となり、読後には作品世界を喚起させたり、余韻に浸らせたりする働きをもちます。つまり、表紙によって物語が形づくられ、表紙をデザインした装丁家の作品解釈が、本の大きさや版型、表紙の絵、タイトルの字体や文字の配置などに表現されているということになります。
　絵本の場合は、作品全体が絵と文で構成されていますので、表紙は読み物よりも深く作品の内容に関わっています。多くの場合、主人公が紹介され、作品内容をある程度予測できるようになっており、読み終わって再び表紙を見ると、タイトルと絵から新たな発見をしたり、作品全体を思い起こさせたりするような役割があります。それゆえ図書館では、絵本の表紙が見えるよう

な書架が置かれています。

3 最近の表紙の傾向

　これまで多くの子どもの本の表紙は、人物にひきつけられて読むことを想定して、主人公が描かれることが多かったのですが、書評誌「ダ・ヴィンチ」*2 で「装丁大賞」がつくられるなど、大人の本の装丁が注目されだした影響で、子どもの本の装丁にも新しいきざしが見えてきました。その一つが、『カラフル』*3 です。児童書には珍しく、光沢のある黄色い紙のジャケットで、タイトル文字も著者名もアルファベット表記のみというものでした。この表紙が「持っていてかっこいい」と中高校生の間で人気を呼びました。
　版権や出版社の意図があって、海外の作品に日本の画家が絵を描くことは頻繁にありますが、ファンタジー作品『トレマリスの歌術師』全3巻*4 では、マンガ家である萩尾望都が表紙を描き、見習い巫女である主人公と外の世界からやってきた男の恋愛が強調された表紙になっています。
　一方で、子どもが自分で買うことが多い文庫（講談社青い鳥文庫、集英社みらい文庫、角川つばさ文庫など）は、キャラクター化され、マンガ化された主人公が正面から読者を見つめている絵が描かれることが多く、ライトノベルの影響を受けてジャケ買いを誘発しています。たとえば、『新訳ふしぎの国のアリス』*5 の表紙には、華奢でかわいいアリスがぬいぐるみの世界に入り込むような絵になっており、原作の雰囲気と異なっています。

4 表紙を読み解く力をもった子どもに

　読んだ子どもたちが、作品のイメージと表紙が異なることに異議を唱えるようになれば、手に取らせるためだけの表紙は減るのではないでしょうか。そのためには、学校等で子どもに表紙の意味を教える必要があると思われます。美しい装丁、表紙の本は、何度見ても見飽きず、手ざわりや重さを含めて、所有していることに満足感を覚えます。本は、表紙から裏表紙までトータルにデザインされた完成品であることを、子どもに伝えていきたいものです。　　（土居安子）

*注1．凝った装丁では、ジャケットと本体の表紙の絵が異なる場合があるが、本稿では、表紙をジャケットの表紙部分のことを指すこととする。
*注2．1994年創刊、メディアファクトリー
*注3．森絵都著、池田進吾装丁、理論社、1998
*注4．ケイト・コンスタブル著、浅羽莢子(1巻のみ)、小竹由加里訳、ポプラ社、2008〜2009
*注5．ルイス・キャロル著、河合祥一郎訳、okama絵、角川つばさ文庫、2010

質問76

賞をとった本は「すぐれた本」と考えてよいのでしょうか?

1 さまざまな「すぐれた本」が受賞

　賞は、「すぐれた本」を世に広く知らせて読んでもらうことを目的にしています。国内外に多数の賞があり、ジャンル・対象・主催者・選考方法はそれぞれ異なり、賞をとった本は各賞の枠組みのなかで選ばれた「すぐれた本」といえますが、「すぐれた本」はさまざまであるともいえます。

　受賞作について知りたい場合、選考組織や選考方法や選考メンバーなどの賞の枠組みや、過去の受賞作品など賞の歴史が手がかりになります。一例として、子どもの本の賞として90年の歴史を重ねてきたアメリカのニューベリー賞をとりあげます。

2 ニューベリー賞を例として

　ニューベリー賞は、1922年創設。ALSC(アメリカ図書館協会児童部会)が選考委員会を組織し、児童図書館員の投票で選ばれた年度の候補作品のなかから、受賞作と次点作(オナー)を選びます。受賞作には金のシール、次点作には銀のシールが貼られて店頭に並ぶので、受賞シールが子どもの本を買う大人たちにとってわかりやすい目印となり、本の販売におおいに貢献しています。翻訳された本の帯にも、この賞の受賞が宣伝として使われているのをよく見かけます。

　受賞作は毎年必ず選ばれ、受賞作なしの年度はありません。年度賞ですので、1年後なら、あるいは1年前なら結果は異なっていたかもしれないという想像が可能ですが、そもそもある年度の受賞作と別年度の受賞を逸した作品を比べることはできません。受賞作や候補作リストや選考委員会のメンバーなどの受賞に関する情報はホームページで見ることができますし、受賞作家のスピーチや略歴や選評が雑誌[*1]に掲載されています。

3 本の評価は時代によって変わる

　時代によって「すぐれた本」の評価も変わります。受賞作が忘れさられ、受賞を逸した作品が名作として長く読みつがれることがあります。ローラ・インガルス・ワイルダーの、邦訳『大草原の小さな家』シリーズとして知られている作品は、ニューベリー賞の次点作に1938年から1944年まで5回も選ばれましたが、受賞は一度もありません。1953年のE・B・ホワイトの『シャーロットのおくりもの』も次点にとどまっています。

　1985年創設のアメリカのフェニックス賞は、出版年度に受賞しなかった作品を20年後に表彰する賞です。1980年代に出版されたダイアナ・ウィン・ジョーンズやマーガレット・マーヒーの作品が2000年代に受賞しています。時代を経ても評価に値するかどうかを検証する賞といえます。

4 賞は本を知ってもらう一つの方法

　日本では受賞シールを貼る例を見かけませんが、全国学校図書館協議会主催の「青少年読書感想文全国コンクール」の課題図書には金のシールが貼られて店頭に並んでいます。

　日本にも子どもの本の賞[*2]が多数あります。よく知られているのは、産経児童出版文化賞、日本絵本賞、野間児童文芸賞など、新聞社や出版社などマスメディアが主催もしくは共催する賞です。選考委員に有名作家が名を連ねることが多く、大人の文学賞の芥川賞や直木賞の枠組みと似ています。

　賞は本を知ってもらうための普及活動の一つです。新しい作家や作品を見出すこともあれば、売れ筋の作品が選ばれることもあります。選考者や時代によって「すぐれた本」の見方は異なります。賞をとった「すぐれた本」の評価は、読者にゆだねられているといえます。

（川内五十子）

＊注1．*The Horn Book Magazine*（ホーンブック誌）に掲載
＊注2．東京子ども図書館編『日本の児童図書賞』（年代ごとに分冊で発行）日本エディタースクール出版部、1983～1998

［参考文献］
ルース・アレン『賞をとった子どもの本　70の賞とその歴史』こだまともこ監訳、玉川大学出版部、2009
『児童の賞事典』日外アソシエーツ、2009

［インターネット上の賞の情報］
各賞ホームページ、「国際子ども図書館」ホームページ、「やまねこ翻訳クラブ」ホームページ

質問 77

図書館で展示をします。ホームページに本の画像を掲載したいのですが、手続きの方法を教えて下さい。

1 著作物と著作権

図書館で、展示などのためにある作者の作品(著作物)を複製したり、複製したものをホームページに掲載したりしようとすれば、その著作物を創作した人(著作権者)の許諾を得る必要があります。

著作権は、〈著作物を排他的に支配しうる権利〉(『日本大百科全書』小学館)のことで、つくり手の創作物である著作の保護を目的に制定された知的財産権です。著作物とは、一般に作者の思想や心情・感情等を表現したもので、文学、美術、音楽等の範囲に属するものを指し、具体的な表現例としては、小説・脚本・音楽・絵画・建築・映画・写真などがあります。もちろん、児童文学作品や絵本、マンガなどもこれに含まれます。

2 著作物の利用

たとえ公共の展示などであっても、他人の著作物を無断で利用すると著作権の侵害になります。図書館での展示に際し、広報のためにホームページに本の画像を掲載するためには、著作権者の許諾が必要です。

この著作権について取り決めているのが「著作権法」という法律です。日本では明治32年に制定され、その後数次の部分的改訂を経て、現行の「著作権法」(昭和45年法律第48号)となりました。著作者の没後50年(映画の著作物は70年)までは、著作者の権利が保護されるように規定されています。

3 著作権者とその調査

ある著作物を利用したい場合、その本の出版社が現在も存在する場合は、

ほとんどの場合出版社が窓口になります。まずは著作権担当部署に許諾依頼の文書を送り、掲載許可の申請方法について相談してください。

出版社が現在存在しない、あるいは不明の場合、著作権者に個別にあたることになります。まず、その著作物に関わる著作者がどれだけいるかということを把握します。作品には、作者だけでなく画家や出版者など複数の著作者が関わっています。最初に、すべての著作者のリストアップを行います。次に、各著作者の権利が保護期間にあたるかどうか、つまり各著者が没後50年を経過しているかを調べます。

以上を調べるための資料として、『著作権台帳』(日本著作権協議会監修)『TRC人名典拠録』(図書館流通センター)『現代日本人名録』(日外アソシエーツ)『日本紳士録』(ぎょうせい)などがあります。『日本児童文学大事典』(大日本図書)では、児童文学関係者の生没年が参照できます。しかし、明治大正期の著作者などで、特に古い人名などは掲載されていないことも多くあります。こうした場合、インターネットを活用して生没年にかかる情報がないか調べてみます。国会図書館の蔵書検索で調べますと、著者の項目に生没年が記載されていることがあります。ただし、ネットで調査する場合、その情報が正しいものなのかどうか、また検索でヒットした著作者が探索している著作者と同一人物かどうかなど、慎重に調べる必要があります。

また、日本美術家連盟、日本ビジュアル著作権連盟、日本文芸家協会など、著作権を管理する団体に照会する方法もあります。著作者が判明したら、本人または著作権継承者に連絡をとり、掲載許可願を行います。

4 著作権者が不明のとき

どうしても著作権者が不明の場合、HPへの表紙画像掲載は別資料への差し替えも検討すべきです。一方、出版事業などの場合で、どうしても著作権者の許諾が必要にも関わらず、生没年や作者が不明のときはどうしたらよいのでしょう。著作物は利用できないのでしょうか。

こうしたケースのために用意されているのが、「著作権者不明等の場合の裁定制度」(文化庁)です。この制度は、著作権者が不明、あるいは連絡先がわからない場合、権利者の了解を得る代わりに文化庁長官の裁定を受け、著作物等の通常の使用料額に相当する補償金を供託することにより、著作物を利用できるようにするものです。

しかしこの制度の前提は、「相当な努力を払っても権利者と連絡がとれない場合」に限定されています。まずは、各種人名録や事典類、ネットや図書館・専門機関を活用して調べることが重要です。

(遠藤 純)

質問 78

児童文学作家／絵本作家になりたいと思っています。どうしたらなれますか？

1 児童文学作家になるには

　古典から新しい作品まで、ファンタジーからリアリズムまで、神話昔話もあわせて、たくさん読んでほしいと思います。また、なぜ児童文学を書くのか、なぜ子ども読者に向けて書くのかを問うてみましょう。

　そして、とにかく作品を書いて、書き上がったら、声を出して何度も読み直して推敲しましょう[1]。他の人に読んでもらうのもよいでしょう。同人雑誌や童話サークルのメンバーと批評し合って、切磋琢磨することも、実力を磨くのに役立ちます。

　大学やカルチャーセンターなどの講座で創作を学ぶ方法もあります。児童文学者協会や児童文芸家協会でも創作講座を開いています。ジョーン・エイキンの『子どもの本の書きかた』[2]、ジャンニ・ロダーリの『ファンタジーの文法』[3]、寺村輝夫の『童話の書き方』[4]など、作家が創作について書いた本は、児童文学や文体などをどう捉えているかが書かれていて参考になります。

　公募にもチャレンジしてみましょう。大賞作品が単行本になって、プロデビューできる公募もあります。出版社に作品を持ち込む方法もありますが、どこに持ち込めば可能性があるかは、じっくり検討することが必要です。

2 絵本作家になるには

　「絵本とはなにか」をつかむために、好きな作家の絵本だけでなく、ロングセラーの絵本や自分の作風とちがう絵本も含めて、たくさん読みましょう。

　そして、自分のなかにあるつくりたい作品を形にしてみましょう。絵本は全体の流れが大切ですので、全部を並べて展開をチェックし、声を出して文章を読んでみて、冗長でないか、わかりにくくないか、推敲します。ときには

他の人に批評してもらうことも大切です。

　大学や専門学校のほかに、トムズボックスの「あとさき塾」やパレットクラブスクールの絵本コース、メリーゴーランド絵本塾、ギャラリーVieの「絵話塾」、カルチャーセンターの絵本創作講座などもあります。雑誌「MOE」や「イラストレーション」でも誌上講座や絵本作家のインタビューが掲載されたりしています。『絵本作家という仕事』[*5]『絵本作家のアトリエ　1』[*6]などのインタビューをまとめた本やマーシャ・ブラウンの『絵本を語る』[*7]なども参考になります。

　作品ができたら、公募にも応募してみましょう。個展を開いたり、インターネットで作品を公開したりして、多くの人に見てもらってチャンスをつかむ方法もあります。出版社に持ち込む場合もあります。

3　児童文学・絵本の公募

　さまざまな公募があるので、選ぶ必要があります[*8]。応募先を決めたら、必ず主催者が公開している応募要項をよく読み、規定にしたがって応募しましょう。おもな公募を紹介します。

〈児童文学〉講談社児童文学新人賞、小川未明文学賞、福島正実記念SF童話賞、
　　　　　児童文学ファンタジー大賞　など
〈絵本〉講談社絵本新人賞、ボローニャ国際絵本原画展　など
〈児童文学と絵本〉日産 童話と絵本のグランプリ

4　あせらないで、あきらめないで

　作家になるのに時間がかかっても、あせらないで、経験を積み重ねてください。作家の富安陽子も、自らの体験から、「いろんなことにアンテナを張り巡らして、好奇心持って毎日を暮らす」ことが大切だと述べています[*9]。そして、できた作品を「読者の目」で読み通し、推敲を重ねましょう。そのとき、子どもであったときの自分がこの作品を楽しむことができるか、客観的な評価ができることが重要です。

(小松聡子)

*注1．角野栄子は『ファンタジーが生まれるとき』(岩波ジュニア新書、2004)の中で声を出して読んで推敲すると述べている。　*注2．猪熊葉子訳、品文社、1986　*注3．窪田富男訳、筑摩書房、1978　*注4．講談社現代新書、1982　*注5．講談社、2012　*注6．福音館書店、2012　*注7．上条由美子訳、ブック・グローブ社、1994　*注8．公募先は「公募ガイド」(公募ガイド社)などの雑誌やインターネットのサイトでもチェックできる。　*注9．「ファンタジー作家という仕事」『児童文芸』49巻6号、2003年12月

書影　書誌一覧

第4章 ✣ 出版をめぐって

質問68　「小雪姫」　巌谷小波訳(「少年世界」2巻8号博文館　1896年4月)

質問69　p152左　Carroll, Lewis. *The Annotated Alice: Alice's Adventures in Wonderland & Through the Looking-Glass*. Original illustrations by John Tenniel. Introduction and notes by Martin Gardner. W. W. Norton & Company, 1960

　　　　p152右　Carroll, Lewis. *Alice's Adventures in Wonderland*. Illustrated by Arthur Rackham. First published 1907 by William Heinemann Ltd., Reissued 1989 and reprinted 1990 by William Heinemann Ltd.

　　　　p153左上　Rowling, J. K. *Harry Potter and the Philosopher's Stone*. Bloomsbury, 1997 Cover illustrations by Thomas Taylor.

　　　　p153左下　Rowling, J. K. *Harry Potter and the Philosopher's Stone*. First published in Great Britain in 1997 by Bloomsbury Publishing. This paperback edition first published in 2004, Cover image: Michael Wildsmith.

　　　　p153右上　Rowling, J. K. *Harry Potter and the Sorcerer's Stone*. Illustrated by Mary Grand Pré. Scholastic Press, 1999

　　　　p153右下　『ハリー・ポッターと賢者の石』　J.K.ローリング作　松岡佑子訳　ダン・シュレンジャー画　静山社　1999年

質問70　『宝島』　髙垣睦著　スチブンソン原作　嶺田弘口絵・挿絵　大日本雄辯会講談社　1937年

質問71　『サンサン』　曹文軒著　中由美子訳　和歌山静子画　てらいんく　2002年

質問72　Yumoto, Kazumi. *The Friends*. Translated by Cathy Hirano Farrar. Straus & Giroux, 1996

質問73　「MOE」　34巻2号(388号)2月号　白泉社　2011年12月

質問74　「子どもと読書」　392号3・4月号　岩崎書店　2012年2月

質問75　『ふしぎの国のアリス』　ルイス・キャロル作　河合祥一郎訳　okama絵　角川書店　2010年

質問76　『賞をとった子どもの本』　ルース・アレン著　こだまともこ監訳　熊谷淳子、本間裕子訳　玉川大学出版部　2009年

質問78　『ファンタジーが生まれるとき』　角野栄子著　くぼしまりおカバーイラスト　岩波書店　2004年

[各書影は大阪府立中央図書館国際児童文学館蔵書より]

児童文学・児童文化いろいろ

質問79 子どものための本や文学がつくられたのはいつごろからですか?

1 「子どもの本」とは

　日本で最初の子どもの文学を問うことは、子どもの文学とは何かを問うことにほかなりません。大人が子どもを意識して創作した文学という狭義の立場から、子どもが登場する、あるいは子どもも読める文学という広義まで、子どもの文学をいかに捉えるかによって起点や作品も変わります。ここでは、大人が読者としての子どもを想定して描いた物語を主として、子どもが楽しんできた文学を視野に入れて考えてみます。

2 子ども向け文学の源流

　元は大人を対象としたものですが、室町から江戸時代にかけてつくられた絵入り物語である「お伽草子」や、そのなかで明るい彩色で素朴な作風をもつ「奈良絵本」は子どもたちにも受け入れられたといわれており、これが源流の一つと考えられます。また、江戸中期以降、大衆的な絵入り本である草双紙のうち、「赤本」と呼ばれる子ども向け絵本が刊行されて人気を博し、題材として昔話や祝いもの、合戦もの、知識ものなどが描かれました。

3 子ども向け読み物の萌芽——江戸期の子ども本

　一方、江戸文化の二大特色は、「印刷出版(製版)と寺子屋の普及」[*1]といわれます。近世初期には木版の製版印刷によって一定の大量生産が可能になり、寺子屋の普及も相俟って、子ども向け絵本などもつくられて流通しました。今日確認されているかぎり、江戸前期にあたる延宝6年(1678)には少なくとも子ども向け絵本が刊行されていたそうです。このころから幕末、明治初期

にかけて、子どもに物語を提供する豆本や絵解き、絵双六、組上げ、立版古といわれるおもちゃ絵などの刷物や、往来もの（前近代の教科書）等が多く刊行され、これらは明治期にも引き継がれて子どもに届けられていきます。

4 教育対象としての子どもの発見

　明治初年になり、教育が重視されるようになると、知識や啓蒙を主眼とする出版物が相次いで誕生します。『訓蒙窮理図解』（1868）『世界国尽』（1869）『童蒙をしへ草』（1872）は福沢諭吉によるもので、国内外の激的な変化に伴って国外情勢にかかる知識や情報に関心が高まり、子どもに理科的あるいは修身・社会に関わる読物を提供しようとしたことが背景にあります。また、学制（1872）公布後、教育関係者による『西洋童話』（1874）『少年之玉』（1890）といった、昔話的な読物や立身出世を扱った作品も生まれました。

5 布教対象としての子ども——キリスト教関係者の活動と翻訳

　一方、明治の早い時期から『さいはひのおとづれわらべてびきのとひこたへ』（1872）「ちゑのあけぼの」（1886）などの子ども向け出版物が増え、布教対象としての子どもを意識し、教化するための手段として読物が刊行されていきます。またこの時期、グリムをはじめとする翻訳が多く刊行されますが、若松賤子が「女学雑誌」に「小公子」を訳出するなど、明治初期からキリスト教関係者はこの分野に大きな役割を果たしました。

6 巖谷小波のお伽噺——本格的な子ども向け物語の誕生

　明治中期になり、教育の普及に伴って子どもという新たな読者が形成されると、本格的な子ども向け物語が誕生します。巖谷小波は、「少年用文学」との意味を付与したわが国初の「少年文学叢書」全32冊（博文館）を刊行し、世に問います。第1編は小波の『こがね丸』（1891）。本書が日本の近代児童文学の始まりといわれるのは、爆発的ともいえる読者獲得により児童文学の市民権を確立したことに加え、小波自身が同書を契機に口演童話・絵本・児童演劇・教育など多くの関連分野へ貢献し、創始者または指導者となって明治以降の児童文学界を牽引したことにもよります。ちなみに、作品『こがね丸』は、江戸戯作文学の流れを汲む古風な仇討譚で、起伏に富んだ物語とユーモアあふれる展開が、子ども・大人を問わず当時の読者を魅了したといわれています。

（遠藤　純）

＊注1．小池正胤「江戸期子ども本」「近代以前の児童文学」東京書籍、2003

質問 80

日本の子どもの本の歴史について知りたいのですが……

1 「通史」の難しさ

　歴史を知るために最初に手に取るべきは、いわゆる「通史」でしょう。ただし、日本の子どもの本の歴史を通観した書物はそれほど数が多いわけではありません。長い年月や広範な事象を扱いますし、社会の変化や新資料の発見などによって、つねに書き換えられる可能性があるからです。たとえば近代児童文学の起点をどんな事象や作品に置くかという事柄一つをとっても、巌谷小波『こがね丸』(1891)を評価するような創作重視の立場がある一方で、小波以前の翻訳や知識読み物を重んじる立場もあります。絵本や演劇、詩歌などのジャンルをどのように位置づけるかも、論者によってスタンスはさまざまです。

2 論者の方法や立場に着眼して

　『日本児童文学大事典』第二巻の「児童文学史」の項目[*1]では、文学史の方法を「もっとも素朴な記述主義」をはじめ、「社会との関係でみていく歴史社会主義」「一般文学との関連を重視する文学主義」「児童文学を児童文化の一つと位置づける児童文化主義」など8つの立場に分類しています。こうした方法論のちがいによっても、通史で言及される事象や作品にちがいが生じます。いずれにせよ、「これ一冊読めば子どもの本の歴史がすべてわかる」といった文献は存在しません。いくつかの通史を読み比べることで、複数の角度から「日本の子どもの本の歴史」が浮かび上がってくるといえるでしょう。

3 戦後の代表的な通史

　通史の出版がさかんになるのは第二次大戦後です。菅忠道『日本の児童文学』[*2]

は「近代日本の社会文化史的な背景のなかで、児童文学の発展過程をあとづけてみよう」(「まえがき」)とのねらいで執筆されたもので、先述の歴史社会主義の方法に立った代表的な通史の一つです。同時期にはできごとを重視する菅の叙述に対し、より作品や作家に即する形で歴史的な流れを概説した鳥越信『日本児童文学案内　戦後児童文学革新まで』[*3]も刊行されました。

　さらに、明治期の児童文学の展開を叙述した木村小舟『少年文学史　明治篇』上下巻・別巻[*4]、童謡史を通観した藤田圭雄『日本童謡史』[*5]、明治期から70年間の児童演劇のあゆみを跡づけた冨田博之『日本児童演劇史』[*6]というように、時代やジャンルを限定すれば通史の数はぐんと増えます。

4　通史が生まれにくい時代

　2000年以降の出版では鳥越信『はじめて学ぶ日本児童文学史』[*7]があり、また巻頭に通史を置き、ほかにジャンル別の展望や代表的な作家・作品の紹介を編んだ入門書として関口安義『アプローチ児童文学』[*8]のような本も出ています。前者は従来ほとんど言及されなかった明治初期の動向に鍬入れしている点で、後者は漫画やアニメーションを児童文学の諸分野に位置づけている点でそれぞれ特色や現代性をもっていますが、2冊とも複数の執筆者による共著です。また各時代の代表的な著作を編年順に紹介するブックガイド[*9]の出版もさかんですが、こうした書物では人的交流や実践活動のような作品以外の動向の把握が難しく、歴史を知る上では補助的なツールといえます。

　現代は一人の著者が自らの史論に基づいて書き通すような、単著の通史が生まれにくい時代といえるかもしれません。研究の学際化や時代別・ジャンル別の研究の進展、あるいはYAの活況に象徴されるようなボーダーレス化などにより、子どもの本の全体像を見渡すことが難しい時代になりました。子どもの本の歴史は児童文学の歴史で、文学に偏っていましたが、今後はもっと広い視野で子どもの本の歴史をとらえる必要があります。

(酒井晶代)

* 注1．向川幹雄「児童文学史」大日本図書、1993
* 注2．大月書店、1956、1966増補改訂
* 注3．理論社、1963、同書の増補改訂『日本児童文学』建帛社、1995
* 注4．童話春秋社、1942〜1943、1949増補改訂、大空社、1995復刻
* 注5．あかね書房、1971、同書の改訂『日本童謡史』全2冊、1984
* 注6．東京書籍、1976
* 注7．ミネルヴァ書房、2001
* 注8．翰林書房、2008
* 注9．鳥越信編著『たのしく読める日本児童文学』全2冊、ミネルヴァ書房、2004、佐藤宗子・藤田のぼる編著『少年少女の名作案内』全2冊、自由国民社、2010など

質問 81

21世紀に入って子どもの本はどう変わりましたか？

1 さまざまな「多様性」

　21世紀の子どもの本の変化は、「多様性」というキーワードで表すことができます。まず、絵本の読者が多様になりました。2001年にブックスタート《☞26》が始まり、赤ちゃん絵本への注目が高まると同時に、小学校高学年以上を対象にしたヤングアダルト絵本も多く出版されるようになりました。一方、翻訳作品については、これまで欧米中心だった翻訳作品が、韓国、中国などのアジア諸国やアフリカ諸国の本も翻訳されるようになってきました。子どもの本のなかに描かれる人物についても、さまざまな障がいのある人物や、さまざまな文化的背景の人物、血のつながっていない親のいる子どもなどが描かれるようになっています。「性」や「死」というテーマについても、1980年ごろからタブー視されることはなくなってきましたが、性同一性障害やホモセクシュアルを含めた性の問題《☞20》、殺人や自殺が描かれるなど《☞29》、描かれ方に変化が見られます。そして、「物語とは何か」という問いがなされるなかで、子どもの本のなかにも絵本や子どもの本の本質を問いかけるような「メタ絵本」や「メタフィクション」があらわれてきたことで、子どもの本に深さと広がりができています。
　このように子どもの本の作品も読者も多様になったことで、「よい本とは何か」「名作」という評価そのものも多様になっています。

2 メディア・ミックス社会のなかで

　マンガ、アニメーション、ゲームなど、さまざまなメディアで物語が楽しめる状況も、子どもの本の状況を変化させています。視覚的に物語を享受することが当たり前になり、マンガ的な絵が商品や広告でも多用されているため、

子どもの本の挿絵や表紙の絵にも変化が見られます《☞75》。

また、小説でも、ゲームときわめて似通ったキャラクター造型とストーリー展開をもつライトノベル《☞95》や、携帯電話で連載小説を読む「ケータイ小説」などのジャンルが流行しています。子どもの本も、キャラクター造型やストーリー展開、会話体が多用される映像的な文体や視覚的インパクトの強い挿絵など、さまざまな面で大きな影響を受けています。

加えて2010年は「電子書籍元年」といわれ、2012年現在、電子書籍の波が徐々に子どもの本にも押し寄せてきています。一部の図書館では児童書読物を電子メディアで貸出することがすでに可能になっていますし、電子絵本も販売されています。

一方で、活字離れに危機感をもつ国が子どもの読書活動を積極的に進め、子どもの読書に関わるボランティア活動が活発になっています。反面、活動の内容によっては言葉や絵をじっくり楽しむというより、その場でわかってすぐに笑える本が増えることを助長しているという側面もあります。

3 子どもの本というジャンルの揺らぎ

社会のなかでの子ども観が変化するなかで、子どもの本にも変化が起きています。子どもも消費社会のなかに取り込まれるようになり、少年犯罪の厳罰化にも見られるように、社会全体が「子ども」という枠組みをこれまでより曖昧に捉えるようになってきています。そのなかで、ゲームやマンガ、小説や絵本など、子どもも大人も楽しむメディアが増えてきて、対象を「子ども」と限定する作品が減ってきています。児童文学を書いてきた森絵都や角田光代、あさのあつこなどが大人向けの小説を書いたり、宮部みゆきが児童書を書いたりするなど、作家の往来もさかんです。このような変化は子どもの本のボーダーレス現象とよばれています[1]。

4 問い続けることの大切さ

日本では2011年3月の東日本大震災を経験し、メディアのありようへの問い直し、物語への欲求や言葉の力やコミュニケーションの重要性の見直しが起こっています。多様な社会やメディアを受け入れながら、「子どもとは何か」「言葉とは何か」「子どもの本とは何か」について意見をもち、その意見を人と交換し、この問いを考え続けていきたいと思います。

（土居安子）

*注1. 野上暁『越境する児童文学　世紀末からゼロ年代へ』長崎出版、2009

質問82

日本の児童文学は欧米の影響を受けていると聞きますが、明治期にはどんな作品が翻訳されていたのでしょうか？

1 明治初期の翻訳児童文学

　長い鎖国の時代に終止符が打たれた明治期、日本の国は政治経済の制度をはじめとする欧米のさまざまな文化・文明を意欲的に取り入れましたが、人々の関心が子どもの文学に及ぶまでにはかなりの時間がかかりました。それでも、明治10年代にはヴェルヌ『新説八十日間世界一周』*1、スウィフト『絵本鷲瓈瓈児回島記』(『ガリバー旅行記』)*1、デフォー『絶世奇談魯敏孫漂流記』(『ロビンソン・クルーソー』)*1といった海洋小説・冒険小説の翻訳・抄訳が単行本の形で出版されたのですが、より低い年齢層向けの童話や物語の紹介は、それよりやや遅れ気味に、おもに教科書や雑誌を通じてなされました。

2 グリム童話、アンデルセン童話の導入

　グリムやペロー、アンデルセンなどの童話が最初に日本人の目にふれたのは、英語を介してのことでした。1875年(明治8年)、東京英語学校で使われた外来の英語教科書に「シンデレラ」「赤ずきん」「みにくいアヒルの子」など、多数の童話が掲載されていたことによって、当時の知識層の間に近代的な児童文学への関心が広がりました。その流れは、「羅馬字雑誌」*2や「女学雑誌」*2といった大人向きの雑誌に、「裸の王さま」や「蛙の王さま」等の童話がいくつも翻訳されることへとつながっていきました。

　明治20年代になると、「少年園」*3「小国民」*3「少年世界」*3等の児童雑誌が続々創刊され、そこでも欧米の児童文学の翻訳がさかんに行われるようになります。そして、時代が下るにつれて次第にとりあげられる作品の幅も広がり、単行本での翻訳も増えていきました。

3 明治期に紹介された長編作品

　以上のことを念頭において明治期全体を見渡し、今度は、欧米諸国からの主だった長編作品の翻訳をあげてみましょう。

　まずアメリカからは、前述の「女学雑誌」にバーネット『小公子』が若松賤子訳で連載され(1890～92年)、独特の口語文で注目されたほか、オルコット『小婦人』(『若草物語』)*4も刊行されています。イギリスからはシューエル「名馬墨染」(『黒馬物語』)*4が雑誌「女学草紙　なでしこ」に、キプリング「狼少年」(『ジャングル・ブック』)*4が「少年世界」に連載。キャロル『愛ちゃんの夢物語』(『不思議の国のアリス』)*4も出版されました。英語圏以外では、フランスのヴェルヌ「十五少年」(『二年間の休暇』)*5が「少年世界」に連載、マロ『未だ見ぬ親』(『家なき子』)*5が刊行されたほか、イタリアのデ・アミーチス『教育小説 学童日誌』(『クオレ』)*5も訳出されています。

4 日本への影響

　以上に見てきたように、明治期には、今日も読まれ続けている欧米の有名な童話や長編児童文学作品が、抄訳や翻案も含め、数多く紹介されました。言い換えると、これらの作品はその後何度も翻訳・翻案し直され、あるいはマンガ化・アニメ化されて、各世代に親しまれ、今日にいたっているわけです。一方、同時期に書かれた日本の児童文学作品で、今日もなお読まれ続けているものはほとんどなく、そういう息の長い作品が出現するのは、大正期に「赤い鳥」等の童話雑誌が刊行されて以降のこととなります。このこと一つとってみても、欧米の児童文学が日本の文化に及ぼした影響の大きさは、十分うかがい知れるでしょう。

　いずれにしても、明治以降、海外の児童書を大量に翻訳し続けて来た日本は、翻訳に関する調査・研究もさかんで、図書館へ行けば、『図説子どもの本・翻訳の歩み事典』*6や『図説児童文学翻訳大事典』*6などの参考図書から、さまざまな情報を得ることができます。

(横川寿美子)

*注1．順に、川島忠之助訳、1878。片山平三郎訳、1880。井上勤訳、1883
*注2．共に、1885年創刊
*注3．創刊年は、順に、1888年、1889年、1895年
*注4．順に、北田秋圃訳、1906。西華生訳、1896。黒田湖山他訳、1899。丸山英観訳、1910
*注5．順に、森田思軒訳、1896。五来素川訳、1903。杉谷代水訳、1902
*注6．順に、柏書房、2002、全4巻。大空社、2007

質問83 最近刊行された世界名作全集を紹介してください。

1 「名作」とは

　家庭の書斎や応接間に名作全集が並んでいた時代がありました。また、世界名作がテレビアニメーションのシリーズとして放送されていた時期もあります。「名作」という言葉は私たちにとってなじみぶかいものですが、そこには伝承文学から創作まで広範な作品が含まれることに注意しましょう。

　『日本児童文学大事典』第二巻[*1]では、児童文学における名作を「内容が古典性・普遍性をそなえて」おり、「作品が成立し、読者に享受されるようになって相当の年月をへてなお、児童向き出版物として流通する可能性をもつ作品」と捉えたうえで、「一般の大人に『常識』としてよく知られている作品を指す場合もある」と補足しています。「名作」は出版や流通サイド、さらには子どもに本を手渡す大人たちによって形づくられた概念であるといえるでしょう。そして、それらは時代や社会状況によって変化しうるものであることも忘れてはなりません。

2 「名作全集」の系譜

　翻訳を含む全集やシリーズの出版がさかんになるのは大正期からです。1915年には冨山房から「模範家庭文庫」全24冊[*2]の刊行がはじまり、文壇作家が翻訳に携わったことや豪華な造本が評判になります。シリーズ名からうかがえるように、当時勃興しつつあった都市中間層の子どもたちを意識した企画でした。さらに昭和初期になると出版界では大量生産・廉価販売の全集、いわゆる「円本」がブームになります。児童文学の分野でも1927年に興文社・文芸春秋社による「小学生全集」全88冊とアルスの「日本児童文庫」全76冊が刊行を開始し、熾烈な宣伝合戦が話題をよびました[*3]。

第二次大戦後には創元社「世界少年少女文学全集」第1部50冊、第2部18冊、講談社「少年少女世界文学全集」全50冊*4など、高度経済成長を背景に各社から続々と名作全集が刊行されておおいに売れた半面、さまざまな時代や文化圏で生み出された作品を一定のボリュームや同一の体裁で刊行することの是非をめぐる議論も活発化しました。また、ややコンセプトを異にする形で岩波書店から「岩波少年文庫」*5の刊行が始まったのもこの時期です。このシリーズは古典を含みつつ、欧米を中心に海外の新しい創作児童文学を積極的に翻訳紹介し、戦後の日本児童文学に大きな影響を与えました。

3　変わりゆく「名作」

　1970年代になると「アルプスの少女ハイジ」(1974)や「フランダースの犬」(1975)をはじめ、世界名作がテレビアニメーション化されて人気となり*6、これを追うように廉価版のペーパーバック絵本、いわゆる「アニメ絵本シリーズ」も登場します。この時期から世界名作の受容は活字から映像へと推移し、また低年齢化していったと見ることもできるでしょう。

　近年では講談社「21世紀版少年少女世界文学館」全24冊*7が出ており、名作を再解釈して絵本化した小峰書店「愛蔵版世界の名作絵本」や小学館「学習まんが世界名作館」の刊行も始まりました*8。また先述の「岩波少年文庫」や福音館書店「古典童話シリーズ」*9では、ホラーなどの新ジャンルや訳者を変えての出版もさかんです。とはいえ、必読書から選択肢の一つへと「世界名作全集」の占める位置は変化したと考えられます。創作児童文学が数多く出版されるなかで古典離れが進んだという側面もありますが、価値観の多様化による「常識」や「教養」の変容も影響しています。さらにビジュアル重視の傾向が強まるなかで、多種多様な作品が同じユニホームをまとう「全集」という出版形態ではなく、作品の内容に合った装丁や造本に出版社が力を入れるようになったことも一因でしょう。

（酒井晶代）

* 注1．佐藤宗子「児童文学における名作」大日本図書、1993
* 注2．冨山房、1915～1933
* 注3．順に興文社（共同刊行：文芸春秋社）、1927～1929、アルス、1927～1930
* 注4．順に創元社、1953～1958、講談社、1958～1962
* 注5．岩波書店、1950～
* 注6．のちに「世界名作劇場」と銘うたれるシリーズ。スポンサーや制作会社に変遷があり、シリーズの起点をどの作品に置くかは諸説あるが、1969年の「ムーミン」以降、1997年の「家なき子レミ」まで、20作品以上の海外児童文学がアニメーション化された。
* 注7．「21世紀版少年少女世界文学館」講談社、2010～2011は、1986～1988の新装
* 注8．順に、小峰書店、2010～、小学館、2012～
* 注9．福音館書店、1968～

質問 84

まど・みちおの童謡「ぞうさん」が好きです。
ほかにどんな詩がありますか？

1 まど・みちおの「ぞうさん」

「ぞうさん」は、まど・みちおの代表的な童謡です。1952年12月、團伊玖磨が曲をつけ、NHKラジオで放送されて国民的童謡となりました。作品は、短くわかりやすい言葉のなかに、子どもがゾウの母子に共感し、それらを通して自らも母との関係を認識していく様子が表現されています。

2 まど・みちおの詩の世界

「ぞうさん」のほかにも、「やぎさんゆうびん」や「おさるがふねをかきました」など、曲がつけられた有名な作品が多くあります。
　僕のほっぺたを歩くてんとうむしから自分の存在をあらためて見つめる「二本足のノミ」、生きるもの同士が非常な緊張感をもって対峙する「イナゴ」、無機質なもののなかに生命や自己存在を見つけ出す「つけもののおもし」など、鋭く対象を見つめたみずみずしい詩も印象に残ります。
　まど作品のもう一つの魅力に、無尽蔵ともいえる言葉遊びがあります。「きりんはきりん／きりっときりん／きりょうもきしょうも／きふうもきぶんも／きっぱりきまって／ぎりにもきりん／きっすいきりん」。日本語の特徴を活かした言葉遊びは、思わず口ずさみたくなる響き、リズムがあり、そのなかに「きりんとは何か」という存在への問いかけが読み取れます。
　このように、まどの世界は、身近なできごとをシンプルな言葉で綴りながら、そこに普遍的な哲学を読み取ることができ、想像を宇宙にまで広げられるのが特徴です。『まど・みちお全詩集』（伊藤英治編、理論社、2001新訂版）で全作品を読むことができ、ほかにも『まど・みちお詩の本　まどさん100歳100詩集』（伊藤英治編、理論社、2010）など、数多くの詩集が出版されています。

3 谷川俊太郎や阪田寛夫の詩の世界

　言葉と意味は深くつながっていますが、それを一度切り離し、また破壊することによって、言葉そのものの意義を考えさせる作家に谷川俊太郎がいます。『ことばあそびうた』(福音館書店、1973)には「いるかいるか／いないかいるか／いないいないいるか／いつならいるか／よるならいるか／またきてみるか」(いるか)など、詩の楽しさが伝わってきます。『みみをすます』(福音館書店、1982)や『どきん』(理論社、1983)など、感覚が研ぎ澄まされていき、詩体験のすばらしさを味わえる詩集も見逃せません。

　一方、阪田寛夫は子どもの内面や本音をユーモアを交えながら描いた詩を数多く書いています。「さっちゃん」「おなかのへるうた」は、まどの作品同様、曲がつけられて歌われ、親しまれています[1]。『てんとうむし』(童話屋、1988)など、詩の世界が広がる詩集もおすすめです。「クラスかい／ぼくのしかいはごかいめで／にかいの教室四時にさんかい」(にわかにわか)は、まど・みちおとの共著『まどさんとさかたさんのことばあそび』(小峰書店、1992)に収録されている言葉遊び歌です。

4 金子みすゞの詩の世界

　日常のできごとを類まれな感性で詩にし、想像力を発揮した大正期の童謡作家に金子みすゞがいます。イワシの大漁でわく港とは裏腹に、海のなかでの弔いに思いを馳せる「大漁」は、弱きもの、小さきものに寄り添います。「子供が子雀つかまへて／その子のかあさん笑つてた／雀のかあさんそれみてた／お屋根で鳴かずにそれ見てた」と歌われる「雀のかあさん」にも通じますが、〈地球という一つの共同体のなかでの謙虚さ〉[2]が感じられます。

　名もなき存在に思いを寄せ、その生は決して無用ではなく、存在自体が尊いことを歌った「土」など、普段顧みられない存在に目を向け、権力を振りかざす者に揺さぶりをかけ続けたみすゞの詩はいまも新鮮です。

5 詩の世界を楽しむ

　詩には、詩人の研ぎ澄まされた感性、対象を見つめる独自の視点、日本語特有のリズムや響きが盛り込まれています。詩を読むことは、散文とは異なるこうした世界の魅力を味わい親しむことで、日常を見る目の豊かさを養うことといえるでしょう。

(遠藤　純)

＊注1．伊藤英治編『阪田寛夫全詩集』理論社、2011
＊注2．矢崎節夫「金子みすゞ」『金子みすゞ全集』別巻、JULA出版局、1984

質問 85

昔話を伝承していく大切さや物語の力について、よく耳にしますが、どういうことなのでしょうか？

1 物語の力って何？

「物語の力」をネットで検索すると、『「物語力」で人を動かせ！』などのビジネス書が上位に並ぶことからも、物語には、人を感動させたり、新しい発想に導いたりする反面、人を誘導する危険な力も潜んでいることがわかります。

人は、文字をもたない昔から、神話や昔話、寓話などを語り伝えてきました。21世紀に入ったいまも太古から伝承されてきた物語を聞いたり読んだりできるのは、物語に力があり、それを次代に伝える人がいたからなのです。

2 昔話の力

昔話は、「むかし」「ざっと昔あったと」などの決まり文句で始まり、「どっとはらい」「いちご栄えた」などの結句で終わる空想物語です。語り手はリズムのある言葉で語り、聞き手は相づちを打ちながら、話の場をつくっていきます。その土地の言葉で語られるのですが、世界的な視野でみると、同じような話型をもつものが文化を異にする国々にもあるのです。一つの物語が生まれ、それが世界に広がって行ったのか、あるいはユングなどが考えるように、人の内面の出来事を語った「普遍的無意識」によって似てくるのか、わかっていません。しかし、多くの人が受け入れ、時代や国を超えてきた物語には、人の心の奥底にふれる経験や体験が詰まっていると考えられます。

現代では、昔話は幼い子どもに語られますが、文字に記録される以前は、大人もともに楽しみながら、人生に必要なことを知らず知らずに身につける「無形文化財」のような働きをしていました。そのため、昔話は誰が聞いてもすっと頭に入るように余計な要素をそぎ落とし、一直線に語られ、一定の形式をもっているので、風景描写や感情の動きなどは入っていません。個人の体験

を客観視でき、多くの人が共有できる物語に仕上げていったのです。昔話は語りで聞くと読むよりもずっとおもしろく、物語に入っていくような感じがするのも、こうした成り立ちによるからでしょう。

3 グリムの昔話からアンデルセン童話へ

昔話では、グリム兄弟の『子どもと家庭のための昔話集』(決定版1857)が世界的に知られています。ドイツ民族の精神を語り伝えるという目的で集められましたが、後に、フランス系のものが含まれていたことや、弟ウィルヘルムが残酷な場面を削除する、当時の家庭観に合わせるなど改変していることがわかりました。つまり、グリムの昔話には、国境に関係なく、世界中で楽しむことができる「力」があったのです。

昔話を新たな物語に生まれ変わらせたのは、アンデルセンでした。アンデルセン童話は168編ありますが、第1集(1835)の4編のうち3編(「火打ち箱」「エンドウ豆の上にねたお姫さま」など)は、昔話がもとになっており、その後昔話を語り直して、風景や感情を入れた自分の創作童話をつくっていきました。アンデルセン童話は、短編であるにもかかわらず、ひとの心を動かす力をもち、日本でも宮沢賢治や新美南吉にも大きな影響を与えました。

4 物語の力

「物語の力」そのものが、物語になっている作品があります。物語の力を求めて主人公が旅する『ハルーンとお話の海』*1や、詩の力が王を追い詰める『漂泊の王の伝説』*2などです。また、『怪物はささやく』*3では、主人公の見る悪夢に出てくる怪物の語る物語が、主人公に及ぼす影響が描かれています。物語が人に及ぼす力をはっきりと描いている作品です。

5 新しい物語は、いま、生まれてくる

いまも、次々と新しい物語は生まれています。I・B・シンガーは「お話の名手ナフタリと愛馬スウスの物語」*4のなかで、どうして人は新しい物語をつくるのかを語っています。人間らしく生きていく上で、物語は欠かせないものであるのがよくわかる物語です。

（三宅興子）

*注1. サルマン・ラシュディ作、青山南訳、国書刊行会、2002　*注2. ラウラ・ガジェコ・ガルシア作、松下直弘訳、偕成社、2008　*注3. パトリック・ネス著、シヴォーン・ダウト原案、池田真紀子訳、あすなろ書房、2011　*注4. 『お話を運んだ馬』工藤幸雄訳、岩波少年文庫、1981、2000新版

児童文学・児童文化いろいろ

質問 86

昔話「三枚のお札」はどの地方の昔話ですか？ 話のバリエーションもたくさんあると聞きました。

1 三枚のお札

　よく知られている昔話「三枚のお札」は、小僧さんが山のなかで出会った山姥（鬼婆）に食べられそうになり、魔除けのお札の助けを借りながら逃走する話です。絵本や紙芝居にも多く取り上げられ、図書館などのおはなし会でもよく語られている人気作品の一つです。

　鬼婆に追いかけられ、食べられそうになるスリルはテンポよく、一方で鬼婆にまったく動じない和尚さんは愉快で、その語り口のおもしろさ・ユニークさが人気の理由の一つでしょう。

2 昔話の分布

　『日本昔話通観』全31巻（同朋舎出版、1990）には、全国各地の47話の「三枚のお札」が収録されています。絵雑誌「こどものとも」に「さんまいのおふだ　新潟の昔話」（福音館書店、1985）があるように、新潟を中心とした東日本に分布は偏っていますが、それでも青森・岩手などの東北各地から、北陸、近畿、山陰、九州、沖縄とその分布は全国に及んでいます。「地蔵」（笠地蔵）の33話と比較しても、この昔話がいかに多く語られ、そして広く伝播していったかがわかります。また、『日本昔話通観　研究編2　日本昔話と古典』（1998）では、類話として『古事記』上「黄泉国」や、『日本書紀』『和漢三才図絵』なども指摘しており、古くから語り伝えられてきた昔話であるようです。こうした昔話が各地の語り手によって豊かに語り継がれ、そのなかで多くのバリエーションが生まれ、絵本などにもとりあげられるにいたって、現代においても広く知られる人気の物語になったものといえます。

3 基本的なパターン

　もっとも多く採集されている新潟の昔話（『日本昔話通観10　新潟』）から、「三枚のお札」の典型話（逃走型）をみておきます。

　和尚さんに山へ栗拾いに行けと言われた小僧さんが、山奥は鬼婆がいるから嫌だと断りますが、和尚さんはそれをなだめ、魔除けのお札を3枚くれます。小僧さんが栗を拾って山奥へ分け入るうちに日も暮れ、仕方なく一軒の家に泊まらせてもらいますが、それが鬼婆の家。食われそうになりながら逃げ、自分の後ろにお札を投げます。それが大川、砂山、大火事になり、鬼婆の追撃をかわし、最後はお寺に逃げ込んで助かります。

4 バリエーション

　上記に加えて、新潟だけでも四つの異なるパターンがあり、それぞれ山へ行く理由（取りに行くもの）や展開、結末などが異なります。たとえば、井戸死型では、小僧さんは山へ彼岸花を取りに行き、逃げ込んだ雪隠で神様からお札をもらいます。結末では、追ってきた鬼婆は井戸に映った自分を見て飛び込んで死んでしまいます。一口型では、寺まで追ってきた鬼婆に対峙した和尚さんは、小さなものに化けてみろといい、豆粒になった鬼婆を餅に挟んで食べてしまいます。退治型、耳切型はいずれも寺にやってきた婆と和尚のやりとりが異なっています。前者は、鬼婆が和尚に小僧が寺にいなければ自分を臼で挽け、寺にいれば自分が和尚を臼で挽くといいます。後者は、和尚が寺に逃げ込んできた小僧の全身にお経を書いて姿を見えなくするのですが、耳にだけ書き忘れたため、婆がそれを持ち帰り、以降小僧は耳なし和尚となった物語です。和尚さんと小僧さんの関係、和尚さんの存在や鬼婆と人間の距離が型によって異なるのと同時に、怖さとユーモアのバランスもちがいます。このほかにも、「鬼の家の便所」などの類似話も多くあります。

5 外国の類話

　外国の昔話では、中国をはじめとするアジア、北米、ヨーロッパ、北欧等に類話があるといわれています。ドイツでは「ヘンゼルとグレーテル」、イギリスでは「ジャックと豆の木」、またトルコの昔話「ケローランと鬼の大女」や、スラヴ民話に登場する妖婆の物語「バーバヤガー」にも通じるものがあると指摘されています。こわさと愉快さをあわせもつところに世界での普遍的な人気の秘密があるのでしょう。

（遠藤 純）

質問87 昔話「三びきのこぶた」は、最後にオオカミがこぶたに食べられてしまうってホントですか?

1 ジェイコブズの「三びきのこぶた」

「三びきのこぶた」はイギリスの昔話ですが、最後にオオカミはこぶたに食べられます。ジョゼフ・ジェイコブズの『イギリス昔話集』*1 におさめられている再話は、次のようになっています。

貧乏な母ぶたは、自分で暮らしていくようにと三びきのこぶたを送り出します。はじめに出て行ったこぶたはわらで家を建てますが、オオカミに家を吹き飛ばされて食べられてしまいます。二番目に出て行ったこぶたは枝で家を建てますが、やはりオオカミに家を吹き飛ばされて食べられてしまいます。三番目のこぶたはレンガで家を建てたので、オオカミは吹き飛ばすことができません。オオカミは家からこぶたを誘い出すために、はじめはカブの畑に行こうと誘い、次はリンゴ、最後には市に行こうと誘いますが、こぶたは毎回裏をかいて時間より早く行ってオオカミを出し抜きます。知恵比べに負けたオオカミは、煙突から入ろうとして鍋の中に落ち、こぶたに食べられてしまいます。この再話は、絵本*2でも、読み物*3でも楽しむことができます。

2 昔話「三びきのこぶた」の意味

ブルーノ・ベッテルハイムは『昔話の魔力』*4のなかで、この昔話は子どもたちに怠けたり、ものごとをいい加減にしたりしてはいけないこと、りこうになればオオカミのような恐ろしい敵にも勝つことができることを教えてくれるといっています。また、三びきのこぶたたちは、人の発達段階を表しているのだから、はじめの二ひきが姿を消しても、子どもの心は傷つかない、子どもはより高い状態にたどりつこうと思ったら、古い形をぬぎすてなければならないということを、潜在意識的に理解するとも述べています。

3 オオカミやこぶたが食べられない再話

ところが、アンドルー・ラングが再話した「三びきのこぶた」[*5]では、ちがっています。一番上の兄さんのブラウニーと二番目の姉さんのホワイティは、それぞれの欠点のために悪賢いキツネに巣に連れ去られますが、賢い末の弟のブラッキーはキツネにだまされず、煙突から入ろうとしたキツネは鍋のなかに落ちて死んでしまい、二ひきは弟に助けられ、欠点を改めます。名前がついていて、描写もくわしく、本来の昔話がもっている普遍性や象徴性という意味では昔話の様式に当てはまらない再話で、読物に近いといえます。

また、ディズニー絵本の「三びきのこぶた」[*6]では、こぶたもオオカミも死なない再話になっています。小学館の育児絵本『さんびきのこぶた』[*7]でもこぶたはオオカミに食べられませんし、オオカミは鍋に落ちて、反省していじわるをするのをやめます。これらの再話は、死ぬのは残酷だとして再話者が変えてしまったのですが、「悪は必ずほろぼされる」という昔話の本来の結末とはちがったものになっています。

4 昔話は残酷か

はたして、昔話は子どもに悪い影響を与えるほど残酷なのでしょうか。本来の昔話の語りは、基本的に行動を中心に簡潔に語られ、具体的な描写はなされません。オオカミがこぶたを食べたときに、血が流れたとか、こぶたが悲鳴をあげたとかいうことは、一切語られません。昔話の文体そのものに「残酷さを残酷と感じさせないようなメカニズムが組みこまれているのです」[*8]。昔話はかならずハッピーエンドで終わります。オオカミの恐さも含めて丸ごと味わうことで、子どもの心の成長につながるといえます《☞25》。昔話に込められた意味を十分理解した再話で楽しみたいと思います。

（小松聡子）

---

*注1. *English Fairy Tales.* 1890　*注2.『三びきのこぶた』瀬田貞二訳、山田三郎画、福音館書店、1967、『同』ポール・ガルドン絵、晴海耕平訳、童話館出版、1994など　*注3.『イギリスとアイルランドの昔話』石井桃子編訳、J・D・バトン画、福音館書店、1981など　*注4. 波多野完治・乾侑美子共訳、評論社、1978　*注5. *The Green Fairy Book.* 1892所収。翻訳として、『みどりいろの童話集』（アンドルー・ラング世界童話集 第3巻）西村醇子監訳、東京創元社、2008
*注6.『3びきのこぶた』（講談社のディズニースーパーゴールド絵本）福川祐司文、2010など。
*注7. 波多野勤子解説、瀬尾太郎絵、小学館、1971　*注8. 野村泫『昔話の残酷性』財団法人東京子ども図書館、1975、同書を改題『昔話は残酷か』1997

質問88

幼稚園で子どもが出演する劇を発表したいのですが、脚本を教えてください。

1 幼児にとっての劇

　幼児にとって、劇はごっこ遊びの延長です。自分以外の誰か（または何か）になって、いつも生活している空間をほかの空間に見立てることは、空想力をのばすことになり、せりふを言ったり、体を動かしたりすることは、言葉や体の感覚を磨くことにつながります。劇という物語世界で体験することと日常生活に共通点を見出すことで、人間関係のありようや生活習慣について学びます。ごっこ遊びのなかで、子どもたちは全員が自分は主役だと思っているように、保護者に見せる劇のなかでも、全員が主役であると思える演出が必要です。そして、劇の発表は、それを保護者の前で発表することによって、演じる側にとっては達成感につながり、保護者にとっては子どもの成長を見る機会になります。

2 劇あそびの本や脚本

　劇活動には、見せるための「劇」と、自分たちで物語を遊ぶための「劇あそび」があります。劇あそびは、指導者が昔話や絵本などを紹介し、一つの物語を楽しんだ後、その物語をさまざまな役になりきって体験してみる活動です。子どもだけで行うごっこ遊びに指導者が入って演出をしたり、方向づけをしたりして、一つのまとまりのある物語を体験させます。劇あそびの本としては、『劇あそびの基本』『劇あそびを遊ぶ』[1]や『日常保育の劇あそび』[2]があり、劇あそびの意義、具体的事例、子どもの反応等が書かれています。
　また、劇あそびから発表への過程を書いた本としては、『あそべあそべ発表会　いつものあそび・劇ごっこからはじめる』[3]などがあります。
　幼児が演じる劇の脚本は、保育関係の出版社であるチャイルド本社、すず

き出版、ひかりのくに、フレーベル館、メイトなどから、『昔話で楽しむ劇あそび1、2』*4や『みんなでつくろう発表会』*5などが出版されています。多くの作品が昔話や絵本から題材をとっていますが、生活で経験したことを元にしたオリジナル作品も含まれています。劇の演出方法、舞台装置、照明等についての基礎的な知識を説明しながら、劇づくりを紹介した『子どもと創る演劇』*6も役立ちます。

3 脚本にとらわれずに

　幼児の生活発表会で発表する劇でもっとも重要なのは、子どもたちが楽しんで日ごろの成果を見せることです。そういう意味では、脚本にとらわれることなく、子どもたちが興味をもった内容を劇につくりあげて発表することが望まれます。遊びのなかから劇に仕立てて行く方法も考えられますし、子どもたちが楽しんで、何度も読んでほしい、語ってほしいといった昔話や絵本を元にすることもできます。

　たとえば、子どもたちが『そらいろのたね』*7の絵本が大好きだったら、絵本を楽しむのみでなく、そらいろのたねや小さな家の粘土工作を行ったり、いろいろな動物に変身して順に家に入っていく遊びをしたり、「わあ、すてき、これ、ぼくのおうち」というせりふを応用して遊んだり、動物たちが家から飛び出す様子の遊びなどをくりかえし行ったりするなど、さまざまな遊びを行い、最終的に、衣装や簡単な舞台装置をつくって、指導者が脚本をつくり、保護者に見せる劇として仕上げていくことができます。

　子どもたちが慣れ親しんだ物語であれば、演じる緊張感も少なく、自らも楽しみながら演じることができるでしょう。そのためには、絵本や物語などをさまざまな方法で遊び、絵本から空想の世界である劇あそびの世界へ、劇あそびから子どもたちの日常の生活へという循環がくりかえされるような活動が重要です。

（土居安子）

　*注1．前者は、小池タミ子著　後者は、小池タミ子・平井まどか編、晩成書房、1990、1991
　*注2．「劇あそびシリーズ1」、岡田陽他監修、玉川大学出版部、1987
　*注3．花輪充著、日本幼年教育研究会・メイト共同刊行、2005
　*注4．わたなべめぐみ著、チャイルド本社、2008、2011
　*注5．花輪充著、フレーベル館、2003
　*注6．太宰久夫編、玉川大学出版部、2008
　*注7．なかがわりえこ文、おおむらゆりこ絵、福音館書店、1967

質問 89

イベントで昔の紙芝居の
実演を見ました。
どこで見ることができますか？

1 印刷紙芝居と街頭紙芝居

紙芝居には、出版社が印刷して大量に作った「印刷紙芝居」(規格品、《☞90》)と、画家が1枚1枚手描きで仕上げ、街頭でさかんに演じられた「街頭紙芝居」の2種類があります。イベントでご覧になったのは街頭紙芝居だと思われます。

2 街頭紙芝居とは

街頭紙芝居は、演じ手(紙芝居師)が自転車に舞台を乗せ、公園や空き地・路地などいたるところに出かけ、拍子木を打って集まった子どもたちに駄菓子を売り、絵を見せながら語って(演じて)進める芝居のことです。昭和のはじめと戦後、2度のブームがあり、子どもたちの圧倒的な人気を博しました。しかし、一部の教員や保護者、子どもの本関係者から俗悪な文化として批判されてもきました。

劇画やマンガに影響を与えたといわれ、水木しげるや白土三平など、紙芝居作家からマンガ家へと進んだ作家も多くいました。手塚治虫『新宝島』の共作者として知られる酒井七馬も、たくさんの街頭紙芝居を残しています。

3 絵元・貸元

紙芝居の制作は、絵元あるいは貸元とよばれる団体が集団で行っていました。絵元は、自ら画家を雇って絵を描かせ、それを紙芝居師に貸し出します。紙芝居師は絵元にお金を払って作品を借り、子どもたちに駄菓子を売って生活していました。貸元は自前で絵を描かず、貸出のみの団体です。

多くの子どもたちを熱狂させた「黄金バット」は有名で、流行した昭和9年ごろには東京だけで約2,000名の紙芝居師が活動していたといわれます。映

画界を追われた弁士や失業者の多くが、紙芝居師になりました。

　その後、一度は戦争のため下火になるものの、戦後復員してきた人たちが生活のために紙芝居師になり、町や村のいたるところで演じ始めると紙芝居は息を吹き返しました。貸本マンガやマンガ誌、テレビの登場とともに姿を消していきましたが、昭和20〜30年代にかけて、子どもたちの日常生活のなかで大きな楽しみの一つでした。

4 街頭紙芝居の保存と活用

　街頭紙芝居は、1点ずつが手描きのため大量複製されず、そのために現存するものが大変少ないという特徴があります。人気作ほど多く演じられるため消耗も早く、残りにくいのです。

　そうしたなか、戦後大阪で街頭紙芝居の絵元として活動し、多くの作品を世に送り出した三邑会(紙芝居師団体)は、紙芝居の実演を行うだけでなく、街頭紙芝居そのものを資料として保存しています。三邑会のコレクションを保存する「塩崎おとぎ紙芝居博物館」(大阪市西成区)には、今も貴重な街頭紙芝居が多く残されており、その数は約4万巻(1巻は約10枚)。同館には20万枚以上の原画が保存されており、これらは各地のイベントでも活用されています[1]。また、三邑会を起ち上げた故・塩崎源一郎氏は、紙芝居文化の継承と研究のため、所蔵していた約4,000巻に及ぶ街頭紙芝居を大阪府立中央図書館国際児童文学館(当時：大阪府立国際児童文学館)に寄贈しました。これらは同館に行けば閲覧することができます(一部は図録として刊行済)。そのほか、宮城県図書館には地元の紙芝居師から寄贈された5,645点の紙芝居があるほか、土屋文明記念文学館、下町風俗資料館などにも所蔵されています。

5 実演を見るには

　ところで、やはり紙芝居といえば実演とセットで楽しみたいものです。三邑会のホームページでは、今後の口演予定が告知されているほか、記載されている問い合わせ先に連絡すれば、予定されている実演場所や時間を教えてくれます。三邑会ではありませんが、京都国際マンガミュージアム(京都市中京区)では平日2回、休日は3回の定期口演を行っています。こうした機会に、実演とともに街頭紙芝居の実物を見ることができます。

(遠藤 純)

＊注1. 三邑会の見学は完全予約制。くわしくは http://www.gaitoukamishibai.com 参照

質問90

おはなし会で紙芝居をします。紙芝居の特徴や演じ方を教えてください。

1. 紙芝居はお芝居（劇）です。

　紙芝居は言葉の通り、紙に描かれた絵を動かして演じる芝居（劇）です。専用の舞台枠を使い、扉が開くと劇が始まり、終わると扉を閉じます。

　紙芝居の一画面は劇の一場面を表現したもので、舞台枠に入れた各画面を順番通りにぬいていく「ぬき」の技法を使って展開します。ぬく位置や止め方で、一画面に複数の場面をつくりだすこともできます。枚数は、12枚、16枚などありますが、これらの画面が順番通りに変化して一幕の劇を構成しています。

2. 紙芝居の絵や文章の特徴

　紙芝居の脚本は、会話（セリフ）と語り（ナレーション）で構成されています。会話でできごとが進み、語りが状況や背景を説明します。登場人物を会話でいきいきと動かし、語りがテンポよく進んでいくと、聞き手は劇のなかに自然にひきこまれていきます。

　絵は、離れた位置から大勢で見てもわかるように、細かな部分を省略してはっきりと描きます。情景全体が見えるロングと人や物を大きく描くアップを組み合わせることで、画面に動きがでて一目で展開がつかめます。また、「ぬき」の方向や止める位置を意識して、登場人物の位置や順番が、話とちぐはぐにならないように計算して描かれています。

　『くまになったピアナ』[*1]では、太い枠線と大きめの点描が、遠目で見たときの浮かび上がる効果を発揮し、対角線を活かした構図は画面をダイナミックに広げています。絵は脚本と呼応してドラマチックに展開しています。

3 基本の演じ方

　紙芝居のおもしろさは、演じ方の基本である「ぬき」にポイントがあります。脚本に、「半分までぬく」とか「この線までぬく」とか「さっとぬく」とかの演出指示が書かれています。「ぬき」の速度や位置だけでなく、止め方や、画面をゆらす、まわすなどの「動かす」技法と組み合わせることで、さまざまな表現ができます。この「ぬき」の効果は舞台枠あってのものです。舞台枠を使わなければ紙芝居という劇のおもしろさが半減します。ぜひ使ってください。

　「ぬき」だけでなく、演じ手の立ち位置、舞台の開け方と閉じ方、声の表現や間合いなどの演出プランは、作品により異なります。また、練習時の下読みの仕方や声の出し方にも、さまざまな工夫や方法があります。『紙芝居　子ども・文化・保育』(子どもの文化研究所編、一声社、2011)、『紙芝居の演じ方Q＆A』(松井のりこ作・絵、童心社、2006)などの本が参考になります。

4 紙芝居の型に合わせて演じる

　紙芝居には、聞き手と対話しながら進める参加型と、完成したドラマを演じる完結型の二つの型があるといわれています。

　『おおきく　おおきく　おおきくなあれ』[2]のような参加型では、演じ手が「1、2の、3」とよびかけ、聞き手が「おおきくおおきくおおきくなあれ！」と言うと、演じ手が画面をぬき、ケーキが大きくなった画面があらわれます。聞き手は自分たちのかけ声が絵を動かしたと実感します。

　一方、『くまになったピアナ』のような完結型では、演じ手は聞き手と直接の会話をしません。ピアナという娘がくまに変身し父親に殺されるという悲劇を絵を動かしながら演じ手が物語ることで、聞き手をドラマのなかにひきこみます。

5 聞き手と場を楽しむ

　紙芝居のテーマや題材は、物語だけでなく、科学知識や生活ルールを教えるもの、言葉遊びや造型遊び、ナンセンスなど多彩です。内容をよくつかみ、展開の型や題材に合わせることはもちろんですが、聞き手との場の一体感を楽しんで演じましょう。場の空気が一つになる臨場感が紙芝居の魅力です。

(川内五十子)

＊注1．さねとうあきら脚本、スズキコージ画、童心社、1991
＊注2．まついのりこ脚本・絵、童心社、1983

質問91 どんなマンガを読めばいいか迷うのですが、ガイドブックはありますか？

現代漫画博物館 The Encyclopedia of Contemporary MANGA 1945-2005

1 世界に認められた日本のマンガ

　マンガというと、一昔前には俗悪文化の代表のように思われてきました。通俗的な文化であることは今も変わりありませんが、以前は子どもの心を損なう悪質な文化財であると一般的に見られてきました。とりわけ1950年代に盛り上がった悪書追放運動のときは極端でした。

　しかし現在、マンガは世の中のさまざまな分野に浸透しています。政治や経済をマンガで解説したりすることも当たり前になり、マンガをパンフレットに利用する自治体も増えてきています。

　また、日本のマンガは世界に輸出され、アニメーションとともに現代の日本を代表するサブカルチャーとして認知されるようになってきています。海外で日本語を学ぶ若者が増加している要因の一つが、日本のマンガやアニメの影響だといわれています。

2 マンガのガイドブック

　そのような状況を迎えているので、町の本屋さんに出かけてみると、当然のことながらマンガの単行本が所狭しと並んでいます。単行本もマンガ雑誌の数も半端なものではありません。いい作品と出会いたいと思っても、実際には店頭で立ち尽くすことになるでしょう。そこで児童文学がそうであったように、マンガでも最近は手軽なブックガイドが出るようになってきました。

　その一つが2006年以降毎年発行されている『このマンガがすごい！』のシリーズ（宝島社）で、ほかに2005年以降刊行されている『このマンガを読め！』（フリースタイル）もあります。ともに評論家や一般読者からのアンケートを元にしたもの。こうしたブックリストの読者はおもに若い世代です。とりわけ前

者はその傾向が強く、現在のマンガの流行を追いかけがちであるのも事実です。いま何に人気があるのか、どんなマンガが話題となっているのか、それを見るのに便利な本とだ考えてください。

一方、歴史的にみて人気のあった作品を網羅した本には、『現代漫画博物館1945-2005』（小学館、2006）があります。ストーリーの紹介と各ページにカットも掲載されていて、てっとりばやく日本の物語マンガの全体像を知ることができます。

3 マンガの書評欄

マンガをリアルタイムで評価する書評欄も、近年充実してきました。かつては「COMIC BOX」や「ダックス」などのマンガ専門誌にマンガ評が載っていました。のち「産経新聞」「朝日新聞」「アサヒグラフ」「週刊宝石」「サンデー毎日」などがマンガの書評欄を設け、その傾向は今日も続いています。

そうしたマンガの書評欄を参考にマンガと出会うというのも、一つの方法です。

また手塚治虫文化賞や文化庁によるメディア芸術祭などの受賞作が新聞等で発表されます。書店のマンガ売場でも掲示がなされたりしています。マンガの各賞を受賞した作品を読んでみる、これも読み応えのあるマンガと接する一つのきっかけになるでしょう。先の『現代漫画博物館1945-2005』に受賞作の一覧が載っています。

4 マンガ評論本の刊行

先にみた週刊誌や新聞のマンガ書評、さらには現在さかんなネット上のマンガ評、こうしたものを集めて、マンガの書評単行本も次々と出版されるようになってきました。いしかわじゅん、呉智英、村上知彦、夏目房之介、中条省平、竹内オサムなどの評論家によるマンガ評が、それぞれ単行本化されています。単行本名をいちいちここに書きませんが、図書館やネット上で著者名から検索して、そうした人たちの書評本を探してみてください。

膨大な量が日々生み出されている日本のマンガ出版、その全体像は誰にもわかりません。一人でカバーしきれる時代はすでに終わりました。ましてや一般の人たちは、いい作品と出会いたくとも多数の単行本を前に躊躇してしまう、そんな時代を迎えているのです。

（竹内オサム）

質問92

最近マンガがよく映画化されているように思います。なぜなのでしょうか?

1 マンガからアニメーションへ

　いまやマンガは、日本を代表するサブカルチャーとして、世界的に注目されるようになっています。流行のきっかけは、マンガのアニメ化にその理由がありました。中国、韓国、台湾などの近隣諸国、あるいはフランスやドイツ、アメリカなどの欧米諸国には、まずアニメ化されたマンガが輸出され、放映されました。そうしたアニメが人気を得たあと、元の原作であるマンガが求めて読まれる。そのようにして紙に書かれたマンガが流行するようになったのです。

　日本では、マンガが雑誌でヒットしたあとアニメ化される、そうしたメディアミックスがさかんに行われてきました。1950年代の「赤胴鈴之助」や「月光仮面」がそのはしりだといわれています。現在ではアニメにすることを前提に雑誌連載を始めるという方法がよく用いられています。

　マンガのアニメ化。逆の見方をすれば、日本のアニメーションが現在ほど多彩なのは、その原作となるもの、つまりマンガ文化の深化と広がりがあってこそ実現しえたのだともいえます。そのことは「鉄腕アトム」や「ドラえもん」の例をみてもわかるでしょう。

2 マンガを原作とした映画やドラマ

　マンガがふつうに実写映画化されるようになったのは、戦後のことです。先に名をあげた「赤胴鈴之助」が、初期の代表作として知られています。ただし、もっともさかんに映画産業がマンガ文化に接近したのは、1970年代だといっていいでしょう。このころは、マンガ文化がもっとも活性化した時代で、マンガは子どもから大人までの広い読者を獲得しました。その結果、「愛と誠」「子

連れ狼」「同棲時代」「天使のはらわた」「博多っ子純情」「ゴルゴ13」など数多くの青年マンガが、実写映画として制作公開されています。

1970年代のこうした傾向は、80年代90年代にも続いていきます。とりわけ今世紀に入ってからは、よりさかんにマンガが映像化されるようになってきました。「20世紀少年」「GANTZ」「テルマエ・ロマエ」などの青年向けから、「DEATH NOTE」「ゲゲゲの鬼太郎」「デトロイト・メタル・シティ」などの少年マンガ、「NANA」「ハチミツとクローバー」「ラブ★コン」「のだめカンタービレ」などの少女マンガまで、幅広くマンガが映画に移し変えられました。

劇場映画に限らずテレビも同様で、「ごくせん」「医龍」「花より男子」「ドラゴン桜」など、数多くのマンガが映像化されています。テレビドラマでこうした作品の名を知ったという方も多いのではないでしょうか。

3 映画産業の復興とともに

マンガの映像化の背景には、映画産業の浮き沈みの歴史が直接に関わっています。1960年代後半以降、テレビの普及で映画産業は不振に陥りました。しかし今世紀に入って日本の映画産業も復興のきざしが見えはじめ、各映画会社ともヒットにつながる原作を探し始めるようになりました。多くの観客の動員を見込めるという理由もあって、マンガに注目が集まっているわけなのです。この点はテレビにおけるドラマ化についても事情は変わりません。各メディア産業とも、マンガの一般への、とりわけ若い世代への浸透力を強く意識しているわけです。

しかしながら、以前と比較すると、マンガは少しずつ売れなくなってきています。とりわけマンガ雑誌の売り上げは極端に少なくなってきており、出版社もあの手この手で読者を獲得しようとやっきになっているのが現状です。マンガがさかんにテレビや映画に移し変えられているのは、相乗効果を狙おうとする出版社側の戦略も関わっているのです。

今後とも日本のマンガは、映画、アニメーション、テレビドラマに結びついた形で生き残っていくと思います。携帯端末や新しいメディアの台頭にともなって、よりいっそうその傾向は強くなると思われます。　　　　（竹内オサム）

質問93

戦争の恐ろしさをきちんと描いたマンガを読みたいのですが……

1 戦争マンガにもいろんな種類が

　マンガは虚構性の高いメディアです。単純な線による絵は、現実の風景や人物を記号化して描かなければなりません。そのため実写映像と比べ、リアリティが不足しがちです。しかし言語芸術（小説や詩）がそうであるように、象徴的な表現にもとづいて、多様な現実と背景にある真実を描写しようと試行錯誤がくりかえされてきました。

　とりわけ戦争を扱った場合にはその傾向がよく現れます。戦争を素材にしたマンガ、いわゆる戦争マンガにはさまざまなタイプがあります。実際に戦争に立ち会った立場から、そのときの苦難をリアルに回想するもの。きわめて虚構性が高い、つまり現実的ではない設定のもと、戦争の悲惨さや空しさを訴えかけるもの。戦争を素材にしつつも娯楽的要素中心の戦闘ものなど、多種多様に及びます。

　戦争マンガは人々の心にどう訴えかけるのか。実際の体験や史実をもとにしているかどうかの「事実性」、体験や史実に忠実でなくとも戦争の愚かさを伝えうる「真実性」。その両者を区別して考え、それぞれのもつ意味を理解しておかなければなりません。

　ようするに描き手であるマンガ家が、いかに戦争という矛盾に満ちた出来事に内面で立ち向かっているか、その点がもっとも重要であるといえましょう。

2 戦争マンガのシリーズ

　戦後数多くの戦争マンガが描かれてきました。そのもっとも初期に多くの作品を描いたのは、手塚治虫でした。また水木しげるは自ら従軍した体験をもとに、「ああ玉砕」「敗走記」など多数の戦争マンガを描きついでいます。単

行本に限らず少女マンガ誌、少年誌に戦争マンガは描きつがれてきました。1960年代にはマンガの世界に戦争マンガブームが訪れ、玉石混淆ですがさまざまな作品が生まれています。

　そうした蓄積をまとめたのが、1983年から刊行が始まった『ほるぷ平和漫画シリーズ』(ほるぷ出版)です。全27冊刊行された同シリーズのなかには、原爆の悲惨さを描いた「ある惑星の悲劇」(草河達夫手記、旭丘光志劇画)や児童文学のマンガ化「ボクちゃんの戦場」(奥田継夫原作、政岡としや漫画)などが含まれています。

　戦争マンガを特集したシリーズは、あまり多くありません。最近では、「漫画家たちの戦争」全6巻のシリーズ(中野晴行監修、金の星社、2013)が出版されていますので、手にしてみてください。先のほるぷのシリーズは長編中心ですが、金の星社のシリーズは短編を中心に収録しています。

　こうしたシリーズをみると、戦争を素材にしたマンガが多数生み出されてきたことがわかります。地味な作品が多く、なかなか単行本化されないし、話題にもなりにくかったというわけです。

3 優れた作品は数多い

　原爆の悲惨さと後遺症の恐怖。被爆したのちも元気に生き抜いていく少年を描いた傑作は「はだしのゲン」をおいてほかにないでしょう。中沢啓治のこのマンガは、1973年より「週刊少年ジャンプ」に掲載されました。筆者中沢の半自伝的な作品で、読む者の胸に迫ります。

　自ら従軍した体験にもとづく作品の代表が、水木しげるの「総員玉砕せよ！」です。これは子ども向けではありませんが、描き下ろしで描かれたもので、読む者を考えさせます。

　虚構性の高いドラマのなかで、戦争の影響を考えさせるマンガが、ちばてつやの「紫電改のタカ」と巴里夫の「疎開っ子数え唄」でしょう。「紫電改のタカ」では特攻隊員を描いて生きることの意味を、「疎開っ子数え唄」では集団疎開を素材にして人間性の喪失を訴えています。「宇宙戦艦ヤマト」や「ガンダム」など、未来の戦争を描いたものも少なくありません。現実の戦争に素材をとったものもそうですが、読者の胸を打つのは、やはり社会悪や人間性に対するマンガ家の鋭い洞察力にあるといえるでしょう。

(竹内オサム)

質問 94

ピーターパンは
ディズニーがつくった話
ではないって、ホント?

1 ピーターパンは誰がつくったの?

　ピーターパンやクマのプーさんは、ディズニーアニメーションでおなじみのキャラクターです。でも、これらのお話は、ウォルト・ディズニーのつくったお話ではありません。どちらもイギリスの児童文学作品で、ピーターパンはJ. M. バリ(J. M. Barrie, 1860-1937)の戯曲に、プーさんはA. A. ミルン(A. A. Milne, 1882-1956)の『クマのプーさん』*1と続編『プー横町にたった家』*2に出てくる登場人物です。ディズニー社の「ピーターパン」は1953年にアメリカで公開されていますが、原作に忠実なものではなく、細部に多くの変更点があります。ピーターパンの子どもじみた性格や行動が省かれ、勇気をもって敵と戦うヒーロー的側面が強調されています。ディズニー社はほかにも、「白雪姫」や「シンデレラ」など昔話を題材にしたものや、「ふしぎの国のアリス」「ジャングル・ブック」など多くの原作のある物語を映像化しています。

2 いろいろな形の「ピーターパン」

　バリの書いた「ピーターパン」には、いくつもの形があります。最初に「ピーターパン」が登場したのは『小さな白い鳥』(1902)*3という大人向けの作品で、ケンジントン公園の池に浮かぶ島に飛んでいったまま、そこで暮らしているピーターパンの話が出てきます。このピーターパンに関する章は、アーサー・ラッカムの挿し絵で『ケンジントン公園のピーターパン』(1906)*4として再刊されます。
　その後、私たちのよく知っている、ピーターパンがネヴァーランドで子どもたちと冒険を繰り広げる物語が、1904年12月にロンドンで初演され*5、以後現在にいたるまで各地で上演され続けています。この劇は1928年に戯曲『ピーター・パン　大人になりたがらない少年』*6として出版されました。「ピー

ターパン」の劇を小説化したものが『ピーターとウェンディ』(1911)*7で、近年では、おもにこの小説版が単に『ピーターパン』として出版されています。

また、バリは「ピーターパン」の著作権料をロンドンの子ども病院へ寄付していますが、著作権失効後も援助を持続させるため、執筆者が公募され、その後のピーターパン物語として『ピーターパン・イン・スカーレット』(2004)*8が出版されました。映像としては、1924年に早くもサイレント映画「ピーター・パン」*9が上映されているほか、40歳の大人で弁護士になったピーターパンが宿敵フック船長と再びたたかう映画「フック」*10などもあります。

3 「ピーターパン」の魅力

『ピーターとウェンディ』は、ピーターパンを大人にならない「永遠の少年」像として見るだけでなく、父親の権威をふりかざすが欠点だらけのダーリング氏やいばっているが実は情けないフック船長に見る男性像や、ウェンディ、ティンカーベル、タイガーリリーに見る女性像や母親像などのジェンダー的視点、大人になることを拒絶するピーターの悲しみ、子どものごっこ遊びとしてのネヴァーランド等々、多様な角度から読み解くことができます。

ディズニー版は物語の普及という点では功績がありますが、先述したピーターパン像の変更や、ティンカーベルを色気のある女性に仕立てたこと、物語全体をハリウッド的ワンダーランドに歪曲したことなど、物語の本質に関わる改変があります*11。このように「本」としての児童文学作品を、コンピュータゲームを含む別の形につくり替えることやメディアミックスの手法を用いて本を流通させることの功罪については、今後ますます考えていく必要があるでしょう。

（福本由紀子）

* 注1．*Winnie-the-Pooh*. Methuen, 1926, 石井桃子訳、岩波書店、1940初版、1957改版
* 注2．*The House at Pooh Corner*. Methuen, 1928, 石井桃子訳、岩波書店、1958
* 注3．*The Little White Bird*, Hodder and Stoughton. 鈴木重敏訳、ぱろる令、2003
* 注4．*Peter Pan in Kensington Gardens*. Hodder and Stoughton. 邦訳名は『ピーター・パン』高橋康也・高橋迪訳、新書館、1982
* 注5．"Peter Pan or, the Boy Who Wouldn't Grow Up"
* 注6．北村喜八訳で『世界児童劇集』(世界少年少女文学全集31)東京創元社、1954に収載。
* 注7．*Peter and Wendy*. Hodder and Stoughtonのちに*Peter Pan and Wendy*として流通するようになった。邦訳名は『ピーター・パンとウェンディ』石井桃子訳、福音館書店、1972
* 注8．ジェラルディン・マコックラン作、こだまともこ訳、小学館、2006
* 注9．「ピーターパン」ハーバート・ブレノン監督、米国制作、1924年公開(1925年日本公開)
* 注10．スティーブン・スピルバーグ監督、米国制作、1991年公開(1992年日本公開)
* 注11．F. C. セイヤー話し手、C. M. ワイゼンバーグ聞き手、八島光子訳『ウォルト・ディズニーの功罪』子ども文庫の会、1967

質問 95

中学生の子どもが「ラノベ」が大好きと言っています。「ラノベ」って何ですか？

1 「ラノベ」とは？

「ラノベ」はライトノベルの略語で、「ジュブナイル、ヤングアダルト、ジュニア小説、ティーンズノベルなどと呼ばれてきた」ものが、1990年12月に、パソコン上のSFフォーラムで使い始められたジャンル名[1]で、軽く読める小説の意味で用いられ、サブカルチャーに位置づけられています。

2 「ラノベ」の特徴

ライトノベルは、通常、電撃文庫、コバルト文庫などのレーベルのある文庫として出版されています。キャラクターが際立つ「キャラ立ち」が重要視されており[2]、外見を含めた印象深い登場人物が複数登場することが一般的です。メガネっ子、ツンデレ、巨乳など、登場人物はパターン化されており、多くが14歳〜17歳です。そして主人公または副主人公に10代の「かわいい」少女が登場することが多くあります。これらの人物は、ジャケ買い[3]《☞75》を想定したマンガ的な絵で表紙にアップで飾られ、カラーで口絵にも掲載されます。

多くの作品は、シリーズ化されていますが、シリーズのなかで登場人物は基本的に成長することがありません。つまり、親しみを抱いた登場人物に起こる事件をくりかえし楽しむことができる世界ということができます。ジャンルとしては、SF、ミステリ、魔法、ホラー、オカルト、ミリタリー、学園、伝奇、格闘、スポ根、恋愛など、中学生〜高校生が興味をもつテーマが扱われています。しかし、それが政治的・社会的な問題に発展することはありませんので、深く考えたり、葛藤を抱いたりしながら本を読むことはありません。文体は、会話、登場人物の行動が中心で、いわゆる情景描写はほとんどないため、読みやすくなっています。加えて、多くの作品が、ゲームやマンガ化、またはその

逆など、メディアミックス展開されています。

3 ライトノベルの作品と今後

　具体的な作品としては、中世ヨーロッパの魔法世界を描いた「スレイヤーズ」[*4]、キノと二輪車が会話をしながら旅を続ける「キノの旅」[*5]、美少女で奇異な性格をもつ高校生の涼宮ハルヒとSOS団というクラブのメンバーの日常を描く「涼宮ハルヒ」シリーズ[*6]、東京・池袋を舞台に高校生の竜ヶ峰帝人が都市伝説「首なしライダー」に関わるシリーズ「デュラララ!!」[*7]などがあります。また、少女向け作品には、高校生の少女が古代中国を思わせる世界へとスリップし、陰謀、戦いなどに巻き込まれる「十二国記」[*8]、私立女学園高等部の少女たちが「姉妹関係」を結んで日常を送る「マリア様がみてる」[*9]や、太宰治等の小説と類似の設定やテーマを体験する文芸部部長の遠子の物語「文学少女シリーズ」[*10]などがあります。

　以上のように、「ライトノベル」には、読みやすさ、キャラクター造型などから中学生が読者対象であると考えられる作品も多くありますが、過激な性描写や暴力が描かれている作品もあり、作品ごとに評価する必要があります。

　ライトノベルの文体や、人物造型、ストーリー展開は、明らかに現代の大人の文学にも子どもの文学にも影響を与えています。そのことは、たとえば、ライトノベル出身の桐野夏生、山本文緒、唯川恵、村山由佳、角田光代、桜庭一樹が直木賞を受賞したり、荻原規子やたつみや章、風野潮など、ライトノベルと児童文学作品の両方を書く作家が増えたりしていることからも見ることができます。これらは文学とは何かを考える上で無視できない現象です[*11]。また、毎年、『このライトノベルがすごい！』(宝島社)が出版され、人気のあるライトノベルの紹介がされています。中学生にライトノベルを手渡す大人は、まずは人気のある作品を読み始めることをおすすめします。

(土居安子)

* 注1．大森望・三村美衣『ライトノベルめった斬り！』太田出版、2004
* 注2．読者がキャラクターに強い思い入れをもつことを「萌え」といい、ライトノベルの読書行為のありようとして認知されている。
* 注3．ジャケットにひかれて買うこと。　*注4．神坂一著、富士見ファンタジア文庫、1990〜
* 注5．時雨沢恵一著、黒星紅白イラスト、電撃文庫、アスキー・メディアワークス、2000〜
* 注6．谷川流著、角川スニーカー文庫、2003〜
* 注7．成田良悟著、電撃文庫、アスキー・メディアワークス、2004〜
* 注8．小野不由美著、講談社X文庫white heart、1994〜
* 注9．今野緒雪著、コバルト文庫、集英社、1998〜
* 注10．野村美月著、ファミ通文庫、エンターブレイン、2006〜
* 注11．一柳廣孝・久米依子編著『ライトノベル研究序説』青弓社、2009等の研究書も出版されている。

質問96

ロールプレイングゲームと児童文学って、関わりがあるのですか？

1 RPGはテーブルから始まった

「ドラゴンクエスト」(1986)などに代表されるロールプレイングゲーム(RPG)は、コンピュータゲームのなかでも人気の高いジャンルの一つです。

ところが、意外なことに、RPGはコンピュータゲームが普及する以前から、テーブルトークRPG(TRPG)として楽しまれていました。TRPGは冒険の物語を机上で楽しむゲームで、ゲームマスターのもとに集った人々が会話を交わしながら戦士などの役割を演じるものです。

たとえば、代表的なTRPGの「ダンジョンズ＆ドラゴンズ」(1974)では、ダンジョンマスター(ゲームマスターのこと)が提供したシナリオのもとで、プレイヤーは「ヒューマン」「エルフ」などの種族と「ウォーロード」「ウィザード」などのクラスを選んだのち、特殊なダイスを使いながら、キャラクターになりきって、ダンジョンを探索したり、モンスターと戦ったりします。

ただし、TRPGには難点がありました。そもそも、参加者が集まらなければ始めることができませんし、戦闘結果を手計算で算出したり、パーティーがどこを歩いているのかをマッピングしたりしなければならないなど、労力と時間がかかるものでした。このような作業をコンピュータに肩代わりさせ、一人でも遊べるようにしたのが現在のコンピュータRPG(CRPG)なのです。

それでは、RPGと児童文学の間には、どのような関係が認められるのでしょうか。ここでは、「ダンジョンズ＆ドラゴンズ」を事例にしながら、説明することにしましょう[1]。

2 RPGとファンタジー文学の関係

「ダンジョンズ＆ドラゴンズ」では、エルフなどの異種族が登場したり、ウィ

ザードが魔法を使ったり、マジックアイテムが登場したり、現在のファンタジーRPGのような世界が繰り広げられています。このような世界観については、神話などの伝承文学をもとに構築された異世界ファンタジーとして有名な『指輪物語』(J・R・R・トールキン作、1954〜1955) の影響が指摘されています《☞63》。

『指輪物語』の影響は、「ダンジョンズ＆ドラゴンズ」を経由してCRPGの「ウルティマ」(1980)や「ウィザードリィ」(1981)に及び、日本を代表するCRPGの「ドラゴンクエスト」にまで認められます[*2]。『指輪物語』からRPGが生まれたといわれる所似です。

3 TRPGとライトノベルの関係

水野良「ロードス島戦記」(1988〜1993)は、6人の冒険者が強大な力をもつ魔女に立ち向かう物語で、ライトノベル・ブームを形づくったといわれている異世界ファンタジーです。この異世界ファンタジーは「ダンジョンズ＆ドラゴンズ」を出自としていました。

クリエータ集団のグループSNEがTRPGを紹介するため、「ダンジョンズ＆ドラゴンズ」のリプレイ(TRPGのプレイリポート)をパソコン雑誌「コンプティーク」に1986年から1988年にかけて連載します。このときに創作されたシナリオが「ロードス島戦記」でした。このリプレイ集を元にして、同グループの水野が小説化し、さらなる読者を獲得したのです。TRPGがライトノベルの誕生を促したことがうかがえます《☞95》。

4 越境する物語

これまで述べてきたように、『指輪物語』のようなファンタジー文学からRPGが生まれ、TRPGからライトノベルが生まれていました。剣と魔法の物語は、ゲームや本などのメディアを越境して、ユーザーや読者に楽しまれているのです。

その楽しみ方もいろいろです。『指輪物語』では文章で描かれた異世界を想像したり、RPGでは再現された異世界を擬似的に冒険したり、「ロードス島戦記」では文章を通してRPGを追体験したりできます。このように物語の体験の仕方が多様化していることにも目を向けたいものです。

（目黒　強）

＊注1．円堂都司昭「越境なきYAノベルの異世界」『ユリイカ』34巻6号、2002年4月
＊注2．多根清史『教養としてのゲーム史』ちくま新書、2011

質問 97

子どもが絵本のキャラクターのついた文房具しか持ちたがりません。

1 子どもの本から飛び出たキャラクター

　ミッフィ、ムーミン、ピーターラビット、マドレーヌ、おばけのバーバパパ、はらぺこあおむし、リサとガスパール、タンタン、チェブラーシカ、アンパンマン、バムとケロ、11ぴきのねこ、しろくまちゃん、ノンタン、ディズニーのくまのプーさんなど、子どもの本から登場したキャラクターが、多くの文房具、ぬいぐるみ、ソーセージやふりかけなどの食品、キャラメルなどの菓子、食器など幅広い商品に使われて人気を博しています。

2 キャラクターの魅力

　子どもの本のおもしろさの一つに魅力的な登場人物があげられ、その姿が絵で表現されることによって、読者をひきつけます。
　ミッフィは、安定した黒の枠線で左右対称のうさぎが描かれており、顔の真ん中にある目が読者をじっと見つめることによって、子どもの真剣さが表現されています。ムーミンは、ムーミントロールという不思議で個性的な生き物の不安げにも見える表情が見る者をひきつけます。バムとケロも、犬とカエルが友情を築き、二人で「遊び」の世界を築いている点が楽しく、大きな目が特徴的です。読者はくりかえし好きな本を読んでいるうちに、登場人物と親しい友だちになったような感覚をもちます。

3 キャラクターの商品の魅力

　それゆえ、自分の好きな本のキャラクターが、文房具や食器、マスコットなどになっていれば、持っていることで、好きなものに囲まれ、物語世界に浸っ

ている幸せに満たされることになります。そういう意味では、絵本のキャラクターのついた文房具を欲しがる子どもの気持ちは充分に理解できます。

4 キャラクター消費社会

　一方で、絵本の世界の個性的なキャラクターは、ストーリーを知らない子どもや大人にとっても、充分魅力的に感じられ、作品とは離れたところで商品化され、商品に物語性という付加価値を与えます。しかしながら、キャラクターが付されることによって、商品の品質が問われずに値段が高くなっている例も多くあります。特に子ども向けの商品では、子どものキャラクターへの執着心を利用した商品が多く売られています。また、「くまのがっこう」[*1]などの絵本や、アニメーションや特撮番組などでは、製作当初からマンガ、アニメーション、玩具、キャラクター商品が同時並行でつくられ、売られるという販売戦略が取られています。マンガ誌「コロコロコミック」[*2]は、マンガ、ゲーム、グッズのメディアミックスで成功しています。このように子どもにキャラクターを意識づけ、魅力を感じさせるためのさまざまな戦略が取られているなかで、キャラクター商品の購入を禁止してもあまり意味がありません。それよりは、子ども自身が、キャラクターで買わされているのか、キャラクターが付いていることで値段が高くなっていることを理解して買っているかの自覚をもつことが大切ではないかと思われます。

5 キャラクター社会

　キャラクター商品への嗜好は、大人社会にも浸透しており、お気に入りのキャラクター商品をすべて集める、身の回りをキャラクター商品で統一するという大人が多く存在します。このように、現代では、キャラクター社会が形成されているといえます。キャラクターは、決まった性格づけをもっており、変わらないことが安心感につながります。人間関係においても、お互いのキャラクターを決めて付き合うことで、お互いを深く理解したり、傷つけあったりすることなくコミュニケーションが成立する状況が報告されています[*3]。けれども、人間は固定のキャラクターでは計りきれない重層性をもつ存在です。キャラクターを無自覚に受け入れることは、人間の本来のコミュニケーションを弱めていくおそれがあります。キャラクターの意味や仕掛けを、年齢に応じて、子どもにも伝えていくことが大切です。

（土居安子）

*注1．あいはらひろゆき文、あだちなみ絵、ブロンズ新社、2002～、キャラクターはバンダイデザイン研究所が開発。
*注2．「コロコロコミック」小学館、1977～
*注3．斎藤環『キャラクター精神分析』筑摩書房、2011

質問98 子どもの本について勉強したいのですが、どんな本がありますか?

1 子どもの本の勉強をしたい理由を、はっきりさせましょう

　子どもの本についての勉強でもっとも大切なことは、子どもの本をよく読んでいることです。子どものころ、あまり読む機会がなかったとしても、いま、一人の大人としてなるべく固定観念をもたず、いろいろな作品を読んでみることから始めてほしいと思います。そして、なぜ子どもの本について勉強したいのか、その理由をはっきりさせる必要があります。

2 子どもの本の入門書

　学ぶ理由を明確にするために読んでおくと役立つ入門書をあげてみます。まず、瀬田貞二『幼い子の文学』(中公新書、1980)と河合隼雄『子どもの本を読む』(講談社+α文庫、1996)は、難しい内容をわかりやすく解説しているので、その書き方も含めて参考になります。児童文学全体を体系的に知るには、三宅興子・多田昌美『児童文学12の扉をひらく』(翰林書房、1999)が適しています(巻末に参考文献リストがついています)。

　歴史をざっと知るには、神宮輝夫『世界児童文学案内』鳥越信『日本児童文学案内』(ともに理論社、1963)が便利ですが、類書は他に多数あります。『子どもの本の歴史』上・下(タウンゼント著、高杉一郎訳、岩波書店、1982)は、英語圏の児童文学に限定されていますが、児童文学が成立してきた背景についてもわかりやすく述べられています。

3 入門書から専門書へ

1) 子どもの本が好きなので、もっと深く知りたい場合

子どもの本のなかで、どんな傾向のものが好きなのか、そのどこが自分と相性がいいのかなどから手がかりを見つけて、日本のものなのか、外国のものなのか、現実的な物語なのか、ファンタジーなのか、絵本のように目で見ても楽しめるものなのか、など対象を絞ってみましょう。

　「児童文学とは何か」を考えるには、入門的な宮川健郎『現代児童文学の語るもの』(日本放送出版協会、1996)や挑発的なローズ著、鈴木晶訳『ピーター・パンの場合　児童文学などありえない？』(新曜社、2009)がおすすめです。

2）好きな本や作家がはっきりしている場合

　作品や作家がはっきりしている場合は、やりやすいです。とにかく、一人の作家の書いたものを、できるかぎりすべて読むことから始めるとよいと思います。それについての評伝や評論を先に読むと、作品や作家のもっているいろんな可能性を狭めてしまう恐れがあるからです。また、子どものときに大好きだった作品については、あらかじめ、子ども時代にどう読んだのか、どう感じていたのか、ノートしておくとよいでしょう。というのも、子ども時代に読んだものと、何年か経って読むのとでは印象がちがいますし、再話本など簡略化されたテキストで読んでいた可能性もあるからです。

3）レポートや論文を書く人の場合

　作家論や作品論はもっともやりやすいものですが、子どもの本ならではのキャラクター論(魔法使い、小人、鬼、王さまなど)や食べものや隠れ家や森などキー・ワードで考える論などもおもしろいでしょう。挿絵論、幼年文学論、冒険文学やファンタジー論、心理学や文化論への広がりなど、多彩なテーマが考えられます。

　日本イギリス児童文学会編『英米児童文学ガイド　作品と理論』(研究社、2001)は、レポートや論文を書く方には参考になるだけでなく、第2部の「批評の理論と方法」は、批評に関心がある人の入門編になっています。

4）仕事として子どもの本を考えている場合

　図書館や学校の司書、読書ボランティアなどとして子どもの本に関わるには、本について知っていることはもちろんですが、子どもについても関心をもつ必要があります。また、読んでおくとよいものに、日本の子どもの本に大きな影響を与えた『本・子ども・大人』(ポール・アザール著、矢崎源九郎・横山正夫共訳、紀伊國屋書店、1957)や『児童文学論』(L.H.スミス著、石井桃子他訳、岩波書店、1964)などがあります。さまざまな「実践記録」や「ブックリスト」などに触れることも大切です。子どもと本に関連する場所に出かけてみて、先輩たちの仕事ぶりに目を向けてみてください。

（三宅興子）

質問99

近年の児童文学研究書の一覧リストはどこで入手できますか？

1 児童文学研究のいま

　児童文学研究には、日本と海外を含めて、伝承文学、創作作品、童謡、詩、絵本、アニメーション、マンガなど、児童文化の領域までも広がる幅広い研究分野があります。研究方法には、作品研究、作家研究、文学史研究、外国作品の受容研究、雑誌研究等の文学研究などがあり、教育現場での国語教育研究、心理学を用いての作品分析、社会学からの児童観やジェンダー研究など、さまざまな分野で研究対象になっています。絵本研究では、視覚表現としての美術的な研究や、幼児教育や看護の現場で絵本を活用する実践研究もさかんに行われています。

2 研究書リストについて

　日本における児童文学研究の歩みは、1962年創立の日本児童文学学会が編集した『児童文学研究の現代史　日本児童文学学会の40年』(小峰書店、2004)に、「児童文学理論」「児童文学史」「作家論」といった研究分野ごとに2000年代初頭までの研究成果が報告されています。
　児童文学研究について総体的に見るリストには、『日本児童図書研究文献目次総覧』上下(佐藤苑生他編、遊子館、2006)と、『児童文学書全情報』(日外アソシエーツ編・発行、1998〜)などがあります。前者は1945年〜99年出版の研究書を児童文学、絵本、昔話、児童文化などに分類して目次付きで収録、後者は分類後さらにテーマ別に解題つきで掲載されていて(最初の「1951-1990版」から最新の「2006-2010版」まで5年毎に出版)、参考になります。
　関心のあるテーマについてのリストを探すには、関連分野の新しい研究書に掲載されている参考文献を参照するのも一案です。

3 最新のリストは

　新しい研究成果については、日本児童文学学会紀要の「児童文学研究」と絵本学会紀要の「絵本学」に、毎年ジャンル別にリストが掲載されています（「児童文学研究」には「英語圏児童文学研究文献解題」、「絵本学」には紀要論文のリストも収録）。雑誌「日本児童文学」でも毎年研究動向が掲載されています。

　なお、日本児童文学学会、日本イギリス児童文学学会、中国児童文学研究会、絵本学会、国際児童文学学会（IRSCL）、日本昔話学会、宮沢賢治学会、日本マンガ学会などの研究団体の紀要にも、毎年会員の研究論文が掲載されています。各紀要は国立国会図書館などで閲覧できますし、各学会のホームページにはバックナンバーの目次が掲載されています。

　関心のあるテーマの研究書について調べるには、インターネット検索が便利です。大学図書館所蔵の研究書については、国立情報学研究所の検索システム「CiNii Books」を使って、関心のあるキーワードを入力することで簡単に検索できます。また、日本で発表された研究論文を探索するには、同研究所の「CiNii Articles」があります。論文によっては、PDFで公開されていたり、リンクをたどって他サイトに掲載されている論文の本文や要旨を読むことができます。

4 今後の児童文学研究

　国立国会図書館や海外の図書館で資料の電子化が進んで、貴重な資料が簡単に入手できるようになってきました。各地でデータベースの作成と公開も行われています[1]。それもあって、各分野の横断的な研究、学際的な研究も進んできました。今後は、言語学的な作品分析、挿絵などの図像分析、ライトノベルなどを含むサブカルチャー研究、出版文化史からの研究、子どもの受容のしかたを分析する読者論の立場からの研究、児童文学を使ったカルチュラル・スタディーズ（文化論）[2]、児童雑誌を用いたジェンダー研究[3]など、ますます多方面の研究が進むことが期待されます。

（丸尾美保）

* 注1．「函館児童雑誌コレクション及び北海道児童雑誌データベース」など
* 注2．川端有子・西村醇子編『子どもの本と〈食〉』玉川大学出版部、2007など
* 注3．今田絵里香『「少女」の社会史』勁草書房、2007、内田雅克『大日本帝国の「少年」と「男性性」』明石書店、2010など

質問100 インターネット時代における子どもの本の調べ方について教えてください。

1 インターネット時代に求められる情報リテラシー

　インターネットに接続さえすれば、ウェブ上に散在する各種データベースやサイトなどの電子化資料にアクセスすることができるようになりました。子どもの本を調べる際にも、インターネットを活用することが少なくないでしょう。そこで求められることになるのが活字資料と電子化資料を使い分けたり、組み合わせたりすることができる調査能力である情報リテラシーです。

2 子どもの本の調べ方

　まずは、読みたい本を探す場合を考えてみます。
　インターネットが普及する以前は、読みたい本を探す場合、図書館や書店に足を運んだり、雑誌や書籍などのレビューを読んだり、司書などに相談したりすることが一般的でした。
　しかしながら、近年では、読みたい本を探す手伝いをしてくれるデータベースが利用できるようになりました。たとえば、国際子ども図書館の「子どもOPAC」内の「本をテーマからさがす」や大阪国際児童文学振興財団の「本の海大冒険」や「ほんナビきっず」などでは、テーマを選んだり、遊んだりしながら、読みたい本を探すことができます。
　ただし、読みたい本は、実際に手に取ったり、相談したりする探索的な過程のなかで見つかることが少なくないため、いろいろな手段を通して探した方が本との出会いが広がることはいうまでもありません。
　次に、子どもの本について調べる場合を考えてみましょう。
　たとえば、海外の名作がいつごろからどれくらい翻訳されているのかを調べる場合、川戸道昭・榊原貴教編『児童文学翻訳作品総覧』全8巻（大空社、2005

〜2006）などの活字資料が参考になります。しかしながら、同著刊行以降の翻訳作品は掲載されていません。訳書の新刊情報については、「やまねこ翻訳クラブ」のメールマガジン「月刊児童文学翻訳」などの電子化資料でチェックすることができます。情報の新しさ（更新）という点では、活字資料は電子化資料に及ばないといえます。

　ただし、電子化資料の場合、情報の信頼性や妥当性を見極める情報リテラシーがユーザーに求められます。とりわけ、専門性が高い内容を調べる場合は、信頼性が高い活字資料を中心に、できれば複数の資料を検討するなどして情報の妥当性を担保したいところです。

　それでは、本をめぐる情報リテラシーはどこで身に付けることができるのでしょうか。

3　調べ方を学ぶ

　そこで、最後に、国立国会図書館が全国の公共図書館・大学図書館・専門図書館などと協同で構築したレファレンス協同データベース事業（以下、レファ協）[1]を取り上げ、情報リテラシーの学びについて考えることにします。

　2012年8月末現在、レファ協には567館が参加し、一般公開されているレファレンス件数は57,677件にのぼります。活字資料を中心として培われてきたレファレンス調査のノウハウがデータベース化されている点で、レファ協は活字資料と電子化資料が融合したものであるといえます。

　ただし、レファ協については、司書が回答にいたるまでに要した思考過程の記述が不十分であるとの指摘があります[2]。レファレンスに対する回答結果はもちろん有用ですが、結果のみの記述は知識の増加には貢献するものの、調査能力の向上には必ずしも貢献しません。司書が試行錯誤しながら、調査方針を修正するような過程が併記されてはじめて、調査そのものをモニタリングし、修正を加えることができる調査能力の開発につながるからです。

　レファレンスの事例が増え、事例の記述方法が改善されさえすれば、レファ協の試みはレファレンス・サービスの向上に寄与するはずです。さらに、司書のみならず、一般の人々がレファ協で調べ方を学び、自らの情報リテラシーを鍛えるような使い方も期待されます。

（目黒 強）

*注1．http://crd.ndl.go.jp/jp/public/（2012年9月21日閲覧）
*注2．安藤誕・井上真琴「インターネット時代の"レファレンスライブラリアン"とは誰か？」『情報の科学と技術』情報科学技術協会、58(7)、2008

書影　書誌一覧

第5章 ✛ 児童文学・児童文化いろいろ

質問79　『こがね丸』　巖谷小波著　博文館　1891年
質問81　『越境する児童文学　世紀末からゼロ年代へ』　野上暁著　長崎出版　2009年
質問82　『絶世奇聞　東洋魯敏孫漂流記』　大淵渉編集　駸々堂　1894年
質問83　『21世紀版少年少女世界文学館』1　井上靖企画編集　講談社　2010年
質問84　『ぞうさん　まど・みちお子どもの歌102曲集』　まどみちお著　フレーベル館　1995年
質問85　『ハルーンとお話の海』　サルマン・ラシュディ作　青山南訳　国書刊行会　2002年
質問86　『さんまいのおふだ　新潟の昔話』　水沢謙一再話　梶山俊夫画　福音館書店　1985年
質問87　『三びきのこぶた』　瀬田貞二訳　山田三郎絵　福音館書店　1967年
質問88　『子どもと創る演劇』　太宰久夫編　玉川大学出版部　2008年
質問89　『鞍馬小天狗』【街頭紙芝居】　左久良五郎原画・作　三邑会
質問90　『くまになったピアナ』【印刷紙芝居】　さねとうあきら脚本　スズキコージ画　童心社　1991年
質問91　『現代漫画博物館1945-2005』　小学館漫画賞事務局編　小学館　2006年
質問92　『赤胴鈴之助』1　武内つなよし著　少年画報社　1957年
質問93　『敗走記』　水木しげる著　講談社　1991年
質問94　Barrie, J.M. *Peter Pan in Kensington Gardens*. Drawings by Arthur Rackham. Charles Scribner's Sons, 1916.
質問95　『キノの旅』　時雨沢恵一著　黒星紅白イラスト　アスキー・メディアワークス　2000年
質問96　『ロードス島戦記』　水野良著　安田均原案　出渕裕イラスト　角川書店　1988年
質問98　『幼い子の文学』　瀬田貞二著　中央公論社　1980年
質問100　「ほんナビきっず」画面　Copyright © 2007 Cho Shinta / Copyright © 2007 Fujitsu Systems East Ltd.

[各書影は大阪府立中央図書館国際児童文学館蔵書より]

索引

♠ ア 行 ♠

アイデンティティ……………29, 46, 51, 76, 102
赤ちゃん絵本………………………63, 70, 178
朝の読書………………………………76, 96, 97
アニメーション……………159, 163, 177, 178, 182,
　　　　　　　　183, 198, 200, 201, 204, 211, 214
あまんきみこ………………………………104, 105,
アンデルセン…………73, 119, 138, 180, 187
家出………………………………50, 102, 126, 127
いじめ……………………………………68, 102, 131
イソップ………………………………………26, 128
巌谷小波………………………18, 46, 151, 175, 176
インターネット…………55, 87, 122, 163, 215, 216
宇宙……………………………………………127, 141
海（海洋）………………30, 31, 126, 141, 180, 185
映画（映画化）………………158, 200, 201, 205
SF…………………………………37, 126, 171, 206
江戸時代……………………134, 135, 140, 174
絵本化…………………114, 115, 118, 119, 183
大型絵本……………………………………80, 81
大阪国際児童文学振興財団………………95, 216
鬼………………………………21, 134, 188, 189, 213
おはなし会……………63, 71, 75, 76, 77, 78, 80,
　　　　　　　　　　81, 84, 85, 90, 188, 196

♥ カ 行 ♥

「かいけつゾロリ」…………………………11, 120
科学絵本…………………………………70, 144, 145
かこさとし（加古里子）……………29, 30, 33, 144
家族……………………27, 29, 43, 45, 47, 51, 52,
　　　　　　　　　　　　53, 102, 132, 133
課題図書…………………………………………93, 167
活字離れ…………………………58, 104, 179
家庭物語……………………………………132, 133
金子みすゞ………………………………………185
紙芝居………………………188, 194, 195, 196, 197
カール、エリック………………29, 110, 111, 116, 161
環境…………………………………13, 34, 35, 127, 141
学校司書……………………………87, 89, 160, 213
学校図書館…………………11, 14, 16, 54, 71, 75, 85,
　　　　　　　　86, 87, 88, 89, 96, 101, 147, 160, 162
学校物語………………………………………130, 131
キツネ……………………………27, 120, 121, 128, 191
脚本………………………………192, 193, 196, 197
キャラクター……………31, 61, 120, 121, 127, 128,

161, 165, 179, 204, 206, 207, 208, 210, 211, 213
キャロル、ルイス……………135, 152, 165, 181
教員・教師………………43, 53, 57, 93, 96, 97,
　　　　　　　　　　　　130, 131, 160, 194
教科書………………………24, 25, 104, 163, 175, 180
恐怖……………………………………………60, 203
擬人化…………………………………27, 128, 129
寓話…………………………………26, 128, 129, 186
グリム…………………61, 114, 119, 150, 151, 175, 180, 187
ケータイ小説…………………………………163, 179
ケストナー…………………………………………130
ゲーム………………………37, 139, 178, 179, 205,
　　　　　　　　　　　　206, 208, 209, 211
劇（演劇）………………175, 176, 177, 192, 193,
　　　　　　　　　　　　196, 197, 204, 205
劇あそび……………………………………192, 193
研究…………………………112, 123, 155, 156, 177,
　　　　　　　　　　　　181, 195, 214, 215
原作……………………25, 67, 119, 150, 151, 154,
　　　　　　　　　　　　155, 165, 200, 201, 204
講演会……………………………94, 95, 103, 112
高学年…………………13, 69, 73, 76, 77, 92, 93,
　　　　　　　　　　　　120, 135, 145, 178
公共図書館……………………84, 85, 87, 89, 162, 217
講座……………………………74, 75, 85, 95, 160, 170, 171
国語………………………24, 25, 86, 87, 104, 105, 214
国際子ども図書館………15, 54, 54, 158, 167, 216
国際児童文学館…………15, 17, 18, 105, 122, 154, 195
国立国会図書館（国会図書館）………17, 18, 32,
　　　　　　　　　　105, 110, 122, 154, 163, 169, 215, 217
孤児……………………………21, 46, 47, 124, 127, 135
古典……………………46, 73, 79, 91, 126, 130, 138,
　　　　　　　　　　　　152, 155, 170, 182, 183, 188
言葉遊び………………………54, 73, 77, 184, 185, 197
子ども読者……………………40, 46, 66, 69, 136, 155, 170
「こびととくつや」……………………………114, 115

♣ サ 行 ♣

再話……………………………66, 67, 190, 191, 213
阪田寛夫………………………………………………185
作品論………………………………111, 122, 123, 213
挿絵……………………11, 18, 73, 103, 119, 120, 150,
　　　　　　　　151, 152, 153, 154, 179, 213, 215
作家……………………17, 19, 23, 25, 41, 46, 55, 68, 75,
　　　　　　　　88, 92, 94, 95, 97, 103, 105, 111, 112, 113, 115,
　　　　　　　　122, 123, 124, 125, 129, 132, 133, 157, 160, 167,

219

　　　　　　　　170, 171, 177, 179, 182, 185, 194, 204, 213, 214
殺人・・・・・・・・・・・・・・・・・・・・・・・・・60, 68, 69, 136, 137, 178
サバイバル・・・・・・・・・・・・・・・・・・・・・・・・・・・・・・・・・・46, 47
サブカルチャー・・・・・・・・・・・・・・・・・198, 200, 206, 215
「三びきのこぶた」・・・・・・・・・・・・・・・・・・128, 190, 191
「さんまいのおふだ」・・・・・・・・・・・・・・・・・・・・・・55, 188
雑誌・・・・・・・・・・・・・・・・・14, 15, 18, 19, 23, 79, 99, 103,
　　　　　104, 105, 112, 122, 154, 161, 163, 170, 180, 181,
　　　　　　　　　　　　　　　　　　200, 201, 214, 215, 216
詩・・・・・・・・・・・・・・・・・23, 31, 39, 77, 176, 184, 185, 187, 214
死・・・・・・・・・・・・・・・・・・・・・・20, 36, 48, 61, 68, 69, 103,
　　　　　　　　126, 141, 150, 151, 157, 158, 159, 178, 189, 191
しかけ絵本（しかけ）・・・・・・・・・・30, 70, 111, 116, 117
司書・・・・・・・・・・・・・・・・・・・・・・・・・・・・・・・・55, 213, 216, 217
司書教諭・・・・・・・・・・・・・・・・・・・・・・・・・・・・・・・・75, 87, 89
「シャーロック・ホームズ」・・・・・・・・・・・・・・・11, 136
写真絵本・・・・・・・・・・・・・・・・・・・・・・・・・・・32, 35, 92, 145
出版・・・・・・・・・・・・・・・・・・・・・・12, 34, 39, 40, 42, 44,
　　　　　　49, 50, 66, 76, 79, 80, 87, 103, 110, 127, 130, 131,
　　　　　　142, 150, 154, 155, 156, 157, 158, 159, 160, 162,
　　　　　　163, 164, 165, 167, 175, 176, 177, 178, 180, 182, 183,
　　　　　　　　　　　　　　　　　184, 199, 205, 206, 214
出版社・・・・・・・・・・・・・・・・・・66, 72, 79, 95, 153, 162,
　　　　　　　　　　165, 167, 168, 169, 170, 171, 183, 201
賞・・・・・・・・・・・69, 78, 123, 124, 158, 159, 165, 166, 167,
　　　　　　　　　　　　　　　　　　　170, 171, 199, 207
唱歌・・・・・・・・・・・・・・・・・・・・・・・・・・・・・・・・・・・・・・・22, 23
障がい（障害）・・・・・・・・・・37, 39, 42, 43, 49, 50, 178
少年詩・・・・・・・・・・・・・・・・・・・・・・・・・・・・・・・・・・・・・22, 23
抄訳・・・・・・・・・・・・・・・・・・・・・・・・・・・・・・154, 155, 180, 181
職業・・・・・・・・・・・・・・・・・・・・・・・・・・・・・・・・102, 142, 143
書店・・・・・・・・・・・・・・・71, 88, 96, 158, 160, 199, 216
「白雪姫」・・・・・・・・・・・・・・・・・・・・・・・・・・・・・・・150, 204
神話・・・・・・・・・・・・・・・11, 60, 73, 138, 170, 186, 209
ジェンダー・・・・・・・・・・・・・・・・・・・・・49, 205, 214, 215
自殺・・・・・・・・・・・・・・・・・・・・・・・・・・・・・・・・50, 102, 178
地震・震災・・・・・・・・・・・・・・・13, 38, 86, 98, 99, 162, 179
自由研究・・・・・・・・・・・・・・・・・・・・・・・・・・・・・・・・・・12, 13
自立・・・・・・・・・・・・・・・・・・・・・・・・・・・・・・・・・・21, 45, 135
推理小説（推理もの）・・・・・・・・・・・・・・・・60, 75, 136
図鑑・・・・・・・・・・・・・・・・10, 29, 30, 31, 33, 64, 65, 73,
　　　　　　　　　　　　　　　　　　86, 144, 146, 147
性・・・・・・・・・・・・・・・・・・・・・・48, 49, 50, 68, 102, 178, 207
成長・・・・・・・・・・・・・・・・・・・・・・28, 47, 76, 109, 131, 133,
　　　　　　　　　　　　　　　　　　145, 191, 192, 206
選書・・・・・・・・・・・・・・・・37, 70, 71, 78, 79, 88, 89, 91
戦争・・・・・・・・・・・・・・・・・・36, 37, 52, 68, 69, 70, 92,
　　　　　　　　　　　　　　　　　　133, 158, 202, 203
センダック、モーリス・・・・・・・・・・・・・・・・・61, 64, 109
全国学校図書館協議会・・・・・・・・・・87, 88, 160, 167

全集・・・・・・・・・・・・・・・・・・・・・・・・22, 23, 25, 66, 182, 183
装丁・・・・・・・・・・・・・15, 23, 88, 91, 152, 153, 164, 165, 183

◆ タ 行 ◆

宝島・・・・・・・・・・・・・・・・・・・・・・・・・・・・・・・・30, 126, 155
谷川俊太郎・・・・・・・・・・・・・・・・・69, 77, 108, 117, 185
タブー・・・・・・・・・・・・・・・・・・・・・・・・・・・48, 50, 68, 178
食べ物（食べもの）・・・・・・・・・・・・・28, 29, 116, 145, 213
多様性（多様化）・・・・・・・・・・・・・・47, 91, 178, 183, 209
ダイエット・・・・・・・・・・・・・・・・・・・・・・・・・・・・・・・50, 51
ダンゴムシ・・・・・・・・・・・・・・・・・・・・・・・・・・・・・144, 145
団体貸出・・・・・・・・・・・・・・・・・・・・・・・・・・・・・・・・84, 89
千葉省三・・・・・・・・・・・・・・・・・・・・・・・・・・・・・・・・・・・・・・25
中学生・・・・・・・・・・・・・・・・11, 36, 43, 49, 71, 73, 137,
　　　　　　　　　　　　　　　　　　142, 145, 206, 207
中学年・・・・・・・・・・・・・・・・・・・・・・44, 53, 73, 97, 134, 137
長新太・・・・・・・・・・・・・・・・・・・・・・・・・31, 77, 112, 113, 119
津波・・・・・・・・・・・・・・・・・・・・・・・・・・・・・・・・・38, 98, 99
低学年・・・・・・・・・・・・・24, 25, 40, 41, 67, 73, 77, 93, 97, 120
テレビ・・・・・・・・・・・・・・・・・・・13, 100, 141, 195, 201
展示・・・・・・・・・・・・・・・・・・・・・・・・31, 32, 33, 54, 89, 168
ディズニー・・・・・・・・・・・・・・・・・151, 191, 204, 205, 210
伝記・・・・・・・・・・・・・・・・・・・・40, 41, 76, 93, 125, 136, 140
電子化・・・・・・・・・・・・・・・・・・・・・・・・154, 163, 215, 216, 217
電子書籍・・・・・・・・・・・・・・・・・・・・・・・・・・・・・・・・163, 179
伝承文学・・・・・・・・・・・・・・・・・28, 108, 138, 182, 209, 214
東京都立図書館・・・・・・・・・・・・・・・・・・・・・・14, 18, 54
図書館・・・・・・・・・・・・・・10, 14, 16, 32, 55, 63, 74, 75,
　　　　　　　80, 84, 85, 89, 95, 98, 99, 100, 101, 102, 103,
　　　　　　　160, 161, 164, 168, 169, 179, 188, 213, 215,
「飛ぶ教室」・・・・・・・・・・・・・・・・・・・・・・・・・・・130, 131
富安陽子・・・・・・・・・・・・・・・・・21, 93, 121, 122, 123, 131, 171
動物・・・・・・・・・・・・・・・・・・・・・・26, 27, 37, 73, 76, 109, 110,
　　　　　　　　116, 121, 123, 128, 129, 146, 157, 193
童謡・・・・・・・・・・・・・・・・・・・・・・・22, 23, 177, 184, 185, 214
童話・・・・・・・・・・・・・・・・・・25, 27, 67, 138, 175, 180, 181, 187
読者・・・・・・・・・・・・・・・・・・・11, 20, 28, 29, 41, 58, 65,
　　　　　　72, 73, 76, 103, 104, 108, 109, 111, 116, 125, 129,
　　　　　　131, 132, 137, 144, 151, 160, 163, 174, 175, 178,
　　　　　　　　　　　　　　　200, 203, 210, 215
読者対象・・・・・・・・・・・・・・70, 71, 120, 145, 153, 161, 207
読書活動・・・・・・・・・・・74, 79, 84, 85, 87, 89, 96, 162, 179
読書感想文・・・・・・・・・・・・・・・・・・・・・・・・・・92, 93, 167
読書調査・・・・・・・・・・・・・・・・・・・・・・・・・・・・・・・・・・・・・・11
「ドラゴンクエスト」・・・・・・・・・・・・・・・139, 208, 209

◆ ナ 行 ◆

「長くつ下のピッピ」・・・・・・・・・・・・・・46, 124, 153
謎解き・・・・・・・・・・・・・・・・・・・・・・・・111, 121, 134, 153
「夏の庭」・・・・・・・・・・・・・・・・・・・・・・・・・・・・・・・・・・158

名前	15, 20, 21, 65, 124, 191
ナンセンス	70, 73, 77, 112, 197
難民	52, 53
日本児童文学学会	95, 214, 215
ニューベリー賞	69, 166, 167
入門書	139, 177, 212
ネズミ	20, 26, 27, 29, 121, 129
乗り物	64, 117, 147
ノンフィクション	34, 37, 39, 50, 53, 70, 71, 103, 140, 141

♥ ハ 行 ♥

廃棄	88
「はだしのゲン」	37, 39, 203
「はらぺこあおむし」	28, 80, 110, 111, 116, 161, 210
「ハリー・ポッター」	152, 157, 162
バーネット	67, 181
ヒーロー	69, 204
「秘密の花園」	66, 67
表紙	14, 16, 17, 32, 89, 91, 152, 153, 164, 165, 169, 179, 206
「ピーターラビット」	33, 128, 210
「ピーターパン」	138, 204, 205
ファンタジー	11, 27, 73, 104, 105, 122, 123, 124, 126, 127, 129, 131, 138, 139, 157, 162, 165, 170, 171, 208, 209, 213
「不思議の国のアリス」	138, 152, 165, 181, 204
ブックガイド	43, 50, 71, 102, 139, 177, 198
ブックスタート	58, 63, 75, 178
ブックトーク	71, 87, 90, 91, 96
ブックリスト	32, 34, 37, 38, 50, 52, 63, 70, 71, 72, 78, 91, 102, 103, 126, 141, 198, 213
文庫（活動）	61, 64, 74, 85, 160, 161
文体	25, 120, 170, 179, 191, 206, 207
プライバシー	96, 101
平和	36, 37, 70, 76, 77, 92, 203
方言	54, 55, 115
翻案	151, 154, 181
翻訳	16, 36, 66, 110, 125, 130, 150, 151, 153, 154, 155, 156, 158, 159, 166, 175, 176, 178, 180, 181, 182, 183, 216, 217
ボーダーレス	177, 179
冒険	11, 27, 30, 31, 61, 70, 124, 126, 127, 131, 138, 139, 140, 141, 155, 180, 204, 208, 209, 213
ポター、ビアトリクス	27, 33, 128
ボランティア	74, 75, 84, 85, 89, 160, 179, 213

♣ マ 行 ♣

まど・みちお	184, 185
魔法	138, 139, 153, 156, 206, 207, 209
マンガ	37, 39, 49, 50, 97, 103, 113, 120, 159, 163, 165, 178, 179, 181, 194, 195, 198, 199, 200, 201, 202, 203, 206, 211, 214, 215
ミステリー	11, 52, 103, 136, 137, 139
水木しげる	194, 202, 203
宮沢賢治	92, 99, 119, 129, 159, 187, 215
昔話	21, 25, 28, 55, 60, 73, 76, 77, 90, 105, 108, 114, 115, 128, 129, 138, 150, 170, 174, 186, 187, 188, 189, 190, 191, 192, 193, 204, 214
昔話絵本	73, 114, 115
虫	53, 64, 110, 145, 147
ムナリ、ブルーノ	117
名作	66, 67, 167, 178, 182, 183, 216
明治（時代）	18, 19, 30, 66, 136, 140, 150, 151, 154, 169, 174, 175, 177, 180, 181
メディアミックス	178, 200, 205, 207, 211
文字・活字文化振興法	162
文字なし絵本	31, 53, 117

♠ ヤ 行 ♠

やまねこ翻訳クラブ	95, 158, 167, 217
ヤングアダルト	49, 73, 102, 103, 157, 163, 178, 206
幽霊	61, 134
「指輪物語」	138, 209
幼児	44, 46, 48, 64, 68, 69, 77, 78, 82, 83, 109, 117, 120, 129, 138, 146, 192, 193
読み聞かせ	63, 70, 75, 80, 87, 96
予約	89, 94, 100, 101

♠ ラ 行 ♠

ライトノベル	49, 102, 103, 165, 179, 206, 207, 209, 215
離婚	44, 45, 50, 68, 133
リンドグレーン	46, 124, 125, 153
類話	114, 188, 189
歴史小説	134, 135
レファレンス	25, 98, 217
恋愛	49, 102, 133, 165, 206
連携	63, 75, 85, 87, 89
ロールプレイングゲーム	139, 208
ロングセラー	28, 53, 79, 80, 116, 117, 170

♥ ワ 行 ♥

「若草物語」	132, 133, 181
笑い	16, 17, 70, 121
わらべ歌	22, 23

221

★ 子どもの本について調べたいときに役立つ本 ★

❶ 子どもの本について調べるおもな事典・辞典類

『日本昔話事典』稲田浩二編、弘文堂、1978
『児童文学事典』東京書籍、1988
『現代日本児童文学作家事典』日本児童文学者協会編、教育出版センター、1991
『日本児童文学大事典』全3巻、大阪国際児童文学館編、大日本図書、1993
『オックスフォード世界児童文学百科』ハンフリー・カーペンター、マリー・プリチャード著、神宮輝夫監訳、原書房、1999
『世界児童・青少年文学情報大事典』全16巻、勉誠出版、2000〜2004
『図説子どもの本・翻訳の歩み事典』子どもの本・翻訳の歩み研究会編、柏書房、2002
『新・こどもの本と読書の事典』ポプラ社、2004
『世界児童文学百科　現代編』神宮輝夫編、原書房、2005
『日本童謡事典』上笙一郎編、東京堂出版、2005
『図説児童文学翻訳大事典』全4巻、児童文学翻訳大事典編集委員会編、大空社、2007
『図説絵本・挿絵大事典』全3巻、大空社、2008
『世界の絵本・児童文学図鑑』ジュリア・エクルスシェア編、柊風舎、2011
『絵本の事典』中川素子他編、朝倉書店、2011
The Oxford Encyclopedia of Children's Literature, 1-4. Oxford University Press, 2006
Something about the Author, 1~. GALE, 1971〜継続刊行中

❷ 子どもの本を学ぶ人のために

(1) 子どもの文学の入門書・理論書

『「入門」児童文学』(「児童文学世界」'93.11)中教出版、1993
『児童文学　12の扉をひらく』三宅興子・多田昌美著、翰林書房、1999
『本・子ども・大人』ポール・アザール著、矢崎源九郎・横山正夫訳、紀伊国屋書店、1957
『児童文学論』リリアンH.スミス著、石井桃子他訳、岩波書店、1964
『現代の児童文学』上野瞭著、中央公論社、1972
『幼い子の文学』瀬田貞二著、中央公論社、1980
『ピーターパンの場合　児童文学などありえない?』ジャクリーン・ローズ著、鈴木晶訳、新曜社、2009

(2) 日本の児童文学

『日本の児童文学　増補改訂版』菅忠道著、大月書店、1966
『日本児童文学』鳥越信著、建帛社、1995
『現代児童文学の語るもの』宮川健郎著、日本放送出版協会、1996
『はじめて学ぶ日本児童文学史』鳥越信編著、ミネルヴァ書房、2001

〔さらに詳しく知りたい方のために〕
『日本児童文学大系』全30巻、ほるぷ出版、1977〜1978
『現代児童文学作家対談』全10巻、神宮輝夫インタビュー、偕成社、1988〜1992
『研究日本の児童文学』全5巻、日本児童文学学会編、東京書籍、1995〜2003
『現代児童文学論集』全5巻、日本児童文学者協会編、日本図書センター、2007

(3) 世界の児童文学

『世界児童文学案内』神宮輝夫著、理論社、1963
『子どもの本の世界　300年の歩み』ベッティーナ・ヒューリマン著、野村泫訳、福音館書店、1969
『子どもの本の歴史　写真とイラストでたどる』ピーター・ハント編、さくまゆみこ他訳、柏書房、2001

〔各国の児童文学〕

『子どもの本の歴史』上・下、タウンゼンド著、高杉一郎訳、岩波書店、1982
『フランス児童文学への招待』末松氷海子著、西村書店、1997
『韓国・朝鮮児童文学評論集』中村修編訳、明石書店、1997
『英米児童文学ガイド　作品と理論』日本イギリス児童文学会編、研究社出版、2001
『中国の児童文学』中由美子著、久山社、2006
『ドイツの子どもの本　大人の本とのつながり』野村泫著、白水社、2009増補新版

(4) さまざまなジャンル

〔童謡〕

『日本童謡史』全2巻、藤田圭雄著、あかね書房、1984改訂版
『童謡論の系譜』畑中圭一著、東京書籍、1990
『日本童謡唱歌大系』全6巻、東京書籍、1997

〔絵本〕

『絵本の世界　110人のイラストレーター』全2集、福音館書店、1984
『絵本論』瀬田貞二著、福音館書店、1985
『はじめて学ぶ日本の絵本史』全3巻、鳥越信編著、ミネルヴァ書房、2001～2002

〔マンガ〕

『マンガの読み方』別冊宝島EX、宝島社、1995
『戦後マンガ50年史』竹内オサム著、筑摩書房、1995
『現代漫画博物館1945-2005』小学館、2006

〔紙芝居〕

『紙芝居大系　街頭紙芝居編』全15巻、大空社、1994～1995

〔昔話・民話〕

『日本昔話通観』全31巻、同朋舎出版、1977～98
『昔話入門』小澤俊夫編著、ぎょうせい、1997
『日本昔話ハンドブック』稲田浩二・稲田和子編、三省堂、2001
『世界昔話ハンドブック』稲田浩二編、三省堂、2004

〔児童文化〕

『児童文化とは何か』古田足日著、久山社、1996
『子どもの文化を学ぶ人のために』川端有子・戸苅恭紀・難波博孝編、世界思想社、2002

〔演劇〕

『日本児童演劇史』冨田博之著、東京書籍、1976

(5) 読書活動・学校図書館

『学校教育と学校図書館』塩見昇編、教育史料出版会、2012新訂2版
『子どもの読書環境と図書館』日本図書館研究会、2006

✣ お願い ✣

できれば数年毎に内容を精査して新しい情報を入れた「改訂版」を出版できればと考えています。「こんな問いはどうですか？」とか、「ここはわかりづらい」「異論があります」など、ご意見やご提案をメール（office@iiclo.or.jp）で財団にお寄せください。

子どもの本100問100答
司書、読書ボランティアにも役立つ

2013年8月20日　第1版第1刷発行
2018年1月20日　第1版第4刷発行

編　者　一般財団法人　大阪国際児童文学振興財団
発行者　矢部敬一
発行所　株式会社 創元社
　　　　本　社　〒541-0047 大阪市中央区淡路町4-3-6
　　　　　　　　TEL.06-6231-9010(代)
　　　　　　　　FAX.06-6233-3111
　　　　東京支店　〒162-0825 東京都新宿区神楽坂4-3
　　　　　　　　煉瓦塔ビル
　　　　　　　　TEL.03-3269-1051
　　　　http://www.sogensha.co.jp/

造　本　上野かおる(鷺草デザイン事務所)
表紙・イラスト　佐々木マキ『宇宙のつくり方』
印刷・製本　株式会社フジプラス

©2013, Printed in Japan
ISBN978-4-422-12062-1 C0095
落丁・乱丁のときはお取り替えいたします。
定価はカバーに表記してあります。

〈出版者著作権管理機構　委託出版物〉
本書の無断複写は著作権法上での例外を除き禁じられています。複写される場合は、そのつど事前に、出版者著作権管理機構(電話03-3513-6969、FAX03-3513-6979、e-mail: info@jcopy.or.jp)の許諾を得てください。